历史必将证明,中华民族走向伟大复兴的历史脚步是不可阻挡的。

——习近平

文明的选择

WENMING DE XUANZE

齐善兵 著

河南大学出版社
HENAN UNIVERSITY PRESS

·郑州·

图书在版编目（CIP）数据

文明的选择 / 齐善兵著. -- 郑州：河南大学出版社, 2024.9. -- ISBN 978-7-5649-6072-8

Ⅰ．K203

中国国家版本馆CIP数据核字第20244G434Y号

出 版 人	谢清溪
策划编辑	韩　璐
责任编辑	邵培松
责任校对	刘利晓
装帧设计	高枫叶

出版发行　河南大学出版社
　　　　　地址：郑州市郑东新区商务外环中华大厦2401号
　　　　　邮　编：450046
　　　　　电话：0371-86163953（数字出版部）
　　　　　　　　0371-86059701（营销部）
　　　　　网址：hupress.henu.edu.cn
印　　刷　河南瑞之光印刷股份有限公司
版　　次　2024年9月第1版　　　印　次　2024年9月第1次印刷
开　　本　890 mm×1240 mm　1/32　　印　张　15.375
字　　数　248 千字　　　　　　　　定　价　49.00 元

（本书如有印装质量问题，请与河南大学出版社联系调换。）

目　　录

导　论　我们为什么要谈文明　　　　　　　　001

第一章　世界怎么了　　　　　　　　　　　　010

　　第一节　在世界历史的转弯处　　　　　　010
　　第二节　西方秩序正走向崩溃　　　　　　024
　　第三节　美国住在玻璃房子里　　　　　　035
　　第四节　德国竖起了列宁雕像　　　　　　047
　　第五节　哪里可以找到光明　　　　　　　056
　　第六节　你好，AI 时代　　　　　　　　　067
　　第七节　"碳氏兄弟"火了　　　　　　　075
　　第八节　伊丽莎白与达西的影子　　　　　084

第二章　何谓文明　　095

　　第一节　人猿相揖别　　095
　　第二节　雨果的赞赏与愤怒　　107
　　第三节　茶和酒的妙喻　　120
　　第四节　穿过云层都是阳光　　130
　　第五节　来一杯海明威的"莫吉托"　　141
　　第六节　愚公的奋斗故事　　152

第三章　西方文明并非至高无上　　164

　　第一节　客从哪里来　　164
　　第二节　"三板斧"　　178
　　第三节　从火药到大机器　　187
　　第四节　"非常革命"与新制度　　198
　　第五节　在与世界冲突中崛起　　208
　　第六节　罪恶的文明之花　　220
　　第七节　西方文明的阿喀琉斯之踵　　232
　　第八节　恶性循环：西方文明的运动规律　　242

第四章　中华文明的世界意义　　　250

第一节　世界唯一没有中断的文明　　　250

第二节　"和也者，天下之达道也"　　　259

第三节　天人合一的宇宙观　　　270

第四节　协和万邦的国际观　　　280

第五节　和而不同的社会观　　　290

第六节　人心和善的道德观　　　297

第七节　"大道之行也，天下为公"　　　305

第八节　坚持人民当家作主　　　315

第九节　注重共同富裕问题　　　326

第五章　人类文明的壮丽曙光　　　335

第一节　马克思：为人类而工作　　　335

第二节　马克思主义在中国　　　344

第三节　中国式现代化：当惊世界殊　　　354

第四节　大河上下，"不"失滔滔　　　363

第五节　构建人类命运共同体　　　370

第六节 "星星之火，可以燎原" 379
第七节 文明：从交流互鉴走向和谐 392

第六章 重塑中华文明 401

第一节 讲好中国共产党的故事 401
第二节 不断谱写马克思主义中国化时代化
新篇章 408
第三节 建设强大而又可亲的现代化中国 420
第四节 欢迎各国搭乘中国发展的列车 427
第五节 为新时代的孔子画像 434
第六节 淬炼新时代中国精神 443
第七节 让"高加林们"进得了城、回得了乡 451
第八节 勇当世界科技领域的"领跑者" 459
第九节 奏响21世纪中华文明的协奏曲 468

后记 在仰望星空中砥砺前行 477

导 论
我们为什么要谈文明

关于中国与世界命运的问题,是近代以来人们比较关注的重要话题,经常冲上热搜。晨曦初露或夕阳西下,抑或日上三竿,中西方专家学者轻摇羽扇,各抒己见,期望为世人指点迷津,引领中国与世界走向未来。20世纪初,英国哲学家、思想家罗素在其著作《东西方文明比较》中就曾指出:"未来的200年将表明,中国人何去何从,将是影响整个世界发展的一个决定性因素。正因为如此,中国的问题不仅对于亚洲,而且对于欧洲和美国都具有重要的意义。"[1]

20世纪80年代末90年代初,随着东欧剧变带来的世

---

[1] 罗素:《东西方文明比较》,载王正平主编《罗素文集》,改革出版社,1996,第20页。

界大变天，关于中国与世界命运的话题冲上了热搜榜。特别是苏联社会主义大厦在世界上矗立了69年，也曾睥睨群雄，一夜之间说坍塌就坍塌了，社会主义理想还值得人们追求吗？于是，世界上很多人都把目光投向了中国。他们迫切地想知道，社会主义中国将何去何从。

当时摆在中国面前的有两条路：一是坚持继续走自己开辟的路，二是改旗易帜走别人指定的路。对于很多西方政客和政界大佬来说，当然希望中国改旗易帜走他们指定的路。这是他们期待已久的，并为此不遗余力地像夏蝉一样鸣叫过。在关乎中国和世界命运的关键时刻，中国改革开放的总设计师邓小平清醒地指出："一些国家出现严重曲折，社会主义好像被削弱了，但人民经受锻炼，从中吸收教训，将促使社会主义向着更加健康的方向发展。因此，不要惊慌失措，不要认为马克思主义就消失了，没用了，失败了。哪有这回事！"[1]

实现中华民族伟大复兴，是中国共产党和中国人民

---

[1] 邓小平：《在武昌、深圳、珠海、上海等地的谈话要点（一九九二年一月十八日——二月二十一日）》，载《邓小平文选》第三卷，人民出版社，1993，第383页。

始终坚持的前进方向。对于中国共产党和中国人民来说，实现中华民族伟大复兴的中国梦，既不是复古式回到汉唐盛世重拾昔日荣光，也不是为了超越美国等西方国家成为世界上的霸主，而是创造更加辉煌的中华文明，为推动人类文明发展进步做出更伟大的中国贡献，以实现"太平世界，环球同此凉热"。为此，中国共产党和中国人民朝着这个前进方向，坚定不移地走自己开辟的路。因此，2018年12月18日，习近平总书记在庆祝改革开放40周年大会上的讲话中明确指出："改革开放40年的实践启示我们：方向决定前途，道路决定命运。"[1]

中国坚定不移地走自己开辟的路，中华民族走向伟大复兴的历史脚步越来越自信，而且不可阻挡。这是世界发展大势所趋，也是人类文明发展规律使然。然而，以美国为首的西方国家看不清世界发展大势和人类文明发展规律，更是忘记了罗素这位西方智者的警世名言，始终把中国当成零和博弈的对手，并拿着西方文明的标尺，不断带头在国际舞台上抹黑中国、唱衰中国、围堵

---

[1] 习近平：《改革开放四十年积累的宝贵经验》，载《习近平谈治国理政》第三卷，外文出版社，2020，第184页。

中国，妄图阻挡中华民族伟大复兴的历史脚步。殊不知越是这样，他们的目的越达不到。因为，他们不明白中华文明是经过几千年的时间酿造出来的伟大文明，具有强大的历史自觉和历史韧性。而且，中华文明经过中国共产党用马克思主义科学理论长达百年的淬炼，拥有了更加蓬勃的生命力和愈发巨大的影响力。

——这就需要我们从马克思主义文明观的角度出发，以中华民族为什么能走向伟大复兴为逻辑起点，讲清楚世界面临什么样的百年未有之大变局，讲清楚什么是真正意义上的文明，讲清楚西方文明并非至高无上，讲清楚中华文明的世界意义以及如何建设中华民族现代文明等重大问题，增强中华文明的自信力和中华文明的吸引力，引导人们正确认识中国与世界的命运问题，深化文明交流互鉴，着力推进中华文明和世界文明新发展，全面构建人类命运共同体。我们应该让世界明白，这不是意识形态之争，这是人类文明发展进步的必然要求和逻辑映照。正所谓一叶知秋。读懂了中国和中国共产党，读懂了中华民族为什么能走向伟大复兴，就读懂了人类文明发展进步的趋势与方向。19世纪40年代，鸦片战争像一块飞来的巨石，一下子将中华民族撞向了深渊。那个时候，在一个恃强凌弱的世界上，谁能从内心看好中华民族？谁又能坚信中华民族拥有充满希望的未来？

只有马克思和恩格斯。鸦片战争是近代中国百年屈辱历史的起点，也是马克思和恩格斯集中分析中国与世界命运问题的重要"一叶"。他们见微知著，运用辩证唯物主义和历史唯物主义两大法宝科学地判断道：中国的命运掌握在中国人自己的手里，世界上没有任何势力能充当中国的"拯救者"和"保护人"；中华文明具有光辉的历史意义，鸦片战争所引发的中国革命，必将引燃欧洲大陆政治革命的冲天大火；旧中国死亡的时刻正在迫近，中国将探索不同于欧洲的社会主义道路，未来的中国必将展现亚洲新纪元的曙光。历史证明，马克思和恩格斯没有看错中华民族，他们当初的判断也是非常正确的。因此，从这个意义上讲，中国需要马克思主义，世界更需要马克思主义。

长期以来，西方自诩为"文明人"，靠拳头和谎言独自霸占着世界文明的话语权，四处充当文明贩子，并在世界上搞文明霸凌，破坏了世界和谐稳定的发展秩序。比如，自冷战结束以来，美国带领西方一干人马在世界上先后发动了海湾战争、科索沃战争、阿富汗战争、伊拉克战争和利比亚战争等多场战争，给这些地区和国家的人民带来了深重灾难和无穷祸患。西方发动这些战争的理由是什么呢？理由几乎都是所谓的"人道主义干涉"。果真是这样吗？非也。

关于美国为什么要带头发动海湾战争，美国著名学者和政治活动家乔姆斯基就曾指出："美国在海湾并不信守任何高尚的原则，其他国家亦复如是。之所以对萨达姆做空前绝后的反应，并非因为他的残酷入侵，而是因为他冒犯了不该冒犯之人。"[1]萨达姆冒犯了哪位不该冒犯之人呢？当然是冒犯了自认为是世界"扛把子"的美国统治者。乔姆斯基进一步指出："美国还固执地反对以国际法规定的和平方式逆转伊拉克的侵略。它倒是倾向于避开外交渠道，使冲突衍化为暴力。在暴力竞技场上，肆无忌惮的超级大国必能战胜第三世界这个对手。"[2]

---

[1] 乔姆斯基：《世界秩序的秘密：乔姆斯基论美国》，季广茂译，译林出版社，2015，第45页。

[2] 乔姆斯基：《世界秩序的秘密：乔姆斯基论美国》，季广茂译，译林出版社，2015，第48页。

长期以来，中东地区之所以成为世界上的"火药桶"，应该说与西方在中东地区一系列"文明行为"不无关系。西方不仅染指中东地区，阻挠中东"和平进程"，还搅局中亚政治。2022年初，哈萨克斯坦发生的政治骚乱，表面上是由液化气涨价引起的，实质上是西方势力从中作祟。据有关报道，哈萨克斯坦目前很多国际组织、外国政府组织、外国非政府组织和基金会，大部分资金来自美国。美国想干什么？目的很简单，就是要把哈萨克斯坦变为自己小圈子里的一员，逼独联体集体安全条约组织和俄罗斯俯首称臣，进而控制中亚为其所用，并遏制中国发展。

根据美国疾病控制和预防中心发布的数据，截至2022年12月29日，美国新冠死亡病例超过108万人。这说明了什么呢？这说明美国疫情防控越来越糟糕，越来越不可控。美国自己怎么看呢？美国认为"与病毒共存"策略具有"韧性"，人员的染病或死亡不可避免，是保持经济发展的重要举措。那么，美国是怎么看中国疫情防控的呢？在美国看来，中国的疫情防控政策是不重视个体生命的表现，而且宣称西方抗疫举措是一种具有竞争优势的行为，中国将在这种竞争中落于下风或走向失败。这是"文明人"所说的文明话和干的文明事吗？这是一种典型的阿Q精神胜利法。中国的防控方针是由中国共产党的性质和宗旨决定的。面对新冠疫情，中国不仅全力做好本国疫情防控，还大力援助世界各国抗击疫情，成为全球抗击疫情的稳定器和压舱石。要知道在新冠病毒的眼里，人类没有种族和国界之分，也不会搞亲疏有别、厚此薄彼。倘若任新冠病毒四处泛滥，人类将永不得安宁。

英国历史学家汤因比在其著作《历史研究》中指出："西方人往往想当然地以为，他们自身文明的价值观和目标将会永远处于支配地位，这是错误的。"[1]灯光能驱走黑暗，照亮我们的房间。一盏灯照亮一个房间，如果把两三盏灯放到一起，就能将我们的房间照得更亮，让我们彻底远离黑暗。文明亦是这样，就像灯光一样没有高低优劣之分；不同文明彼此尊重，站到一起能驱走更多的人间黑暗，照亮更多的人类驿站。世界需要中华民族伟大复兴，需要21世纪中华文明这盏明灯，同世界

---

[1] 汤因比：《历史研究：修订插图本》，刘北成、郭小凌译，上海人民出版社，2000，第289页。

其他文明一起照亮人类文明发展进步的新征程。

我们都是执灯人，我们有责任运用马克思主义文明观向世界讲好中华民族为什么能走向伟大复兴，以及中华民族伟大复兴对世界的意义；我们都是执灯人，我们把千万盏灯放在一起，人类文明发展进步的道路就会充满光明，就会越走越有希望。

第一章
世界怎么了

第一节 在世界历史的转弯处

1492年8月3日,太阳尚未升起的时候,哥伦布习惯性地望了望远方的大海,然后率领80多名水手和船员,驾驶着以"圣玛丽亚"号为主的三艘帆船,从西班牙巴洛斯港启航驶向大西洋,开始了他的海上探险之旅。

哥伦布相信"地圆学说",尽管他身无分文,却希望能横渡大西洋,踏上马可·波罗描绘的"神秘的东方"。非常幸运的是,作为一名地道的意大利人,他拿到了西班牙国王费迪南二世和王后伊萨伯拉的"天使投资"。他急不可耐地踏上了神秘的东方之旅,计划是"拜谒该地诸君王，察访民情，观光名胜，了解风土并使其人民皈依吾神圣宗教"[1]。哥伦布的计划是神圣的，也算得上师出有名。不过这只是哥伦布此行计划之一，他的另一个计划是夺取东方各地的黄金、香料、宝石等财富。俗话说"有钱能使鬼推磨"，哥伦布深谙此理，他对金钱的渴求，远远大于他的神圣计划。然而，让哥伦布没有想到的是，此行他并没有如愿到达那神秘的东方，而是鬼使神差地来到了闻所未闻的新大陆——美洲。更让哥伦布没有想到的是，此行他无意中把旧大陆（欧洲、亚洲、非洲）和新大陆联系在了一起，从而打破了世界各民族彼此长期隔绝的历史，把一个新的世界展现在人类面前。

从1492年到1504年，哥伦布共计四次登上新大陆。为此，美国历史学家斯塔夫里阿诺斯以哥伦布发现新大陆为历史分水岭，将整个人类历史的演进划分为两个基本阶段，即1500年以前的世界和1500年以后的世界。这是两个不同的世界：一个是各民族原始、封闭、很少有交往的世界，一个是各民族先进、开放、普遍性交往的

---

[1] 哥伦布：《哥伦布航海日记》，孙家堃译，上海外语教育出版社，1987，第7页。

世界。用马克思的话说,从1500年开始,人类告别地域性的民族历史,走向了全球性的世界历史。世界历史不是凭空产生的,它是人类在生产力普遍发展基础上形成的社会分工和各民族的互相交往的历史。在世界历史向前迈进的脚步中,人类通过普遍性的互相交往形成了全球性的密不可分的关系。马克思、恩格斯在其著作《德意志意识形态》中指出:"各民族的原始封闭状态由于日益完善的生产方式、交往以及因交往而自然形成的不同民族之间的分工消灭得越是彻底,历史也就越是成为世界历史。"[1]

人之所以不同于动物,是因为人除了具有自然属性外,还具有社会属性和思维属性。人的社会属性、思维属性,决定了人需要普遍性的互相交往。也只有这样,人才能不断拥有丰富多彩的社会生活和先进的社会生产能力,从而获得更大的文明成果,实现人的全面发展。这就是马克思所说的"历史向世界历史转变"的时代发展需要。哥伦布的确没有想到,从他发现新大陆开始,

---

[1] 马克思、恩格斯:《德意志意识形态》,载中共中央马克思恩格斯列宁斯大林著作编译局编译《马克思恩格斯文集》第一卷,人民出版社,2009,第540-541页。

人类便一步步地踏进了世界历史的门槛，然后随着全球兴起的各民族普遍性交往和社会生产方式不断变革，世界历史发生了多次大转折，深刻影响了世界格局和人类文明进程。从大的历史视野和人类文明走向看，16世纪初以来，世界历史发生了三次大转折。

18世纪60年代到19世纪40年代，随着资本主义生产方式的兴起和发展，世界历史发生了第一次大转折。早在哥伦布发现新大陆之前，内心一直充满孤独和危机意识的西欧人，尤其是伊比利亚半岛的西班牙和葡萄牙两国，就开始踏上了海外殖民扩张之路。哥伦布发现新大陆后，西班牙国王作为哥伦布横渡大西洋的最大投资者，抓住这个历史性机遇，乘势加快了海外殖民扩张的步伐，并从海外掠夺了大量财富，使西班牙成为欧洲首屈一指的强国。斯塔夫里阿诺斯在其著作《全球通史——1500年以后的世界》中记载，"从1503至1660年，西班牙从美洲得到了总计18 600吨注册的白银和200吨注册的黄金。未经注册、私运入西班牙的金银现被不同地估计为从占总数的10%至50%"[1]。在巨大的物质利益诱惑下，荷兰、法国、英国纷纷摩拳擦掌，加快了海外殖民扩张的步伐，迅速赶超西班牙和葡萄牙两国。其中，荷兰因更加卖力赢得了"海上马车夫"的"荣誉称号"。后来，荷兰不敌英法两国而衰落，英国则经过与法国的七年战争，一跃成为欧洲海外殖民扩张的头号霸主。

海外殖民扩张推动了世界市场发展，进而带来了工业革命；工业革命又魔术般地推进了资本主义生产方式的兴起和发展，使新兴资产阶级成为世界历史这台大戏的导演，就像马克思、恩格斯所描述的那样，"资产阶级，由于一切生产工具的迅速改进，由于交通的极其便利，把一切民族甚至最野蛮的民族都卷到文明中来了……它迫使一切民族——如果它们不想灭亡的话——采用资产阶级的生产方式；它迫使它们在自己那里推行所谓的文明，即变成资产者。一句话，它按照自己的面貌为自己

---

[1] 斯塔夫里阿诺斯：《全球通史——1500年以后的世界》，吴象婴、梁赤民译，上海社会科学院出版社，1999，第147页。

创造出一个世界"[1]。这一时期,因为世界历史是以资本主义为主导的,并且是在西方海外殖民扩张中形成和发展的,所以随着西方列强在海外殖民扩张中崛起,加上西方率先启动了工业革命,全球就逐渐形成了"西强东弱"的世界格局,也使得"西风"可以任意压倒"东风"。也可以这样说,"海外殖民扩张+工业革命"是成就现代西方文明的两大秘籍。

1840年的鸦片战争和随后的太平天国运动,就是在这样的背景下发生的。特别是鸦片战争,使中国陷入了百年屈辱的历史泥淖,而由此引发的一系列救亡图存的斗争,深刻影响着世界历史进程。为此,马克思在《中国革命和欧洲革命》一文中预言道:"中国革命将把火星抛到现今工业体系这个火药装得足而又足的地雷上,把酝酿已久的普遍危机引爆,这个普遍危机一扩展到国

---

[1] 马克思、恩格斯:《共产党宣言》,载中共中央马克思恩格斯列宁斯大林著作编译局编译《马克思恩格斯文集》第二卷,人民出版社,2009,第35-36页。

外,紧接而来的将是欧洲大陆的政治革命。"[1]同时,恩格斯在《波斯和中国》一文中也预言道:"有一点是肯定无疑的,那就是旧中国的死亡时刻正在迅速临近……过不了多少年,我们就会亲眼看到世界上最古老的帝国的垂死挣扎,看到整个亚洲新纪元的曙光。"[2]马克思、恩格斯的预言是正确的。用更广阔的视野审视历史,我们可以这样说,正是因为有了鸦片战争,所以才有了太平天国运动以及后来的义和团运动、洋务运动、戊戌变法、辛亥革命等一系列救亡图存的斗争,最终在世界历史的大潮中催生了中国共产党和社会主义新中国,世界历史大潮也由此变得更加壮观。

20世纪初到20世纪中叶,随着资本主义生产方式基本矛盾的全球性激化,世界历史发生了第二次大转弯。这一时期的标志性的事件就是1914年爆发的第一次世界

---

[1] 马克思:《中国革命和欧洲革命》,载中共中央马克思恩格斯列宁斯大林著作编译局编译《马克思恩格斯文集》第二卷,人民出版社,2009,第612页。

[2] 恩格斯:《波斯和中国》,载中共中央马克思恩格斯列宁斯大林著作编译局编译《马克思恩格斯文集》第二卷,人民出版社,2009,第627-628页。

大战和1939年爆发的第二次世界大战。这两次世界大战前后相隔仅有25年,给人类文明带来了空前的浩劫,深刻影响了世界历史进程。特别是第二次世界大战,基本上终结了欧洲列强在全球的殖民统治,使不可一世的欧洲列强"似乎又在退回到500年前他们曾从那里向外扩张的小小的欧亚半岛上去"[1],只能像跟班一样跟在美国的屁股后面与苏联叫板。

那么,这两次世界大战爆发的原因是什么呢?考察历史不难发现,两次世界大战都是由帝国主义国家争夺霸权和重新瓜分殖民地引起的。早在1887年,恩格斯在分析资本主义的发展规律时就预测道,资本主义的发展,在其争霸世界的斗争中,必然会导致"空前规模和空前激烈的世界战争",并首次提出了世界性战争的概念。帝国主义国家争夺霸权和重新瓜分殖民地的目的是什么呢?是为了争夺世界市场以转嫁国内经济危机,这样就不可避免地走向冲突再冲突。正如恩格斯在其著作《反杜林论》中所说:"市场的扩张赶不上生产的扩张。

---

[1] 斯塔夫里阿诺斯:《全球通史——1500年以后的世界》,吴象婴、梁赤民译,上海社会科学院出版社,1999,第812页。

冲突成为不可避免的了,而且,因为它在把资本主义生产方式本身炸毁以前不能使矛盾得到解决,所以它就成为周期性的了。资本主义生产造成了新的'恶性循环'。事实上,自从1825年第一次普遍危机爆发以来,整个工商业世界,一切文明民族及其野蛮程度不同的附属地中的生产和交换,差不多每隔十年就要出轨一次。"[1]在世界历史进程中,世界市场的形成和发展,就像阿里巴巴念动"芝麻开门"的咒语一样,打开了经济全球化的大门,让世界经济迈开双脚快速向前跑动起来。

英国经济学家安格斯·麦迪森曾对世界经济发展史进行过深入研究。据他统计,在1500年前的上百万年时间里,全球人均GDP增长还不到50%。然而,从1500年到1820年,在短短的三百多年时间内,仅西欧人均GDP就增长了89.4%。这就是世界市场的魔力,它使一切国家的生产和消费都成为世界性的了。然而,因为这个世界市场的"董事会"主要是由欧美资本主义国家组成的,也就是说它是资本主义性质的,所以随着资本主义生产

---

[1] 恩格斯:《反杜林论》,载中共中央马克思恩格斯列宁斯大林著作编译局编译《马克思恩格斯文集》第九卷,人民出版社,2009,第292页。

方式的基本矛盾，即社会化生产和资本主义私人占有之间的矛盾，在全球范围内的激化，从而引发资本主义社会上层建筑的震裂，世界性经济危机就周期性爆发了。这也是垄断资本主义即帝国主义的时代特征。因此，为了维护自身利益，欧美资本主义国家之间就不得不兵戎相见了。

第一次世界大战是这样，第二次世界大战也是这样。与此同时，苏联和中国等社会主义国家先后走上世界历史舞台，开始以崭新的社会主义生产方式改变世界历史进程。特别是第二次世界大战后，传统的欧洲体系崩溃，一大批亚非拉殖民地国家纷纷独立，与中国共同成为第三世界的重要力量，开始参与冷战时期变幻莫测的世界格局。

美国历史学家威廉·麦克尼尔曾评价两次世界大战道："20世纪两场大战构成了国际事务的转折点。其全面含义和深远影响，我们仍未知晓。不过，事情看起来似乎是这样：这两场大战标志着我们通常所称的世界现代史的终结……新时代叫什么，我们还没有起好名字。"[1] 关于这个问题，其实列宁在俄国十月革命胜利后就给出了答案。列宁非常明确地指出，俄国十月革命开创了"两个具有世界历史意义的时代，即资产阶级时代和社会主义时代，资本家议会制度时代和无产阶级苏维埃国家制度时代的世界性交替的开始"[2]。简要地说，就是世界历史进入了社会主义和资本主义"两制共存"的时代。这样的"两制共存"时代，随着社会主义中国进入世界历史，其特征显得更为明显。这就是世界历史第二次大转弯后的时代特征。

人类进入21世纪后，随着西方资本主义社会出现无法遏制的系统性危机，世界历史正在发生第三次大转弯。事实上，早在第一次世界大战爆发之时，列宁就曾指出："帝国主义是资本主义完成了它所能完成的一切而

---

[1] 威廉·麦克尼尔：《5000年文明启示录》，田瑞雪译，湖北教育出版社，2020，第575页。

[2] 列宁：《对一位专家的公开信的答复》，中共中央马克思恩格斯列宁斯大林著作编译局编译《列宁全集》第三十六卷，人民出版社，1985，第208页。

转向衰落的这样一种状态。"[1]也就在第一次世界大战期间，德国历史学家施本格勒通过自身的经历和观察，在贫民窟的烛光下写下了《西方的没落》一书，认为西方已经走过了文化的创造阶段，正通过反省物质享受而迈向无可挽回的没落。早在20世纪60年代初期，毛泽东更是断言道："帝国主义现在是处在衰落时代。"[2]当然，我们要明白"百足之虫，死而不僵"的道理。

西方的没落，或者说衰落，不是一瞬间发生的事情，而是一个漫长的历史演变过程。为此，美国学者塞缪尔·亨廷顿道："西方始于20世纪初的逐渐且无规律的衰落，可能会持续几十年，甚至几百年。"[3]在这个漫长的历史演变过程中，西方资本主义社会因其所能容纳的全部生产力还没有全部发挥出来，所以它在逐渐衰落的漫长历史演变过程中会出现短暂的繁荣。比如，20世

---

[1] 列宁：《关于无产阶级和战争的报告》，载中共中央马克思恩格斯列宁斯大林著作编译局编译《列宁全集》第二十六卷，人民出版社，1990，第36页。

[2] 毛泽东：《把我国建设成为社会主义的现代化强国》，载中共中央文献研究室编《毛泽东文集》第8卷，人民出版社，1999，第340页。

[3] 亨廷顿：《文明的冲突与世界秩序的重建》，周琪等译，新华出版社，2009，第278页。

纪50年代至70年代，西方资本主义社会就经历了一个长达20年的黄金发展期。据历史记载，在1970年世界国民总收入中，西方资本主义发达国家就占到45%。20世纪90年代，美国经济又经历了一个长达9年的高速增长期，并且通货膨胀率、失业率和财政赤字都控制在较低水平，确实让人刮目相看。但是，由于资本主义生产方式的基本矛盾始终得不到解决，加上西方国家乱吃所谓新自由主义的救世良药，使资本主义社会在当前出现无法遏制的系统性危机，成为影响世界和平与发展的雷区。比如，按揭贷款买房应该说是一件很平常的事，可美国偏偏在2008年就因为这件很平常的事引发了次贷危机，进而引爆了国际金融危机，使许多西方资本主义国家深陷经济、社会和政治的多重危机，至今仍像重病患者一样躺在病床上呻吟不休。

雪上加霜的是，2020年以来，随着新冠疫情这只"黑天鹅"的到来，被新自由主义病毒侵蚀的国家抗疫不力，又让卧病在床的西方病情加重，已无力再用单边主义的指挥棒主导世界秩序。对此，美国外交学会会长理查德·哈斯和美国外交学会高级研究员查尔斯·库普钱撰文指出，"美国治下的和平"现在已是强弩之末，美国及其传统的西方伙伴既没有能力也没有意愿支撑一个相互依存的国际体系，并推行它们在二战后建立的自由秩序。也可以这样说，世界历史的长河奔流到21世纪，随着日益加深的全球资本主义危机不断推动社会主义力量在全世界的发展，以资本主义为主导的世界历史，将逐渐让位于以社会主义为主导的世界历史。这不仅是21世纪人类社会的发展方向，也是人类社会未来的发展方向。同时，这也是世界历史发展的大逻辑。

资本主义创造了世界历史，而世界历史将要戴上社会主义的皇冠，并阔步迈向共产主义的雄伟殿堂，资本主义是不会随便答应和坐视不管的。在世界历史第三次大转弯处，资本主义的执迷不悟，或者说它在绝望中的最后一搏，将让世界格局变得更加复杂，而且极其多变。这就是我们今天所面对的世界。正如习近平总书记指出："放眼世界，我们面对的是百年未有之大变局。"[1] 这是对世界历史发展的科学判断。面对世界百年未有之大变局，我们做好准备了吗？

---

[1] 习近平：《做好新时代外交工作》，载《习近平谈治国理政》第三卷，外文出版社，2020，第421页。

第二节　西方秩序正走向崩溃

2014年9月，已是91岁高龄的亨利·基辛格，集一甲子的外交经验和国际问题研究智慧于一体，出版了他的新著《世界秩序》。

——这是基辛格在21世纪写下的"推背图"。在这本著作中，他认真梳理了近400年来世界历史和国际政治的演变脉络，审视了欧洲、亚洲、中东和美国对世界秩序的不同认识，并得出预言式的结论：西方秩序正走向崩溃，美国已经失去领导者地位。

基辛格是美国政坛的常青树，曾服务过多任美国总统。1971年7月，他曾作为尼克松总统的特使，绕道巴基斯坦秘密访华，拉开了中美建交的序幕。基辛格与尼克松本不是一条道上的人，尼克松还曾挨过基辛格的骂，但是尼克松非常欣赏基辛格的政治才干，硬是把基辛格拉到了自己的阵营。基辛格与尼克松在如何对待中国问题上意见是一致的，他们都很清楚美国与中国为敌不如与中国为友的道理，共同推开了中美建交的大门。中美建交是20世纪世界历史进程中的一件大事，它不仅推动了世界历史向前发展，还启示后人应该学会如何使不同文明和平相处，以及如何通过不同文明间的共同努力将争端变为共识。

然而，自16世纪初以来，西方往往忽视了这个朴素的道理，始终以"文明人"自居，凭坚船利炮谋求以西方秩序号令天下。第一次世界大战后，西方通过凡尔赛体系确立了以欧洲为中心的国际格局，即由美、英、法等主要战胜国主导的西方秩序。第二次世界大战打破了这种西方人优先的秩序，以雅尔塔会议为标志，建立了以联合国为框架的世界秩序，标志着人类文明发展到一个新阶段。然而，随着杜鲁门主义和华沙条约组织登台亮相，在联合国框架下，以冷战为特征的美苏两极格局左右着世界秩序。

20世纪90年代初，随着苏联解体和冷战结束，美国成为世界上唯一的超级大国，并奉行代表全人类行事的理念，打着自由和民主的旗号，挟联合国以令各国，竭力在全球构建由美国来主导的西方秩序，让世界始终臣服在西方人（确切地说，应该是美国人）的脚下。为此，20世纪90年代初以来，作为西方盟主的美国，带头先后在海湾、科索沃、阿富汗、伊拉克、利比亚等地区和国家发动了一系列战争，并肆意插手一些地区和国家的事务。

　　唐代诗人杜甫诗曰："我行已水滨，我仆犹木末。鸱鸟鸣黄桑，野鼠拱乱穴。夜深经战场，寒月照白骨。"战争是极其残酷和无情的，足以毁灭这个世界和人类文明。比如，英国历史学家尼尔·弗格森在其著作《文明》一书中就曾指出，西方文明的最初雏形——罗马帝国的衰败消亡，正是在5世纪初遭到匈奴人的入侵后轰然倾覆的。20世纪80年代，美国前总统尼克松在《1999：不战而胜》一书中写道："一千年以前，文明世界带着一种几乎是狂暴的不祥之感迎来了这一个千年。宗教领袖们在请教了圣经中的先知之后，预言世界的末日即将来临。在公元1000年之际，他们担心上帝的力量将毁灭这个世界。而公元2000年之际的危险则是，人类的力量将毁灭这个世界——除非我们采取决定性的行动阻止它。"[1]尼克松作为一名政治家，他对未来的担忧并非杞人忧天。20世纪90年代初以来，美国带头发动的一系列

---

[1] 理查德·尼克松：《1999：不战而胜》，谭朝洁、孔岩、邓勇、马学印译，中国人民大学公安出版社，1988，第1页。

战争,可以说正在毁灭这个世界和人类文明,它不仅阻碍了世界的多极化发展趋势,还破坏了和平稳定的世界秩序,给人类文明带来了极大创伤。

阿富汗战争就是其中一例。这场持续20年之久的战争,累计造成包括3万多平民在内的17.4万人死亡,受伤人数超过6万,并迫使350万阿富汗人因冲突而流离失所,近2300万人面临极端饥饿,其中有320万名5岁以下儿童。2021年,美国为了摆脱这场战争,怀着无可奈何花落去的叹息,下决心要从阿富汗撤走全部军队。这也是现任美国总统拜登向选民做出的一项承诺。然而,当美军和北约部队开始迫不及待地从阿富汗撤走时,阿富汗首都喀布尔的袭击事件便此起彼伏。其中,在喀布尔女子学校附近发生的袭击事件中,死亡人数超过80人。美国《华尔街日报》发表社论指出,美国撤军可能加剧人道主义灾难,美国的存在无法阻挡每一次可怕的袭击,但美国的离开意味着会有更多的袭击发生,喀布尔女子学校附近发生的袭击事件可能只是一个预演。《今日美国报》网站评论称,美国在阿富汗的撤军行动是一场彻头彻尾的灾难。阿富汗远离美国,美国派军队来到阿富汗,既带来了动乱,也种下了持续动乱的种子,使阿富汗陷入命运多舛的境地，而且不知道何时才能渡过此劫，自由地生活在郁金香和桑林的怀抱中。

同阿富汗一样，伊拉克的结局也很悲惨。伊拉克位于两河流域，在这里俯身抓一把土，就能闻到古老的两河文明气息。伊拉克战争发生以来，且不说造成了大量平民死亡，由于频繁发生内战，持续恶化的安全局势使伊拉克的失业率高达60%，超过53%的人整天饿肚子。最可怕的是，美军在伊拉克战争中使用了大量具有放射性的贫铀弹。按照国际原子能机构的研究，癌症及与辐射相关病症发病率约为十万分之一。在伊拉克是多少呢？要比这高出600倍。放射性物质会引发细胞突变，而铀的衰变是45亿年。这就意味着在将来极其漫长的岁月中，伊拉克任何一个人都有可能成为受害者。

美国自诩是自由民主的化身。殊不知美国对外输出的自由民主——按照俄罗斯总统普京的话说——是炸弹式的自由民主，它输出到哪里，哪里的人民就会遭殃。2002年6月24日，时任美国总统小布什在白宫玫瑰园发表讲话，响亮地提出了大中东民主计划，即以西方民主为标准改造中东国家，带领中东人民走上自由民主的道路，过上圣洁的生活，并策划发动了"颜色革命"。可结果呢?"颜色革命"带来的不是自由民主的"天园",而是政局动荡、民不聊生的"火狱"。2011年"阿拉伯之春"运动就是典型案例。这场剧变像一记重拳打在阿拉伯世界的额头,让"阿拉伯之春"变成了"阿拉伯之冬",给阿拉伯人民带来的灾难可谓罄竹难书。按下不表上百万人在阿拉伯之春运动中无辜丧生,就说在阿拉伯之春运动中背井离乡的难民吧。据权威机构调查,仅占世界总人口5%的阿拉伯地区,"阿拉伯之春"运动造成的难民人数竟占到世界难民总数的53%以上。这些难民大都跑到了欧洲,给欧洲又带来了难民危机;难民危机一旦处理不好,必将给欧洲带来政治危机,使原本矛盾重重的欧洲加速分裂。

"阿拉伯之春"运动还有一个可怕的后果,就是伊斯兰极端势力的崛起。

伊斯兰教本是一个主张和平的宗教,曾创造了丰富多彩的伊斯兰文明,在哲学、数学、医学、法学和物理学、化学等领域为人类文明做出了杰出贡献。比如,有世界医学之父之称的伊本·西拿,其医学名著《医典》被誉为医学百科全书,从12世纪传入欧洲后,在长达500年的时间里,始终是欧洲医学界的"长销书"。再如,为现代法兰西制度奠定基础的《拿破仑法典》，基本上可以说是伊斯兰教《伊玛目马里克法典》的翻版。因此，美国东方学家菲利普·希提曾把阿拉伯人民称为8世纪中叶至13世纪初全世界文化和文明火炬的主要举起者。然而，伊斯兰极端主义歪曲了伊斯兰教义，不仅污名化了伊斯兰文明，还践踏了人类文明。伊斯兰极端势力随着"阿拉伯之春"运动的崛起，尤其是披着圣战的外衣大搞恐怖活动，如同侵入阿拉伯世界的毒瘤，它所引起的一系列病变，极大地损坏了西方在阿拉伯世界和全球的形象。欧洲对外关系委员会民调显示，欧洲多国民众对美国的信任正在消失，特别是在德国、法国、西班牙、丹麦和葡萄牙，超过60%的受访者表示，已丧失对美国作为世界领导者的信任。德国和法国则公开表态要反思政治体制和社会形态。爱德曼是全球最大的公关咨询公司。自2000年开始，爱德曼每年都发布关于全球政府信任度的调查报告。据爱德曼发布的调查报告，近年来，西方国家无论整体信任度，还是民众对政府信任度，都普遍不高，而美国更是如此，远远低于中国。比如，2023年爱德曼信任度晴雨表显示，美国民众对政府的信任度比中国低了47个百分点。

这就是当前由美国主导的西方秩序面临的窘境，即猪八戒照镜子——里外不是人。西方秩序正走向崩溃，美国也不再是那个"将世界托在背上的鲸鱼"。2021年6月4日，俄罗斯总统普京在第24届圣彼得堡国际经济论坛活动期间指出，美国自认为经济和军事实力无与伦比，便有恃无恐，耀武扬威。帝国的通病就在于自恃强大，纵容自己犯错，却对他国或分而治之，或协调恫吓，或收买媾和，自以为这便是问题的解决之道，但问题日积月累，总有积重难返的一天。美正迈着自信的步伐走在当年苏联的道路上。这绝不是危言耸听。那么，由美国主导的西方秩序为什么会走向崩溃呢？

　　原因并不复杂。因为由美国主导的西方秩序是建立在资本主义制度之上的。马克思主义告诉我们，在资本主义制度下，当社会化生产和资本主义私人占有之间的矛盾不可调和时，资本主义国家为了摆脱由此产生的经济危机，包括政治和社会等危机，亦为了不断称霸世界，必然会对外扩张，甚至不惜发动战争。常言道："多行不义必自毙。"可以说，这些年来美国带头发动的一系列战争和"颜色革命"，行的都是不义之举，早已遭到世界人民的反对，这样由美国主导的西方秩序也就必然会走向崩溃。特别是新冠疫情这个黄风怪，它就像安徒生童话《皇帝的新装》中的小孩一样，诚实地告诉世界西方秩序这个自认为穿了漂亮衣服的皇帝，其实什么也没有穿。英国剑桥大学王后学院院长穆罕默德·埃里安撰文指出，在世界试图从新冠疫情带来的巨大经济冲击中恢复过来之际，未能妥善处理全球疫苗推广工作削弱了人们对二战后出现的国际体系的信任。加上对2008年源于发达经济体的全球金融危机记忆犹新，今天的失败正在加剧一些国家的怀疑，即当前的国际秩序可能不再适用。

可以这样说，西方秩序走向崩溃是一种历史必然。只不过它的崩溃，就像管涌一样有一个长时间的发展过程。正如挪威政治学家、国际公认的"世界和平学之父"约翰·加尔通在其著作《美帝国的崩溃：过去、现在与未来》中，通过对罗马帝国和西方帝国主义的比较指出："罗马帝国和西方帝国的走向是一致的，甚至原因和方式也类似，只是时间与地点不同。同时，这也不等于资本主义和帝国主义甚至是西方模式将从世界消失——而只是西方国家不再占据统治地位。"[1]

古人道:"庆父不死,鲁难未已。"在西方秩序相对漫长的崩溃过程中,世界各国和人民都面临着巨大挑战,全球安全形势不容乐观,尤其是在当前世界政治比较脆弱的时刻,一丁点火星就有可能引发地区甚至是世界动乱。

孔子道:"危邦不入,乱邦不居。"建设普遍安全的世界既是人类共同的利益追求,也是世界各国和人民的共同责任。因此,21世纪需要世界各国和人民携起手来,通过相互了解和充分尊重,共同为构建世界新秩序寻找最好的答案。基辛格在其著作《世界秩序》的序言中就曾写道:"当今时代,探寻世界新秩序需要我们首先了解那些基本上不为外界所知的社会。所有国家的人民都需要克服这种神秘感——如何将迥然不同的历史和价值观塑造成为一个共同的新秩序。"[2] 作为一名西方人,基辛格对中国是抱有好感和信任的。当然,他这种好感和

---

[1] 约翰·加尔通:《美帝国的崩溃:过去、现在与未来》,阮岳湘译,人民出版社,2013,第196页。

[2] 亨利·基辛格:《世界秩序》,胡利平、林华、曹爱菊译,中信出版社,2015,序言第XIX页。

信任不是完全建立在个人好恶之上，更多的是基于他对全球政治的理性思考和对美国命运的担忧。

古人道："眼里有尘天下窄，心中无事一床宽。"对于美国来说，别一天到晚总是眼里布满了尘埃，总是心事重重，要认真拜读一下基辛格的"推背图"，努力看懂基辛格在21世纪写下的警世之言，当然，更重要的是要拜马克思为师，聆听马克思主义真理之言，看清世界发展大势，乐于接受与中国共存，与世界所有国家和平共处，以人类命运共同体的理念引领世界新秩序。否则，就会在与世界的对抗中加速走向失败。因为西方秩序的崩溃，或者说西方资本主义加速走向灭亡，是21世纪世界历史发展的大趋势，是不以美国为首的西方国家的意志为转移的客观存在。诚如尼尔·弗格森在其著作《文明》中所说："我们现在正在经历的是西方主导世界500年的尾声……在过去500年中总是青睐于西方的运势即将发生转变。"[1]

诚哉是言！

---

[1] 弗格森:《文明》，曾贤明、唐颖华译，中信出版社，2012，第302页。

第三节　美国住在玻璃房子里

21世纪以来，西方秩序正走向崩溃是一个不争的事实。那么，作为西方盟主的美国，它自己是什么态度呢？

2021年4月28日，美国总统拜登在国会发表讲话时宣称，美国将"再次出发"，并将"重新领导世界"。这就是美国的态度，它不会坐视由它主导的西方秩序走向崩溃，更不会丢掉领导世界的野心。那么，美国将怎样"再次出发"呢？西方谚语道："如果你住在玻璃房子里，就不要朝别人扔石头。"事实上，美国就住在玻璃房子里。面对21世纪西方秩序的崩溃，以及资本主义社会身陷可怕的系统性危机，西方盟主美国——这位住在玻璃房子里的山姆大叔，这个自称"代表全人类行事"的花旗国，是做不到像拜登在国会发表讲话时说的那样，"我们欢迎竞争"，并且"不会寻求冲突"。相反，它将会像一个丢了魂的任性孩子一样，忘记了自己住在玻璃房子里，在世界舞台上疯狂地朝别人扔石头，以达到"重新领导世界"的目的。

中国首当其冲。比如，2018年7月6日，美国违反世贸规则，宣布对340亿美元中国产品强行加征25%的关税，正式向中国发动了迄今人类经济史上规模最大的一次贸易战。美国向中国发动贸易战的理由非常简单：中国人抢走了美国人的饭碗。这就是美国前总统特朗普的简单粗暴式逻辑。在"特朗普们"看来，一些国家通过"不公平"的贸易安排"偷窃"了美国工人的就业机会，而美国政府将通过严格限制贸易、离岸外包与移民，让美国人保住自己的饭碗。2021年5月6日，美国总统拜登仿佛特朗普附体，再次呓语"中国人抢走了美国人的饭碗"的陈词滥调。

真实情况是什么呢？以中国远洋运输有限公司为例，自从2002年开通从中国到波士顿的直通航线后，20年来，该公司不仅为美国保住了9000个工作岗位，还创造出40万个就业岗位。美国记者布拉德利·布兰肯希普撰文指出，我们长期以来听到的传统观点——中国偷走美国人的工作——需被深入剖析。事实上，这是经济创新的自然结果，与任何单一参与方无关。拉德利·布兰肯希普进一步说，正如我们在波士顿港所看到的，来自中国的无壁垒贸易和新服务航线在该地区创造数十万个就业岗位。美国需要与中国合作，而非对抗。想想尼克松50多年前"改变世界的一周"吧。

贸易是人类文明交往的重要方式之一。通过广泛开展贸易活动，不同国家和地区互通有无，提高自身社会的文明程度。开展贸易活动，最重要的就是要遵循自由原则，即在承认和尊重彼此意愿的基础上，通过自由的良性竞争进行等价交换。这是人类最古老的交换法则，它营造了一种自由和谐的贸易关系。中国古代典籍《周易》就曾记载："日中为市，致天下之民，聚天下之货，交易而退，各得其所。"[1]古希腊历史学家希罗多德在其著作《历史》中也曾记载："利比亚有这样一个地方，那里的人是住在海拉克列斯柱的外面的，他们到达了这个地方并卸下了他们的货物；而在他们沿着海岸把货物陈列停妥之后，便登上了船，点起了有烟的火。当地的人民看到了烟便到海边来，他们放下了换取货物的黄金，然后从停货的地方退开。于是迦太基人便下船，检查黄金；如果他们觉得黄金的数量对他们的货物来说价格公平的话，他们便收下黄金，走他们的道路；如果觉得不公平的话，他们便再到船上去等着，而那里的人们便回

---

[1] 崔波注译《周易》，中州古籍出版社，2007，第389页。

来把更多的黄金加上去直到船上的人满意时为止。据说在这件事上双方是互不欺骗的。伽太基直到黄金和他们的货物价值相等时才去取黄金,而那里的人也只有在船上的人取走了黄金的时候才去动货物。"[1]

然而,资产阶级登上世界历史舞台后,为了抢占世界市场,满足自身的财富欲望,抛弃了这一古老的法则,念起了"资本的自由"和"没有良心的贸易自由"的经。马克思在其著作《关于自由贸易问题的演说》中指出:"在当今社会条件下,到底什么是自由贸易呢?这就是资本的自由。排除一些仍然阻碍着资本自由发展的民族障碍,只不过是让资本能充分地自由活动罢了。"[2]在《共产党宣言》这篇光辉著作中,马克思与恩格斯进一步指出,资产阶级"使人和人之间除了赤裸裸的利害关系,除了冷酷无情的'现金交易',就再也没有任何别的联系了。它把宗教虔诚、骑士热忱、小市民伤感这些情感的神圣发作,淹没在利己主义打算的冰水之中。它把人

---

[1] 希罗多德:《历史》,王以铸译,商务印书馆,1959,第341页。

[2] 马克思:《关于自由贸易问题的演说》,载中共中央马克思恩格斯列宁斯大林著作编译局编译《马克思恩格斯文集》第一卷,人民出版社,2009,第756页。

的尊严变成了交换价值,用一种没有良心的贸易自由代替了无数特许的和自力挣得的自由"[1]。马克思、恩格斯这些重要论述,深刻揭示了资产阶级进行贸易活动的本性所在。

在马克思、恩格斯看来,资产阶级根本不讲"贸易自由",即便他们迫不得已而讲,讲的也是"资本的自由",进一步说是"没有良心的贸易自由"。这种标榜自由实则不讲自由的贸易,对内来说是资产阶级不同利益集团用来调节生产关系的权宜之计,对外则是一种单边自由贸易,即资本主义强国以牺牲他国利益来聚敛财富的手段。这种不讲自由的贸易,因其利益纠葛极易发生贸易战,从而引发区域性或全球性经济危机,甚至是战争。

就说美国吧。从17世纪初到18世纪上半叶,英国在北美大西洋沿岸先后建立了13个殖民地,而且殖民地经济发展势头良好,逐步形成了统一的贸易市场。为了争夺北美殖民地的贸易权,英国与法国征战七年。虽然英

---

[1] 马克思、恩格斯:《共产党宣言》,载中共中央马克思恩格斯列宁斯大林著作编译局编译《马克思恩格斯文集》第二卷,人民出版社,2009,第34页。

国打败了法国，但是国力也大不如从前。于是，英国为了增强国力，就先后出台了《殖民地通货条例》《印花税法案》《茶叶法》等法律法规，从报纸到扑克牌，从油漆到玻璃，向北美殖民地征收各种各样的苛捐杂税。苛政猛于虎！1775年4月，随着英属北美殖民地马萨诸塞列克星敦村的枪声响起，美国独立战争爆发。1783年，英国被迫承认了美国独立。然而到了1812年，因为对外贸易问题，英美两国又大动干戈，史称"美国第二次独立战争"。这次独立战争，让美国在国际上有了声誉，也从此走上了强国之路，并开始参与争夺和占领（瓜分）世界市场。

美国自独立后，始终奉行的是"美国优先"政策，根本不讲什么贸易自由。20世纪30年代初，为了增加美国的进口关税，时任美国总统胡佛签署了《斯姆特-霍利关税法案》。这是历史上一部最具保护主义、最具破坏性的贸易立法。为了以牙还牙报复美国，加拿大、欧洲各国及其他国家针对美国的全球性贸易战爆发了，从而加剧了大萧条。

由美国发起的这场全球性贸易战，可以说损人不利己。其中，最严重、最棘手的是大规模群体性失业问题。据历史记载，1933年3月，美国失业人数保守估计为1400多万，相当于美国全部劳动力的四分之一。英国失业人数将近300万，在其全部劳动力中所占的比例与美国的大致相同。德国的情况最糟，其失业人员至少有600万。大规模群体性失业使很多人陷入了贫困之地。美国现代小说家约翰·斯坦贝克创作的长篇小说《愤怒的葡萄》，以约德一家为代表，真实地讲述了这一时期美国大批农民破产、逃荒的血泪故事，被称为一本记录天灾和经济危机下美国底层愤怒和挣扎的史诗。德国是大萧条受损最严重的国家，成为希特勒"创建第三帝国和征服欧洲"的先决条件，也无形中诱发了第二次世界大战。

这就是贸易战的恶果。美国自这次贸易战后，又先后与法国、西德、日本、加拿大和欧盟、拉美国家等发生了多次贸易战。其中，1993年与欧盟和拉美国家发生的贸易战，仅仅是因为人们生活中常见的水果——香蕉。时任美国国务卿奥尔布赖特曾抱怨说，她这辈子从没想过会在香蕉上花这么多时间。这就是住在玻璃房子里的美国。不管你是谁，只要它认为你损害了它的利益，它就朝你扔石头，直到砸你个头破血流。这是由美国这个资本主义国家与生俱来的掠夺性决定的。为此，列宁在1919年指出："英国和法国是胜利了，但它们欠下了美国很多的债。不管法国人和英国人怎样以战胜者自居，美国还是决定要榨取他们的脂膏，要为美国在战时提供的援助取得超额利息，而此刻正在建设并在规模上日益超过英国的美国舰队，势必是实现这一目的的保证。掠夺成性的美帝国主义表现极其粗野，这从以下这件事可以看出：美国的经纪人收买妇女和姑娘这种活商品，把她们运到美国去卖淫。自由文明的美国竟以活商品供给妓院！"[1]

美国是世界上公认的超级大国。特别是二战后的世界，基本上由美国主导，美元成为全球储备货币，一般国家和地区想要撼动美国在全球经济和金融事务中的地位很难。谁会损害美国的利益呢？答案是美国资本主义制度本身。对此，约翰·加尔通指出："西方帝国主义衰亡的原因就是西方帝国主义本身，或换言之，是它

---

[1] 列宁：《在全俄东部各民族共产党组织第二次代表大会上的报告》，载中共中央马克思恩格斯列宁斯大林著作编译局编《列宁选集》第四卷，人民出版社，1995，第74-75页。

们永远追求扩张或至少是永不紧缩的宇宙观所致。"[1]这可以说是西方很多有志之士的共同看法。欧盟著名智库"欧洲之友"欧洲与地缘政治研究部主任莎达·伊斯拉姆就曾指出,现在的确是西方自由民主主义最为困难的时期,"在过去,西方自由民主主义的威胁来自外部,可现在最大的威胁竟来自西方社会内部"[2]。马萨诸塞大学阿默斯特分校经济学名誉教授理查德·沃尔夫更是一针见血地指出了当前美国自身存在的问题:一是财富和不平等加剧,二是社会分歧变得日益严重,三是政府对结构性问题视而不见。这三个方面的问题,理查德·沃尔夫教授可不是拍脑袋想出来的,而是建立在对翔实数据和事实材料的分析之上的。最后,他痛心地指出,美国资本主义制度衰落会加速,就像一列火车冲向一堵石墙。其实,美国的衰落早已有迹象。20世纪60年代,美国《锤与钢》杂志就曾比喻说,美国像一株空了的大树,里边已被虫子咬空了,外边还枝叶茂盛。可惜,美国自

---

[1] 约翰·加尔通:《美帝国的崩溃:过去、现在与未来》,阮岳湘译,人民出版社,2013,第196页。

[2] 管克江、任彦、高石:《西方主导的世界秩序正走向终结》,《人民日报》2017年2月16日。

己看不到（也许是看到了装作看不到），始终都沉浸在自我陶醉之中，欲望不停地膨胀。

韩非子有则寓言，说宋国有一个富人，下雨把他家的墙淋塌了，他的儿子说，如果不修一修，就会招来小偷。他邻家的老人也这么说。这天晚上，他家果然来了小偷，偷走好多东西。这位富人夸他儿子很聪明，却怀疑邻家的老人是小偷。美国就是这样一位富人，它根本认识不到自身有什么问题（也许认识到了不承认），总是怀疑别人如何不好。也正是在这种怀疑中，它手里拿着石头，时刻准备着扔向别人。

21世纪以来，以中国为代表的一批新兴经济体和发展中国家的迅速崛起，改写了持续几个世纪的"西强东弱"世界格局，让美国感到很不舒服。在美国看来，中国发展得太快了，所以它始终把中国视为势不两立的竞争对手。而且，这种执念比较深。从这个意义上讲，美国将会不断地向中国扔石头，甚至会扔比较大的石头。也许向中国挑起贸易战只是美国下的第一步棋，它还会下第二步甚至说第三步和第四步棋，直到把中国快速发展的态势压下去，让中国唯美国马首是瞻。

中国始终遵循以和为贵的传统外交理念，奉行独立自主的和平外交政策，无意把世界上任何一个国家作为敌人。那么，美国向中国扔石头，会不会砸伤其他国家呢？

肯定会的，不用怀疑。恩格斯在《共产主义原理》一文中指出，在世界历史发展进程中，"单是大工业建立了世界市场这一点，就把全球各国人民，尤其是各文明国家的人民，彼此紧紧地联系起来，以致每一国家的人民都受到另一国家发生的事情的影响"[1]。从一定意义上讲，一部世界历史发展史，就是一部经济全球化发展史。世界历史开始于资本主义，从资本主义世界历史走向社会主义和共产主义世界历史，这是不可逆转的发展趋势。所以，世界历史愈是不断深入发展，经济全球化的历史潮流愈是不可逆转。由此而来的是，全球各国之间的贸易活动愈是活跃，并且愈是密不可分。因此，积极构建合作共赢的全球伙伴关系，自觉做到抱团取暖，共享世界经济发展红利，是世界各国人民的共同选择。否则，任由美国朝中国扔石头，砸的必定是世界这个大

---

[1] 恩格斯：《共产主义原理》，载中共中央马克思恩格斯列宁斯大林著作编译局编译《马克思恩格斯文集》第一卷，人民出版社，2009，第687页。

家庭。比如，2018年美国举起贸易保护主义的大棒，向中国发动贸易战，不仅严重破坏了国际经济秩序，还加速了全球经济恶化。国际货币基金组织总裁克里斯塔利娜·格奥尔基耶娃指出，贸易战造成的累计经济损失或将达到7000亿美元，占全球GDP的0.8%。由于全球经济损失严重，加上受新冠疫情的影响，2020年全球经济加速跌入了负增长。"逆全球化"违背时代潮流，是不得人心之举，长此以往必将误尽苍生，也必将遭到世界人民的唾弃。

古人道："得道者多助，失道者寡助。"当前，全球经济就像孙悟空被如来佛祖压在了五行山下，要想翻身绝非一朝一夕之事。中国是世界上充满活力的经济体之一，是拉动全球经济增长的主引擎。因此，任何想要遏制中国崛起的企图，最终都不得人心。对于中国来说，则要增强忧患意识，咬定发展不放松，用非常之策行非常之事、建非常之功，与同住地球村的世界各国一起"脱得如来手"。

第四节 德国竖起了列宁雕像

"我无法呼吸了",这是美国黑人弗洛伊德在被警察暴力执法死亡前发出的最后哀鸣,也是他留给这个世界的最后一句话。

2020年5月25日晚,在美国明尼苏达州明尼阿波利斯市,一家食品杂货店柜员拨打911报警,宣称有人用一张20美元伪钞买烟。警方赶到现场后,认为黑人弗洛伊德符合嫌疑人特征,遂强制性地将弗洛伊德按倒在地,并用膝盖抵住了弗洛伊德的脖子,最后弗洛伊德在痛苦的哀鸣中因窒息而死亡。美国黑人的故乡在非洲,自从他们的祖先作为奴隶被贩卖到美国后,种族歧视就像一块巨石压在他们的头上。其实在美国这个所谓的自由世界,不仅美国黑人受歧视,亚裔美国人、穆斯林群体和土著居民等少数族裔的日子也不好过。特别是随着美国根深蒂固的种族主义"病毒"与新冠病毒一起发酵蔓延,加剧了美国少数族裔的受迫害程度,致使很多人生活在恐惧之中,不知道明天会发生什么。

弗洛伊德的死点燃了美国民众反对种族歧视的怒

火，从街头打砸抢到焚烧美国国旗，继而迁怒于历史人物。新大陆的发现者哥伦布在美国有两尊雕像，一尊被抗议者推倒扔进湖里，一尊被抗议者"斩首"。与此同时，美国开国元勋杰弗逊和国父华盛顿的雕像，也在抗议者的怒火中被推倒在地。美国民众反对种族歧视的怒火越烧越旺，并席卷到了欧洲，英国前首相丘吉尔、英国奴隶贸易商人科尔斯顿、比利时前国王利奥波德二世等历史人物的塑像也都遭到了破坏。

与此相反的是，在德国盖尔森基兴市，却悄然竖起了一尊两米多高的列宁雕像。据报道，当天有数百人聚集现场，挥动着红旗，齐声高唱《国际歌》，共同为列宁雕像揭幕。随后，德国马克思列宁主义党主席费希特纳发表了演讲。他说，现在，是为列宁——这位具有世界历史重要性的先锋思想家、争取自由和民主的早期斗士——竖立纪念碑的正确时刻，因为欧洲和美国都在尽力摆脱其"黑暗过去"。为那些种族主义者、反犹主义者、法西斯分子及其他历史事件建立纪念碑的时代，已彻底过去。

一尊雕像就是一部凝固的历史，它承载着人类丰厚的文化记忆。无论竖起一尊雕像还是推倒一尊雕像，都是某种历史文化的现实映射。在美国民众反对种族歧视的怒火中，欧美多地一些历史人物的雕像也都被清算，这说明什么呢？说明在这个世界上，西方文化的影响力正在消退，多样化的世界文化形态正走在通往春天的路上。

1874年，李鸿章在给同治皇帝的奏折上曾感叹道，中国正处于"三千年未有之大变局"。1840年鸦片战争爆发后，西方文化伴随着西方列强的坚船利炮大量涌入中国，向中国传统文化发起了前所未有的挑战。1843年，英国传教士麦都思、慕维廉等人在上海创办了墨海书馆，其目的就是通过发行汉文书报，"宣传基督教，吹嘘西方物质文明，以求在中国人民，首先是知识分子中养成崇外媚外的心理"[1]。晚清知识分子王韬，曾长期在墨海书馆工作，也深受西方文化的影响。他曾分别写信给太平军和曾国藩，劝他们主动放弃江浙一带河山，不要与洋人开战，而是设法讲和。

王韬作为报人，是晚清知识界的一个缩影。从晚清到民国，是西方文化在中国大行其道的时期。在新文化运动中，陈独秀、胡适等著名知识分子就曾主张中国全

---

[1] 胡绳：《从鸦片战争到五四运动》上册，人民出版社，1997，第251页。

盘西化，包括废除中国汉字。所以，在西方文化的强势攻击下，中国传统文化节节败退。李鸿章所感叹的"三千年未有之大变局"，其主震源就是前所未有的文化裂变，西方文化也由此侵占中国人的精神世界，磨蚀中国人的信仰支柱。

文化的核心是精神，精神的核心是信仰。倘若一个民族的文化发生了变化，这个民族的精神和信仰则必然发生变化。如何应对这种变化，也就成为关系这个民族生死存亡的大事。近代以来的中国，可以说正是在"西化"与"化西"的博弈中跌跌撞撞前行的。

不独是中国，随着西方海外扩张和殖民统治的战车加速开进，凡是西方列强所到之处，都能看到西方文化高高举起的指挥棒。1930年，阿尔及利亚民族主义领袖费尔哈特·阿巴斯谈到法国在阿尔及利亚开辟殖民地时曾说："对法国人来说，殖民化'不过是一项军事和经济的冒险事业，事后用适当的行政统治加以保卫'。但是对于阿尔及利亚人来说，它是'一场确确实实的极大变革，推翻了整个古代的各种信仰和思想，以及古老的生活方式。它使整个民族面临突然的变化。举国上下，毫无准备地发现自己被迫要不就去适应要不就灭亡。这种情况必然导致精神和肉体上失去平衡,其空虚无聊的境地同彻底崩溃相去无多'。"[1]

非洲是西方海外扩张和殖民统治的主要战场之一。在西方人的眼里,非洲文化是野蛮和落后的代名词。一个非洲人如果要接受上帝的洗礼,就必须改掉他原来的名字,放弃他原有的一切传统习俗。因此,在整个非洲殖民时代,非洲的自然资源不仅被肆意掠夺,文化也遭到无情摧残。而且,这种摧残就像难以愈合的伤口,给非洲人带来的是长久的疼痛。2012年6月,赞比亚《邮报》专栏作家卓妮曼撰文道,今天,许多非洲人根本不像非洲人,只有黑色的皮肤还能勾起人们对过去非洲人的回忆。仿佛一个曾经伟大的族群,留下的遗产只有肤色。同时,卓妮曼在文中举例道,非洲人还抛弃了大量营养丰富的传统食物,甚至农业和畜牧业的传统生产方法也被所谓的"科学"方法逐步替代。今天非洲人更多食用的是异域风格的比萨、法式炸薯条、激素催长的鸡肉,以及其他含有可能危害人体健康的转基因食品……相对

---

[1] A. 阿杜·博亨主编《非洲通史第七卷:殖民统治下的非洲1880—1935年》,中国对外翻译出版公司,1991,第1页。

于传统婚礼，非洲人今天更崇尚"白人式"婚礼，交换戒指成了许诺终身的标志。如果一个人买不起婚戒，他将受人鄙视甚至无法得到爱情。其实，这一切都是对非洲传统婚姻仪式和其内在价值的侮辱。

这篇题为《曾经的人们》的文章，应该说是21世纪卓妮曼向非洲发出的"呐喊"。从一定意义上讲，这也正是一些非洲领导人和学者的忧虑所在。谁愿意看到自己的文化像月亮一样被天狗吃掉？谁不痛心自己的文化沉没在黑暗中？2013年12月，南非总统祖马有一次在参加地方传统活动时说，南非黑人养狗、遛狗、带狗去看兽医是在仿效西方文化，那些"爱狗超过爱人"的人"缺乏人性"。所以，非洲很多有识之士都在呼吁"拯救非洲"。

我们不可否认的是，在推动世界历史和人类文明发展进步的过程中，西方文化发挥了非常重要的作用。如果没有西方文化的作用，世界历史发展的步伐将会很慢，它的进行曲也可能是单调的。但是，我们从西方化的非洲和其他西方化的国家和地区看，在推动世界历史和人类文明发展进步的过程中，西方文化的破坏性也是巨大的，它能从思想上肢解一个国家和地区的社会结构和道德体系，让这个国家和地区坠入地狱。

事实上，自从20世纪以来，越来越多的西方大咖也对西方文化产生了质疑和忧虑。比如，曾被美国《时代》周刊评选为世纪伟人的爱因斯坦，他一心希望用科学造福人类，可是在他实实在在生活的美国，他看到了什么？他在《给五千年后子孙的信》中说："我们早已利用机器的力量横渡海洋，并且利用机械力量可以使人类从各种辛苦繁重的体力劳动中最后解放出来……但是，商品的生产和分配却完全是无组织的。人人都生活在恐惧的阴影里，生怕失业，遭受悲惨的贫困。"[1]

为什么会是这样呢？爱因斯坦给出的答案是："今天存在着的资本主义社会里经济的无政府状态是这种祸害的真正根源。"[2]西方文化即资本主义文化，它崇尚的是自由主义，而自由主义推崇的是个人至上，个人至上极端化则必然导致无政府状态。这就是西方文化的本性使然，也是它的破坏性所在。在爱因斯坦之前，英国诗

---

[1] 爱因斯坦：《给五千年后子孙的信》，载许良英、赵中立、张宣三编译《爱因斯坦文集》第三卷，商务印书馆，1979，第159页。

[2] 爱因斯坦：《为什么要社会主义》，载许良英、赵中立、张宣三编译《爱因斯坦文集》第三卷，商务印书馆，1979，第271页。

人、评论家马修·阿诺德在其著作《文化与无政府状态：政治与社会批评》中，就曾把维多利亚时代的英国人分称为野蛮人（贵族）、非利士人（中产阶级）和群氓（农民），严厉抨击了他们的自满、庸俗和拜金主义，倡导以美育智的文化，进而对抗随心所欲、我行我素的个人主义与工业主义所导致的缺乏秩序、准则和方向感的无政府状态。

自从世界历史的画卷展开以来，西方文化就始终存在着一种优越感，也一直在世界文化舞台上霸占着主角的位置，并由此产生了"西方中心论"。西方文化真的比东方文化优越吗？答案显然是否定的。毛泽东曾形象地比喻道："中国人吃饭用筷子，西方人用刀叉。一定说用刀叉的高明、科学，用筷子的落后，就说不通。"[1]这是非常符合客观实际的评价。在20世纪即将结束之际，美国著名历史学家雅克·巴尔赞撰写了《从黎明到衰落——西方文化生活五百年》一书，围绕宗教革命、个人自由、女权运动、性解放、工业化社会、原子弹、数

---

[1] 毛泽东：《同音乐工作者的谈话》，载中共中央文献研究室编《毛泽东文集》第七卷，人民出版社，1999，第78页。

字时代和世界大战等,全面盘点了500年来西方文化在人类历史舞台上演的形形色色的角色。最后,他极为痛苦地发现:西方过去500年的文化即将与20世纪同时结束。当然,在雅克·巴尔赞看来,结束并非"历史的终结",它还处在相对活跃期,他期望着它能够再生。

雅克·巴尔赞的希望是好的。可是,他不知道西方文化就像一位身体机能退化的老人,已的的确确进入了暮年,它想要凤凰涅槃式重生,恐怕是一厢情愿的事。特别是新冠疫情这一面照妖镜,照出了它"缺乏人性"的一面。

世人倍加热爱马克思的著作《资本论》。据日本媒体报道,现在马克思的著作《资本论》在日本非常火,而且"读者以年轻人为主"。当2008年国际金融危机的恶浪从华尔街涌出时,纽约百老汇大街的书店前人们就争相排队购买《资本论》。当时,海报上这样写道:马克思所说的都应验了。不仅仅是美国,当国际金融危机的恶浪把欧洲拍在地上时,欧洲也掀起了"马克思热"。21世纪以来,从国际金融危机到新冠疫情,每当西方世界遭遇重大危机时,西方社会都会出现"马克思热",试图在马克思那里寻找解决危机的答案。这就从客观上证明了西方文化即资本主义文化，必将让位于社会主义先进文化。由此我们不难看出，在21世纪的今天，为什么列宁雕像和哥伦布、杰弗逊等人的雕像会面临不同命运了。

俗话说："萝卜青菜，各有所爱。"马克思主义认为，文化作为上层建筑，最终由生产方式决定。而生产方式不同，必然导致文化多样化。因此，文化多样化是人类社会发展的一个基本特征，是谁也无法阻挡的浩浩荡荡的历史潮流。今天，在世界文化多样化蓬勃发展的历史进程中，社会主义先进文化无疑是时代的弄潮儿，它必将像春风一样吹得百花开。这是人类应有的文化自信，也是人类文明发展进步的重要动力。

第五节　哪里可以找到光明

2021年1月6日，应该说是美国驴象之争尘埃落定的日子。但是，就在这一天发生了"国会山骚乱事件"——由于特朗普拒不承认选举失败，在极端政客的煽动操弄下，成千上万的特朗普支持者涌入华盛顿，大批示威者强行闯入国会大厦，与警卫发生激烈冲突，从而造成5人死亡、140多人受伤，导致总统选举结果法定认证程序被迫中断。因此，这一天被拜登等人称为"美国历史上最黑暗的日子之一"。

特朗普任总统期间，非常喜欢"退群"。据统计，从他正式成为美国总统后的第三天开始，他便接二连三地宣布美国退出联合国教科文组织、联合国人权理事会、万国邮政联盟、世界卫生组织等国际组织，以及《跨太平洋伙伴关系协定》《巴黎协定》《伊朗核问题协议》《武器贸易条约》《中导条约》《开放天空条约》等国际协议。从这个角度讲，特朗普仅在总统宝座上坐了四年，板凳还没坐热就要让位是极不甘心的，他还没过足"退群"瘾。倘若再给他四年时间，他有可能宣布美国退出联合国。这不是不可能的。因为，在美国政客们看来，联合国就是美国称霸世界的一种工具。工具用起来不顺手就扔掉，这对于美国来说很正常。不管怎么说，特朗普还是没能扭转乾坤。

2021年1月20日，新任美国总统拜登举行就职典礼。在拜登就职典礼上，美国青年桂冠诗人阿曼达·戈尔曼朗诵了她的诗作《我们攀登的高山》。阿曼达·戈尔曼是一位22岁的非裔美国女孩。这首诗是阿曼达·戈尔曼在2020年美国总统选举之后新写的，其中有部分写于国会山骚乱事件之后。她在这首诗中写道："当白昼来临，我们问自己，在永无止境的阴影中，哪里可以找到光明？"阿曼达·戈尔曼的诗道出了美国的社会现状。她梦想有朝一日成为美国总统，就像历史上带领以色列人走出埃及的摩西一样，带领美国人民走出永无止境的阴影，找到充满光明的世界，"让这个受伤的世界变得美妙"。阿曼达·戈尔曼的梦想是美好的。但是，她能实现吗？

美国号称是世界上最发达的国家，也是西方社会的领头羊。然而，由于美国社会长期存在贫富分化、种族歧视、政党对抗等顽疾，美国社会早已被各种势力撕裂成碎片。所以，美国看上去很美，实际上按照老百姓的话说，是驴粪蛋表面光。国会山骚乱事件是美国社会乱象的集中反映。乱象丛生的不只是美国大选。因为在新冠疫情仍然猖獗的美国，无论集会还是暴力攻击国会现场，在拥挤的抗议人群里，戴口罩者屈指可数，似乎戴口罩是一种罪过。常言道，细节决定成败。这个细节说明，美国在社会治理上是多么的

"文明"。也正是自诩"民主的文明式治理",让美国长期走不出新冠疫情笼罩的阴影。2021年1月22日,拜登曾无不悲哀地说,我们即将迎来一个可悲的节点:美国有近60万人死于新冠病毒感染。果不其然!美国《新闻周刊》网站2021年6月16日报道,美国新冠病毒感染死亡人数超过60万。

我们希望美国能够走出疫情带来的负面影响,包括其他西方国家。2020年,新冠疫情这只"黑天鹅"的到来,加剧了西方社会的不平等局面。西方有两个口头禅,一个是"自由",一个是"平等"。这也是西方极力吹捧的"普世价值"。事实上,从资本主义踏入西方的门槛以来,西方社会不平等现象就更为突出。首先是政治不平等。在西方国家,"白人至上主义"始终阴魂不散。比如,人最基本的民主权利。西方崇尚"一人一票"式民主,认为只有"一人一票"才是民主。这也是西方判断一个国家是否民主的标准。如果是,就给你贴上民主的标签,如果不是,就给你贴上非民主的标签,并以此决定其外交政策,也就是画小圈子。那么,西方国家做到了吗?

在美国,黑人在历史上是没有选举权的。殖民地时期,美国各地几乎都从法律上对选举权做出了限定。特别是18世纪，财产资格要求更高。南卡罗来纳州就由原来规定的50英亩土地，提高到了300英亩土地。只有如此，你才有选举权。美国建国后，虽然提出了"人人生而平等"的政治宣言，但是如同虚晃一枪，各州宪法仍然把选举权与财产挂钩，包括人头税、宗教信仰、文化程度和居住期限等都有严格规定。比如，密西西比州就规定，公民参加选举要缴纳1到5美元的人头税，同时公民在登记为选民前要进行文化测试。而这种文化测试，不仅要求公民要有英语读写能力，还要能阅读和解释联邦宪法和州宪法。对出身于奴隶的黑人来说，这一系列规定无疑是一道道枷锁。别说是黑人了，很多白人也不具备参加选举的条件。据历史记载，1789年美国第一届国会众议院选举时，参加投票的选民数量仅占全国白人成年男子的一半至四分之三左右。这是"一人一票"民主选举吗？根本不是。1965年，经过广大黑人的长期斗争，美国颁布《投票权法案》，取消了人头税、文化测试等限制性条件。1970年，美国国会对《投票权法案》做了进一步修订，禁止任何国家、州和地方在选举中进行文化测试。至此，美国黑人才有了相应的选举权。

但是，美国实行的"一人一票"式民主，事实上早已演变为"金钱游戏",冠冕堂皇地走向了民主资本化。诺贝尔经济学奖获得者、美国经济学家约瑟夫·斯蒂格利茨就曾说,美国已经滑入了"一美元一票"的陷阱。总统竞选者及其背后的金主有自己的利益和议程,他们知道自己的利益和议程得不到多数人的支持,便设法剥夺百姓的公民权,包括阻挠选民投票,不公正地划分选区,美国联邦最高法院允许金钱左右美国政治等。美国四年一度的总统大选,实质上就是四年一度的民主拍卖会。据统计,美国总统历年来大选,最后胜出者大都是"出价"最高的主。2020年美国总统大选,美国两党候选人烧钱高达140亿美元,创历史最高纪录。在总统职位"竞拍"中,拜登"出价"10.7亿美元,高出特朗普3亿多美元,拜登由此也成为第一个"出价"超过10亿美元的总统候选人,并最终如愿以偿地登上了总统宝座。

其次是经济不平等。约瑟夫·斯蒂格利茨在其著作《不平等的代价》中明确指出,越来越多的证据表明,美国正日益分裂成一个以贫富划界的国度,1%的人拥有99%的人都难以企及的财富。2008年美国金融危机爆发后,他把美国林肯总统的名言"民有、民治、民享"改成"1%的人所有、1%的人所享、1%的人所治",深刻概括了美国社会严重存在的经济不平等并由此带来的政治不平等状况。法国经济学家托马斯·皮凯蒂在其著作《21世纪资本论》中，回顾了美国等西方国家自工业革命以来收入及财富分配的历史，并通过大数据分析证明，美国等西方国家的经济不平等程度已经达到或超过了历史最高水平，而且将继续恶化下去。那么，这是什么原因造成的呢？

托马斯·皮凯蒂认为，这是由自由放任的资本主义造成的。在资本主义社会，由于私有制的无情存在，人与人之间是最不平等的。法国思想家卢梭在其著作《论人类不平等的起源和基础》中指出，私有制是人类不平等的根源。他强调："这一切灾祸，都是私有财产的第一个后果，同时也是新产生的不平等的必然产物。"[1]这也是马克思和恩格斯致力于研究和建立以劳动者为主体的公有制社会的原因。21世纪以来，在西方资本主义社会，由于贫富差距不断扩大，人与人之间三六九等更加分明，日益严重的不平等问题造成的社会乱象，或者说

---

[1] 卢梭：《论人类不平等的起源和基础》，李常山译，商务印书馆，1962，第125页。

政治动荡，犹如井喷式爆发。

比较典型的如英国脱欧事件。2016年6月23日，英国举行全民公投，以选择英国是否脱离欧盟。英国与欧盟的关系，就好似捆绑在一起的夫妻。1960年，英国首次申请加入欧盟的前身欧洲共同体时，遭到了时任法国总统戴高乐的否决。直到1973年，英国才磕磕绊绊踏过欧洲共同体的门槛。1975年，即英国加入欧洲共同体才两年时间，英国就有了劳燕分飞的念头，还兴师动众举行了公投。经过公投，英国选择与欧洲共同体继续同床共枕。到了2013年，英国时任首相卡梅伦承诺，如果他赢得2015年大选，就再次举行公投以决定英国是否脱欧单飞。同年，英国《金融时报》预演了一次英国脱欧公投。卡梅伦原计划2017年至2018年举行全民公投，结果提前到了2016年。这次公投，英国民众以51.9%的支持率选择脱离欧盟。

俗话说："捆绑不成夫妻。"英国选择脱离欧盟，原因有很多。一个最重要原因，就是在欧洲一体化进程中，其严重的社会不平等和社会分化，让英国很多人感到不满。二战后，欧洲不断深化各国经济上的联合，一跃成为世界上最大的经济区，加上积极吸纳社会主义元素，把欧洲这块蛋糕做得非常大,欧洲各国民众幸福指数都比较高。然而,从20世纪70年代开始,随着石油危机爆发,欧洲经济进入滞胀阶段,其总量在世界中的占比由过去的30%下降到现在的15%,同时随着社会分配机制日渐僵化,很多人分到手的蛋糕越来越少。而且,自从国际金融危机爆发后,欧洲各国经济发展极不均衡,有的国家很富,有的国家很穷,产生了新的不平等。英国认为在大家共同做欧洲这块大蛋糕时,自己一直都贡献很多原材料,现在分给自己的却越来越少,于是就不愿意同欧盟玩了。此外,作为大家庭的欧盟,既难以把欧洲这块蛋糕做大,又要求各同盟国贡献更多的原材料,也迫使英国急于脱欧。特别是对于英国老年人来说,政府分的蛋糕不够吃,又不能像年轻人一样想办法做个小蛋糕填饱肚子,离心力就更大了。在这次公投中,55岁以上的老年选民就相对很多。"均贫富,等贵贱"是英国包括整个欧盟国家人民的生存要求。不解决这个问题,欧盟今后的日子将更加难过。

再说"黄马甲"运动。2018年11月17日,法国巴黎爆发了50年来最大的骚乱,后来声势不但不减,还蔓延到了意大利、比利时、荷兰、加拿大等多个国家。"黄马甲"运动参加者，主要是工人、学生、公职人员等群体，起因表面看是抗议政府加征燃油税，实质上是国际金融危机爆发以来，法国的蛋糕做得不大且分配不公造成的。苛政猛于虎！在西方发达国家中，法国的税收是比较重的，其税收占 GDP 比重达到46.2%。在法国，税务名目非常多，一般居民日常除了要交居住税、垃圾税、水电税、增值税和个人所得税等外，看电视还要交电视税。俗话说："开门七件事，柴米油盐酱醋茶。"在法国，则是"开门八件事"，这第八件事就是"税"。更让老百姓诟病的是，所有的商品和服务都要加上20%的增值税，有的甚至比这更高。早在2003年11月，法国《拓展》杂志刊登的一篇调研文章显示，某先生一天下来，消费117.48欧元，其中高达46.32欧元要上缴国库。巨额的税负，加上低迷的经济和高企的失业率，各种社会问题叠加，终于引爆了席卷全国的"黄马甲"运动。

再说说欧洲难民危机。俗话说："搬起石头砸自己的脚。"长期以来，西方国家都把中东当作摇钱树，也一直想把它据为己有。于是，以美国为首的西方国家不断在中东培植亲西方势力，并发动了阿拉伯之春运动，造成中东地区陷入了持久的动乱中，并为恐怖主义提供了温床。特别是极端组织"伊斯兰国"的兴起，更增加了中东地区的不安定。由此，上百万的难民涌入欧洲，加剧了欧洲社会内部移民、宗教和文化等矛盾冲突，给欧洲社会带来了难以抚平的伤口，也更让欧盟各国为此争吵不休。此外，这些难民中混杂着众多的恐怖分子，就像癌细胞一样在欧洲社会扩散，给欧洲社会带来巨大的安全隐患。而且，这种隐患如同深埋在肉中的刺，很难用针一下挑出来。这也是近年来欧洲频繁发生恐怖袭击事件的一个重要原因。2020年10月18日，巴黎郊区一名教师，就因在课堂上援引《查理周刊》中的讽刺漫画而被"斩首"。

同"西方之乱"相反的是"中国之治"。21世纪以来，特别是中国特色社会主义进入新时代以来，中国社会持续健康发展，以前所未有的崭新姿态迈向中华民族伟大复兴。难能可贵的是，新冠疫情暴发后，中国很快控制住了疫情。从太空俯瞰地球，地球是美丽的。但是，当我们抵近地球再看时，就会发现"西方之乱"的阴影如雾霾似的笼罩在西方上空。正如阿曼达·戈尔曼诗中所道："哪里可以找到光明？"这不仅仅是阿曼达·戈尔曼一个人的呼声，而是整个西方人民的呼声。这不是21

世纪人类应有的文明形态，而这的确是21世纪人类文明面临的最大挑战。

第六节 你好，AI时代

据美国《国家利益》双月刊网站报道，目前美国空军正在采用人工智能（Artificial Intelligence，简称AI）技术研制第六代战机。

恩格斯指出："劳动是从制造工具开始的。"[1]这是恩格斯在其著作《自然辩证法》中的著名论断。人类自从学会了制造工具，能够从事劳动，便彻底脱离了动物界。从一定意义上讲，一部人类进化史，就是一部人类劳动工具发展史。人类在劳动实践中，通过科学技术创新，不断改进劳动工具，进而提高劳动生产和支配自然的能力，推动人类文明发展进步。从石器到铁器，再到蒸汽机，人类经历了上百万年。18世纪蒸汽机的发明，开创

---

[1] 恩格斯：《自然辩证法》，载中共中央马克思恩格斯列宁斯大林著作编译局编译《马克思恩格斯文集》第九卷，人民出版社，2009，第555页。

了人类以机器代替手工劳动的时代，人类从此进入一个伟大的工业文明时代。从18世纪到21世纪，在三百年来的时间里，人类在科学技术创新上的步伐之快，超过了以往任何一个时代。而且，这一时期人类所追求的是如何彻底以机器代替手工劳动。这一时期，人类科学技术发展史启示我们：谁掌握了时代最先进的科学技术，谁就能站到时代的制高点并赢得未来。

近代英国就是一个很好的例子。人类第一次技术革命发源于英国，正是因为英国掌握了当时世界上最先进的科学技术，并率先完成了改变人类历史的工业革命，英国很快成为世界霸主，建立了庞大的日不落帝国。据历史记载，在第一次世界大战爆发之前，英国海外领土已经达到了本土的137倍之多。西方资本主义国家逐步确立对世界的统治，最终使世界形成"西强东弱"的格局。

人类第一次技术革命，像一只无形的巨人之手，推动西方资本主义国家迅速崛起，极大地改变了世界格局，无论是政治、经济还是文化、军事，东方都不得不臣服于西方。近代中国之所以沦为西方列强瓜分的对象，并且受尽屈辱，其中有一个重要原因，就是在科学技术上落后于时代发展。科学技术落后，生产力不发达，国穷民弱，能不受人家欺负吗？1840年，英国无所顾忌地向中国发动鸦片战争，并迫使中国割地赔款，就是例证。

美国是当今世界上的头号强国。从建国到现在，美国文明史不到250年，在人类文明史上只是一瞬间。在这一瞬间，美国能够快速成长为世界大国，在世界舞台上我行我素，很大程度上也是沾了科学技术先进的光。19世纪后期至20世纪初，美国发生了第一次技术革命。这一次技术革命，是美国脱胎换骨的一次革命，也是促使人类科技文明发生重大变化的革命。从此，美国在世界科学技术发展的王国独占鳌头。

钢铁的生产与使用是人类文明和生活进步的一个重要标志。近代以来，衡量一个国家经济实力强不强，有一个重要指标，就是看它的钢铁工业是否发达。从某种意义上讲，可以说现代战争就是钢铁之间的较量。据记载，20世纪初，美国钢铁产量居世界第一，是德国的两倍、英国的四倍。这是美国敢在世界任何一个地方挑起战争的重要原因之一。越南抗法战争时期，法国人被越军打得屁滚尿流，不想干了，宣告投降。可是，美国人不愿意。"美国人一定要干,因为他的钢多。"[1]这也是后来美国执意要发动越南战争的一个重要物质原因。为此,毛泽东曾强调,一个粮食、一个钢铁,有了这两个东西就什么都好办了。美国是钢铁大国。二战结束之际,美国第一个研制出了原子弹,推动世界进入了核时代。从此以后,"核威胁"也成了美国在世界上经常挥舞的大棒。朝鲜战争期间,美国曾向中国发出"核威胁",以逼迫中国就范。让美国无奈的是,中国不信这个邪!由此,中国研制出了自己的核武器。

人类要生存和发展,就必须从事劳动;要从事劳动,就要不断改进劳动工具,以减轻人类的劳动负担,甚至说代替人类的劳动。这是人类文明发展进步的必然要求。青铜器代替石器,铁器代替青铜器,蒸汽机代替铁器,电气代替蒸汽机,无不如此。1956年,美国达特茅斯夏季会议上提出的"人工智能"概念,就像打开一扇科学技术之窗,让人类看到了一缕新的文明曙光。简要地说,人工智能是一门研究和开发如何让机器拥有人的智能的

---

[1] 毛泽东:《在莫斯科共产党和工人党代表会议上的讲话》,载中共中央文献研究室编《毛泽东文集》第七卷,人民出版社,1999,第324页。

科学技术。运用人工智能技术生产的人工智能机器,是一种能代替人类思考和劳动的新型机器,它将改变"不劳动者不得食"的古训。经过半个多世纪的发展,人工智能这种新的科学技术正在走进人类的劳动生活,以人工智能为主的新一轮技术革命和产业变革正在重构人类文明。换句话说,如同蒸汽时代的蒸汽机、电气时代的发电机、信息时代的计算机和互联网,人工智能正成为推动人类进入智能时代的决定性力量。百度董事长兼首席执行官李彦宏曾表示,人工智能时代已经到来,预计到2030年后,人工智能或将成为全球经济发展的助推剂。

美国空军采用人工智能技术研制第六代战机,就是要抢占人工智能在军事领域的话语权。2021年7月13日,在美国人工智能国家安全委员会举办的全球新兴技术峰会上,美国国防部部长奥斯汀阐述了新"一体化威慑"战略,并明确表示:未来5年,美国将投入约15亿美元用于军事领域AI相关的技术研发。与此同时,英国皇家空军宣布,将扩大"无人机集群"计划。可以说,人类未来的战争,将是人工智能战争(AI战争)。在人工智能战场上,我们只能看到智能如人一样的机器,而看不到有血有肉的人。战争的导演是人,主角也是人。在人工智能战场上，我们虽然看不到有血有肉的人，但是人的影子又无处不在。人工智能将改变战争的性质，未来人工智能战争的残酷性，绝不亚于现在人与人直接交锋的战争。英国科学家霍金不无忧虑地说，未来人工智能也许会是人类的终结者。当然，霍金要表达的意思，我们不能纯粹与战争挂钩，应该还包括其他层面的意思。

美国不仅在军事领域，在经济、文化、社会等其他领域也大力发展人工智能。2016年，美国政府先后发布了《为人工智能的未来做好准备》等多份报告，不断为人工智能产业发展加油鼓劲。2018年，白宫首次将人工智能指定为政府研发的优先事项，并且成立人工智能特别委员会。2019年，时任美国总统特朗普签署美国人工智能发展倡议，并发布了新版《国家人工智能研究与发展战略计划》。据统计，目前在全球人工智能领域高层次人才数量上，美国占比达到62.2%，位居世界第一，远远高于位居世界第二的中国。

从进化的角度讲，人类的进化就是劳动工具和劳动方式的进化，正是劳动工具和劳动方式的进化，有效推动了人类文明不断发展进步。人工智能作为人类在进化中呈现的一种新技术形态，注定是时代的宠儿。2019年，德勤科技、传媒和电信行业联合发布的《全球人工智能发展白皮书》指出,全球人工智能市场将在未来几年经历现象级的增长,并预测到2025年,世界人工智能市场规模将超过6万亿美元。因此,在人工智能产业发展上,世界上其他国家也不甘居于人后。

比如说英国,作为欧洲人工智能产业发展的领跑者,其人工智能企业在全球占比接近5%。在人工智能产业发展上,英国的野心很大。早在2012年,英国政府就把人工智能和机器人技术列入八项伟大的科技计划,宣布要成为第四次工业革命的全球领导者。2016年,英国下议院科学和技术委员会发布了《机器人和人工智能》报告,呼吁政府介入监管和建立领导机制。

2017年,英国政府又发布了《在英国发展人工智能》的报告,提出要以优厚的条件吸引来自世界各地、拥有不同背景的人才。这份报告同时提到了法国、新加坡、韩国、德国等国家对人工智能的重视程度。譬如,法国推出的人工智能战略,计划在5年内拿出2500万欧元投资十家创业公司;新加坡国家研究基金会正在推进高达1.5亿新元的新国家计划,计划在未来5年内提升新加坡的人工智能实力;韩国政府宣布,未来5年将在人工智能研究领域投资1万亿韩元，人工智能每年度投资将增加55%；德国1988年就成立了人工智能研究中心，年度预算为4100万欧元，目前已成为世界上最大的人工智能实验室之一。

为了在人工智能领域多分一杯羹，2018年欧洲28个成员国（含英国）签署了《人工智能合作宣言》，以便合力推进人工智能产业发展。目前，北美洲、亚洲和欧洲是人工智能发展最为迅猛的三大区域。北美洲人工智能企业最多，占全球的四成以上。然后是亚洲，占比超过三成。再接着是欧洲，占比亦两成有余。

习近平总书记指出，新一代人工智能正在全球范围内蓬勃兴起，为经济社会发展注入了新动能，正在深刻改变人们的生产生活方式。人类自从有了文明意识之后，便一直在仰望星空。地球不是人类最终的家园，人类最终的家园在浩瀚的太空。从嫦娥奔月到万户飞天，再到莱特兄弟发明飞机、阿姆斯特朗登上月球，再到礼炮1号空间站、中国空间站飞翔在太空，包括好奇号、祝融号等火星车登上火星，在人类不断仰望星空的漫长历史中，人类科学技术发展经历了一座又一座高峰。现在，是人类向人工智能高峰攀登的时代。伴随着人工智能快速发展，新一轮科技革命和产业变革将引领人类走向更广阔的世界，登上更大的人类文明舞台。

马克思告诉我们，科学技术是"历史的有力的杠杆"，是"最高意义上的革命力量"。新一轮科技革命与产业变革的曙光已经升起，在这场关乎人类前途命运的大赛场上，无论是中国还是世界上其他国家，谁抓住了机遇奋勇争先，谁就能引领未来。

第七节 "碳氏兄弟"火了

2021年春，伴随着春雷乍动和种子落地的声音，一年一度的全国两会相继召开。在这次全国两会上，有一对"碳氏兄弟"并肩走进了中国政府报告，并成为人大代表和政协委员参政议政的热词之一。这一对"碳氏兄弟"，一个是碳达峰，一个是碳中和。

那么，何谓碳达峰、碳中和？简要地说，碳达峰是指某一时刻，二氧化碳排放量达到历史最高值，然后逐步回落；碳中和是指通过植树造林、节能排放等形式，抵消自身产生的二氧化碳或温室气体排放量，实现正负抵消，达到相对"零排放"。这一对"碳氏兄弟"，说起来都与二氧化碳排放量有关，关乎人类生态安全。为此，2021年中国政府报告强调，要扎实做好碳达峰、碳中和各项工作。随后，中国政府发布的"十四五"规划和2035年远景目标纲要提出了"3060"碳目标，即到2030年前实现碳达峰，2060年前实现碳中和。

恩格斯在其著作《自然辩证法》中指出："我们对自然界的整个支配作用，就在于我们比其他一切生物强，能够认识和正确运用自然规律。"[1] 在自然界，人类包括动植物的生存和发展都是有客观条件的。其中一个客观条件，就是要有适宜的温度。这便是自然规律。倘若违背了这个自然规律，我们就会失去对自然界的整个统治，进而危及人类的生存和发展。工业化是现代人类文明的一个重要标志。衡量一个国家或地区的经济社会发展水平如何，重点看工业化水平如何。但是，工业化是一把双刃剑。一方面，它改变了人类的生产生活方式，大幅提高了人类的生存能力和发展水平，推动人类社会进入

---

[1] 恩格斯：《自然辩证法》，载中共中央马克思恩格斯列宁斯大林著作编译局编译《马克思恩格斯文集》第九卷，人民出版社，2009，第560页。

更高级的文明形态；另一方面，它排放的二氧化碳等温室气体，随着在大气中的浓度越来越高，进而产生温室效应，使全球气候变暖，打破了地球生态平衡。

据统计，自工业化时代以来，全球总的二氧化碳人为排放量达到了上万亿吨。全球气候随之发生了什么变化呢？世界气象组织2019年发布的《2015—2019年全球气候报告》显示，自工业化时代以来，全球平均气温已上升了1.1℃。因此，自工业化时代以来，人类因为没有充分尊重和利用自然规律，没有尽早走上绿色发展道路，控制好二氧化碳排放量，所以致使全球气候变暖。那么，它的后果是什么呢？

全球气候变暖会使冰川融化。人称"世界屋脊"的青藏高原，分布有4.6万座冰川，占全球总量的近15%。由于全球气候变暖，当前青藏高原平均每年约有247平方公里的冰川在融化。预计到2050年，青藏高原将有28%的冰川融化殆尽。南极和北极的情况同样不容乐观。数据显示，1979年以来，全球海上冰川面积已经减少40%。如果全球气候持续变暖的话，北极冰川到2030年就可能全部融化，南极洲则将变成一片贫瘠、无冰的大陆。地球作为人类的家园，本拥有一个环环相扣的生态系统。全球气候变暖带来冰川融化,而冰川融化带来河流泛滥和海平面上升,直接危及人类的生存和发展空间。

全球气候变暖会使物种消失。对于地球来说,历史上曾发生了4次大规模物种灭绝(超过50%的生物绝迹)事件,其中3次发生在地球的高温期。据科学考察,最大的一次发生在2.51亿年前,地球上有95%的物种消失。自工业化时代以来,随着全球气候持续变暖,物种灭绝的风险越来越大。美国康涅狄格大学生态学家马克·厄尔班指出,假如各国不采取措施,全球变暖保持目前的趋势,那么到2100年地球升温幅度将达4.3℃,约六分之一的物种将面临灭绝风险。2019年5月6日,联合国在巴黎发布的《生物多样性和生态系统服务全球评估报告》显示,如今在全世界800万个物种中,有100万个正因人类活动而遭受灭绝威胁,全球物种灭绝的平均速度已经大大高于1000万年前。例如,北极的象征北极熊。科学研究显示,它很可能会在未来100年内灭绝。到那时,人类看到的只能是北极熊的标本,就像我们今天站在恐龙的化石标本前一样。这绝非戏言。2021年9月29日,美国政府宣布,美国有23个物种已永久灭绝。

全球气候变暖会带来极端天气。2021年3月,蒙古国遭遇特大沙尘暴袭击，很多地方短时风速高达每秒24至28米，造成严重的人员伤亡和财产损失。受蒙古国沙尘暴影响，我国北方很多地方也是漫天风沙，看不见太阳。那么，究竟是什么原因造成蒙古国沙尘暴频发呢？罪魁祸首就是气候变暖。据蒙古国自然环境和旅游部气候变化司官员介绍，在过去的80年中，蒙古国的平均气温上升约2.25℃，几乎是全球平均气温上升速度的三倍，更为惊人的是蒙古国总土地面积的76.8%已经受到不同程度的荒漠化。这就是自然生态系统中的连锁反应——气候变暖必然导致降雨量减少，降雨量减少必然带来天气干旱，天气干旱又必然造成土地荒漠化，土地荒漠化则必然产生沙尘暴。高温、干旱、沙尘暴等极端天气频繁发生，已严重影响到人类的生产和生活，全球的粮食生产和供给受影响最为突出，使人类面临着饥饿威胁。

全球气候变暖还会带来其他方面的后果，冰川融化、物种消失和极端天气是最直接和明显的后果。因此，当前全球气候变暖是人类面临的最大挑战之一。2018年联合国政府间气候变化专门委员会发布的《全球变暖升温1.5℃特别报告》称，如果地球升温超过1.5℃，就会给全球带来巨大灾难。控制全球气候持续变暖，并力争把地球升温控制在1.5℃之内，需要世界各国携起手来共同应对。1992年，联合国环境与发展大会通过的《联合国气候变化框架公约》，由150多个国家以及欧洲经济共同体联合签署，标志着人类在应对全球气候变暖上有了共同约定。同时，这次大会决定自1995年起，每年在世界不同地区轮换举行缔约方大会，即联合国气候变化大会，定期商讨全球气候变化问题。1997年，第三届联合国气候变化大会在日本京都召开，制定了《京都议定书》，首次以法规的形式限制温室气体排放。2015年，第21届联合国气候变化大会在法国巴黎召开，通过了《巴黎协定》，承诺将全球气温升高幅度控制在2℃的范围之内。2016年，170多个国家领导人齐聚纽约联合国总部共同签署了这份协定。这是继《京都议定书》后第二份有法律约束力的气候协议，为2020年后全球应对气候变化行动做出了安排。2018年，第24届联合国气候变化大会完成了《巴黎协定》实施细则谈判。截至2022年，联合国气候变化大会已举办27届。

自1992年以来，在应对全球气候变化上，世界上大多数国家都做出了积极贡献。但是，美国等个别国家的表现有些反复无常。美国是全球温室气体排放量最大的国家，并于1998年签署了《京都议定书》。2001年，美国政府以"减少温室气体排放将会影响美国经济发展"和"发展中国家也应该承担减排和限排温室气体的义务"为借口，首先宣布退出《京都议定书》。2011年，就在第17届联合国气候变化大会闭幕一天后，加拿大也宣布正式退出《京都议定书》，成为继美国之后第二个退出的国家。在对待《巴黎协定》上，美国政府的态度就像是过家家似的，从2020年11月到2021年2月，在不到半年的时间里，先是正式宣布退出《巴黎协定》，后又正式宣布重新加入《巴黎协定》，似乎《巴黎协定》是没有任何约束的可以自由进出的门。

中国在应对全球气候变暖上的态度是坚定的。2016年，在二十国集团领导人杭州峰会上，中国倡议二十国集团发表了首份气候变化问题主席声明，并率先签署了《巴黎协定》，同时向联合国交存批准文书，鲜明地表达了中国政府的坚定态度。2021年，中国郑重提出"3060"碳目标，进一步彰显了中国在应对全球气候变暖问题上的决心。这是需要有极大牺牲精神的。因为在现代化国家建设上，中国作为发展中国家，与西方国家相比还有比较大的差距，需要更进一步全面推进工业化进程。中国有一个成语叫水涨船高。从西方工业化实践看，工业化与二氧化碳排放就是这样，工业化越是发展，二氧化碳排放量越是大。因此，对于中国来说，要实现碳达峰、碳中和，绝不是一件容易的事。这就需要中国从维护全人类利益的高度出发，在21世纪工业化进程中，勇于牺牲自己的发展利益，努力减少二氧化碳排放量；这也逼迫中国立足自身实际和广大人民的发展要求，秉持绿色发展理念，激活低碳经济一池春水，走出一条不同于西方的新型工业化发展道路。

实质上，目前人类面临的生存和发展困境，不仅仅是全球气候变暖的问题，还有土壤、河流等自然环境遭到化学用品污染的问题。1962年，美国学者蕾切尔·卡逊出版了一本名叫《寂静的春天》的书。在这本书中，蕾切尔·卡逊全方位讲述了人类使用化学用品对生态系统造成的破坏，警示我们要认真思考人与自然的关系，绝不能干违背自然规律的事。否则，人类将面临巨大灾难。化学革命随着工业革命兴起，同工业革命一样，既给人类带来了福音，也给人类带来了灾难。化学用品本身具有可怕的力量，20世纪以来，人们无节制的使用使土壤、河流等自然环境遭到了前所未有的破坏。如英国诗人济慈的诗歌所写：湖中的芦苇已经枯萎，也没了鸟儿歌唱。1972年，即在蕾切尔·卡逊的著作《寂静的春天》面世10年后，联合国在瑞典召开联合国人类环境会议，通过了《联合国人类环境会议宣言》，并确立每年的6月5日为"世界环境日"。

人类要很好地生存和发展下去，就必须保护好生态环境。世界上很多国家，越是生态环境脆弱的地方，作为工业原料的煤炭、石油、天然气等能源越丰富。而且，经过两个多世纪的工业化发展，世界各国的能源供需矛盾越来越突出。美国副总统哈里斯曾说，要知道过去很多年，（美国）几代人都在为石油而战，而在不久的将来将会为水资源而战。这就是全球能源世界的现实写照。因此，当前生态环境保护越来越成为全人类共识，全球正面临着能源供需版图的深刻变革。

列宁指出："世界不会满足人，人决心以自己的行动来改变世界。"[1]那么，面对气候变化、环境风险挑战、能源资源约束等日益严峻的全球问题，我们人类该如何

---

[1] 列宁：《黑格尔〈逻辑学〉一书摘要》，载中共中央马克思恩格斯列宁斯大林著作编译局编译《列宁全集》第五十五卷，人民出版社，1990，第183页。

以自己的行动来改变世界呢？因为人类一旦超越了人与自然关系的临界点或平衡点，就会像美国小说家赫尔曼·梅尔维尔笔下的亚哈船长似的踏上一条不归路。

我们都是亚哈船长驾驶的"裴廓德号"船上的人，我们愿做地球上"最后之人"吗？

第八节　伊丽莎白与达西的影子

1813年，英国作家简·奥斯丁的长篇小说《傲慢与偏见》问世。简·奥斯丁这部长篇小说，最初写于1796年，起名为《最初的印象》。当时简·奥斯丁将这部长篇小说写好后，并没有得到出版商的青睐。后来，经过简·奥斯丁十多年的反复修改，这部作品才得以出版，并成为她的代表作之一。

18世纪末到19世纪初，是英国工业革命的兴起时期。这一时期，虽然英国社会财富剧增，但是社会等级和阶级差别越来越分明。在整个英国社会，上层是富有的资产阶级，下层是穷困的无产者，而夹在这两者之间的中产阶级，正像恩格斯所描述的那样，"既希望跻身于较富有的阶级的行列，又惧怕堕入无产者甚至乞丐的境地"[1]。这个庞大的中产阶级时常徘徊在十字路口，他们在选择配偶时，都会以物质条件为基础，以便通过结婚来提高自己的社会地位。特别是家中没有财产但受过教育的女子，除了结婚，一般没有别的出路。

简·奥斯丁的长篇小说《傲慢与偏见》，通过主人公伊丽莎白和达西的爱情故事，生动描写了这一时期英国乡镇生活和世态人情。伊丽莎白是一位乡绅的女儿，在一次舞会中，她偶遇了"高富帅"达西。达西作为上层社会的一员，其性格非常傲慢，有些轻视中产阶级出身的伊丽莎白。伊丽莎白的自尊心受到了伤害，对达西产生了偏见。在傲慢和偏见的相互碰撞中，两人的爱情之路充满了坎坷。故事最后，两人摒弃了彼此的傲慢和偏见，跨过阻碍他们的社会等级的鸿沟，陷入热恋并结为夫妻。

人类已有几千年的文明史，尤其是工业革命以来，人类文明发展极为迅速，创造了更加辉煌的文明成果，时至今天达到了难以想象的高度。应该说当人类跨入21

---

[1] 恩格斯：《德国的革命和反革命》，载中共中央马克思恩格斯列宁斯大林著作编译局编译《马克思恩格斯文集》第二卷，人民出版社，2009，第356页。

世纪的门槛，人类文明这盏明灯会更亮，更能照亮人类的征途。然而，由于西方较早地打开了工业革命的大门，挥舞着海外殖民统治的利剑，在世界上率先富起来的西方，拄着精致的文明棍，集简·奥斯丁笔下的伊丽莎白与达西的性格于一身，对东方始终存在着傲慢和偏见，并将这个影子带到了21世纪。正是因为西方的傲慢和偏见，在很多时候关上了东西方文明交流互鉴的阀门，导致人类在21世纪的日子不是很好过。

首先是2001年发生在美国的"9·11"事件，它打开了恐怖主义的潘多拉魔盒。"9·11"事件是人类历史上发生的最严重的恐怖袭击事件，它由此引发的阿富汗战争、伊拉克战争、叙利亚战争等反恐战争，不仅扩大了伊斯兰世界与西方的隔阂，还加剧了恐怖主义在全球蔓延，使国际社会付出了巨大的生命和安全代价，并给人类社会带来了巨大的心理阴影。据美国布朗大学沃森国际与公共事务研究所战争成本项目组报告，截止到2020年底，美国政府在"9·11"事件后发动的所谓反恐战争预计耗资6.4万亿美元，导致至少80.1万人死亡。而且，上述数字还将持续增长，因为战争尚未结束。战争不结束，人类就没有好日子过。

其次是2008年发源于美国的国际金融危机,让世界经济站在了悬崖边上。历史上,全球曾多次发生金融危机,每一次都像一记重拳,使世界经济遭受重挫。这次国际金融危机是20世纪30年代"大萧条"之后,对世界经济重创最严重的一次,使世界经济进入了低增长、高风险的"新平庸时代"。数据显示,2009年至2016年,全球GDP年平均增速为3.5%,低于危机前5年1.6个百分点,而且增速基本上未呈现逐年递增的趋势。另据英国《经济学家》杂志评估,受危机影响最严重的国家中,英国倒退了8年,美国倒退了10年,希腊倒退了12年,爱尔兰、意大利、葡萄牙和西班牙倒退了7年或更多。更令人担忧的是,这次国际金融危机给人类带来的影响,不仅仅是在金融领域,还波及政治、文化和社会等领域,让整个世界为之痛心疾首。

第三是新冠疫情在全球大流行,加剧了人类社会的动荡与不安。客观地讲,无论是医疗条件还是治理水平,现在人类社会都超过以往任何一个时代。而且,历史上人类社会已不止一次遭遇大型疫情。所以,面对新冠疫情,人类社会应该能从容应对。但是,由于一些国家没有像中国一样成功阻击住新冠疫情侵袭,造成新冠疫情在全球大流行。2020年以来,新冠疫情不仅造成了全球超过400万人死亡,还因为次生经济影响使全球上亿人重新陷入极端贫困状态,日均生活费不足1.9美元,导致世界持续数十年的减贫之势突然中止。2021年9月15日,联合国贸易和发展会议发布的年度报告就明确指出,新冠疫情大流行在数月之内,有的情况下甚至在数周之内,就消解了各国20年来的减贫成果。新冠疫情给人类社会带来的挑战是严峻的,也远未结束。

——这是人类进入21世纪以来,在短短的20年时间里,遇到的最难的三道坎。而由此带来的和平赤字、发展赤字、信任赤字和治理赤字等,让人类在21世纪的跑道上步履维艰。那么,人类目前的困境是由什么原因造成的呢?

按照美国政治学家亨廷顿的说法,这是由不同文明之间的冲突造成的。比如,关于伊斯兰与西方的关系,他在其著作《文明的冲突与世界秩序的重建》中明确强调:"西方面临的根本问题不是伊斯兰原教旨主义,而是一个不同的文明——伊斯兰,它的人民坚信自身文化的优越性,并担心自己的力量处于劣势。伊斯兰面临的问题不是美国中央情报局和国防部,而是一个不同的文明——西方，它的人民确信自身文化的普遍性，而且确信，尽管他们的优势正在下降，但这一优势仍然使他们有义务把他们的文化扩展到全世界。这些是造成伊斯兰和西方冲突的根本因素。"[1]这也是西方亨廷顿们看待"9·11"事件的视角。"9·11"事件后，亨廷顿一时声名大噪，他的著作《文明的冲突与世界秩序的重建》也一下子跃升为美国最畅销的书之一。

"9·11"事件果真是伊斯兰与西方之间的文明冲突吗？"9·11"事件后，亨廷顿在接受采访时说："恐怖主义者并不代表伊斯兰文化，这不是一场真正的文明的冲突，它只是可能导致这样一场冲突。本·拉登等显然想要使它成为伊斯兰和西方之间的文明冲突。他宣称这是对美国的圣战，并鼓励穆斯林一旦有机会就杀害美国人。"[2]但是，他同时又说："我认为布什总统和他的政府迄今在试图把它定义为反恐怖主义战争方面做得相当成功。这场战争可以恰当地定义为为文明而战的战争，但

---

[1] 亨廷顿：《文明的冲突与世界秩序的重建》，周琪等译，新华出版社，2009，第194页。

[2] 周琪：《萨缪尔·亨廷顿"9·11"之后谈"文明的冲突"》，《太平洋学报》2003年第3期。

是它肯定可能会成为文明的冲突。"[1]在这里,亨廷顿的前后说法是存在矛盾的。他归根结底认为,伊斯兰与西方世界的冲突,是两种文明之间的冲突。

文明是相对于野蛮而言的。在15世纪之前,西方文明整体上是落后于东方文明的。中国科技、印度数学和阿拉伯天文学等,在15世纪之前曾长期遥遥领先于西方。以中国科技为例,用尼尔·弗格森在《文明》一书中的话说:"常常有人宣称,是英国的农业开创者杰恩罗·塔尔于1701年发明了谷物条播机。事实上,早在他生活时代的2000年前,中国就发明了谷物条播机。那种带拱形铁模板的罗瑟拉姆犁(Rotherham plough),也就是18世纪英国农业革命的关键工具,是先由中国人发明的另一种创新工具。王祯在1313年写成的《农书》介绍的工具都是西方所未闻的。工业化革命也是更早地在中国出现萌芽。熔化铁矿的第一架鼓风炉也不是于1709年在科尔布鲁戴尔建成,而是在公元前200年的中国。全球最古老的铁链吊桥不在英国,而在中国,其建造时间最早可

---

[1] 周琪:《萨缪尔·亨廷顿"9·11"之后谈"文明的冲突"》,《太平洋学报》2003年第3期。

追溯至公元65年，其遗迹在云南省仍然可见。"[1]然而，西方自15世纪逐渐兴起后，就以文明者自居，傲慢和极其偏见地把东方看作是野蛮之地，是需要他们西方征服的地方。所以，几百年来西方在处理同东方的关系中，充斥着"征服"二字。

2008年以来，深陷国际金融危机泥潭的西方盟主美国，不是主动加强与世界各国经济上的交流合作，同世界各国携手共渡难关，而是带头在世界上推行单边主义、贸易保护主义和逆全球化，并敢冒天下之大不韪向中国挑起贸易战，这就是征服者的心态在作祟，也由此造成全球经济至今萎靡不振。再说新冠疫情。疫情发生后，按常理世界各国应该团结起来，共同应对这只"黑天鹅"。可是，美国等一些西方国家揣着明白装糊涂，不顾本国和他国民众的死活，戴着征服者的面具和政治化的眼镜，不是无端和无休止地指责或抹黑别的国家，就是装聋作哑囤积疫苗，结果使疫情像洪水一样在一些国家和地区泛滥成灾。目前，全球因疫情死亡的人数已超过400万人。

---

[1] 弗格森：《文明》，曾贤明、唐颖华译，中信出版社，2012，第11页。

实际上，亨廷顿也是否定他的"文明冲突论"的。他在著作《文明的冲突与世界秩序的重建》中就曾引用美国战争史专家的话说，"西方的兴起"在很大程度上依赖于使用武力。同时，他总结说："西方赢得世界不是通过其思想、价值观或宗教的优越（其他文明中几乎没有多少人皈依它们），而是通过它运用有组织的暴力方面的优势。"[1]

征服者是傲慢和有偏见的。在征服者的眼里，他们是人类文明的唯一代表者，他们是代表人类进步的国家。比如，美国就一直认为，美国的一切征服活动，并不是传统意义上的领土扩张，而是奉上帝之命传播自由原则。这正是他们的傲慢和偏见所在。实质上呢，他们是借着上帝的名义，要最大化地维护和满足他们的利益诉求。在这个问题上，亨廷顿也不得不承认说："正是为了上帝和黄金，西方人在16世纪向外征服世界。"[2] 从这个意义上讲，人类在21世纪陷入的种种困境，不能想当然地

---

[1] 亨廷顿：《文明的冲突与世界秩序的重建》，周琪等译，新华出版社，2009，第30页。

[2] 亨廷顿：《文明的冲突与世界秩序的重建》，周琪等译，新华出版社，2009，第49页。

认为是"文明的冲突",而要客观地看到是西方由来已久的傲慢和偏见,使西方总是以"文明教师爷"自居,并把自己看作是上帝神圣计划的推手,挥舞着"西方中心论"的大棒,阻碍了东西方文明之间的交流互鉴,点燃了东西方矛盾的火药桶。

2014年3月,中国国家主席习近平在巴黎联合国教科文组织总部发表演讲时指出:"要了解各种文明的真谛,必须秉持平等、谦虚的态度。如果居高临下对待一种文明,不仅不能参透这种文明的奥妙,而且会与之格格不入。历史和现实都表明,傲慢和偏见是文明交流互鉴的最大障碍。"[1]这是人类文明发展的历史规律。文明需要交流互鉴,如同星辰需要互相映照方能形成灿烂夜空,溪流需要汇聚一起方能形成磅礴之势。

伊丽莎白和达西的爱情故事,结局是皆大欢喜的,因为他们聪明地放弃了彼此的傲慢和偏见。由于人类在不同社会所生活的自然环境、经济条件、历史文化等存在差异,人类文明在发展中必然呈现多样性。这种多样

---

[1] 习近平:《文明因交流而多彩,文明因互鉴而丰富》,载《习近平谈治国理政》,外文出版社,2014,第259页。

性的文明特征，在21世纪人类文明发展进程中将更加鲜明。所以，站在21世纪人类文明新的发展高地上，世界各国应该在相互尊重、求同存异的基础上实现和平共处，促进各国交流互鉴，为人类文明发展进步注入动力。倘若单纯为了自身的利益，仍以傲慢和偏见的眼光看待世界，世界必将其扫进历史的垃圾堆里。

第二章
何谓文明

第一节　人猿相揖别

毛泽东一生酷爱读书。1936年，美国记者斯诺到延安采访时，毛泽东曾对斯诺回忆说，在长沙求学时，他制定了一个自修计划，每天坚持到湖南省立图书馆去看书。在这段自修期间，他读了许多的书，学习了世界地理和世界历史。毛泽东读书，不是为了消遣，也不是为了做官，而是为了更好地认识和改造世界。所以，毛泽东每每读书，都能从中读出自己独有的见解和思想。

1964年，毛泽东写了一首名为《贺新郎·读史》的词。在这首词中，毛泽东精练而形象地描绘了人类漫长的历史发展过程，体现出马克思主义鲜明的历史唯物主义思想。在这首词的上阕，毛泽东写道："人猿相揖别。

只几个石头磨过,小儿时节。铜铁炉中翻火焰,为问何时猜得,不过几千寒热。"

1877年,美国人类学家路易斯·亨利·摩尔根在他出版的《古代社会》一书中,根据人类社会物质生活资料生产的进步,把人类历史划分为蒙昧时代、野蛮时代和文明时代,同时把前两个时代又分别划分为低级阶段、中级阶段和高级阶段,客观地论述了人类历史发展的足迹。这一点得到了马克思、恩格斯的充分肯定。从一定意义上讲,人类历史就是一部人类文明发展史。文明是人类社会进步的灯塔,标志着人类从低级社会形态进入了相对高级的社会形态,使人不断成为真正意义上的人。可以说,没有文明就没有人类的进步;不同历史阶段的文明,昭示着人类社会不同的历史进步状态。那么,人类文明起源于何时,又是怎样形成的呢?

人类起源于类人猿。人与类人猿作揖告别后,由于会制造和使用工具,能够从事生产劳动,走上了人类独具特色的发展道路。从石器、青铜器到铁器,包括正在兴起的人工智能,随着人类劳动工具的不断改善,人类社会发展进步的空间更为广阔,道路也越走越光明。恩格斯在其著作《自然辩证法》中指出:"人是唯一能够挣脱纯粹动物状态的动物——他的正常状态是一种同他的意识相适应的状态，是需要他自己来创造的状态。"[1]人因为学会了制造和使用工具，能够从事生产劳动，所以有意识的生命活动日渐丰富起来，"仰以观于天文，俯以察于地理"[2]，不断探索自然、人类和社会这三者之间的关系，文明也就随之萌发了。蒙昧时代是人类文明的萌发阶段。在这个阶段，人类文明就像春天的一粒种子，在大地的怀抱中接受着阳光的沐浴、安享着水分的滋养，从发根到发芽，经历了一个漫长的历史过程。

中国有一个古老的传说，叫作钻木取火。据《韩非子》记载："上古之世……民食果蓏蚌蛤，腥臊恶臭而伤害腹胃，民多疾病，有圣人作，钻燧取火以化腥臊，而民说之，使王天下，号之曰燧人氏。"[3]什么意思呢？就是说上古的时候，老百姓采摘的瓜果和抓来的蚌蛤，因为没有火，都是生吞了吃，所以很容易生病。后来，

---

[1] 恩格斯：《自然辩证法》，载中共中央马克思恩格斯列宁斯大林著作编译局编译《马克思恩格斯文集》第九卷，人民出版社，2009，第408页。

[2] 崔波注译《周易》，中州古籍出版社，2007，第360页。

[3] 陈奇猷校注《韩非子新校注》，上海古籍出版社，2000，第1085页。

有一位圣人，利用钻燧木的方法取得了火，用火除去了果蓏蚌蛤中的腥臊味，老百姓吃起来都非常高兴，拥戴他为王，唤作燧人氏。关于人类与火的关系，西方也有一个很古老的传说，叫作普罗米修斯盗火。说是上古的时候，人间没有火，只有天上有火，众神之王宙斯拒绝把火种送给人类，普罗米修斯就冒死从太阳神阿波罗那里盗来火种，让人间有了火。

火是促使人类文明萌发的一个重要因素。荷兰社会学家约翰·古德斯布洛姆著有《火与文明》一书，记述了人类文明与火的关系。在这本书中，约翰·古德斯布洛姆提出了一个重要观点，即对火的控制也是一种文明进程。火是一种自然现象，是在一定的自然环境条件下产生的。人类离不开火，如果人类对火没有相应的控制力，人类就没有光明，依然会生活在茹毛饮血的时代。从钻木取火到普罗米修斯盗火，尽管东西方传说中的人物不同、取火方式不同，但是都在一定程度上反映了人类文明在萌发阶段的历史特征。特别是人工取火方法的发明，标志着人类真正对火有了控制力，是人类在征服自然力上迈出的伟大一步，它在推进人类文明发展进步中所起的作用是无法估量的。自然的力量是无穷的，征服自然力，使之成为人类可以支配的力量，用以改变人类命运，是人类文明得以发展进步的重要法宝。因此，可以说正是因为掌握了火，人类在蒙昧时代的黑暗中才看到了文明的曙光。

中国还有一个古老的传说，叫作后羿射日。说是尧帝时代，天上聚集了十个太阳，烤得大地寸草不生，百姓无食可吃。同时，猰貐、凿齿、九婴、大风、封豨、修蛇等猛禽凶兽毒虫也都出来残害百姓。于是，尧帝派后羿猎杀了它们，并从天上射下来九个太阳，只把一个太阳留在了天上。这在西汉刘安主持编撰的《淮南子》一书中有详细记载。

关于天上有十个太阳的说法，中国先秦时期的重要古籍《山海经》也有类似描述。大凡传说都具有一定的历史性和现实性，与人类生产生活实践有着千丝万缕的联系，是把自然力加以形象化的集体意识表达。因此，马克思在《政治经济学批判（1857—1858年手稿）》一文中指出："任何神话都是用想象和借助想象以征服自然力，支配自然力，把自然力加以形象化。"[1]所以，通过后羿射日的传说，我们能够认识到，这个时期人类使用的劳动工具已经比较发达了。

人类若要生存，就必须从事生产劳动，从而获取一定的物质财富。最初，人类将石头打磨成各种各样的劳动工具，如石斧、石刀、石锤、石铧等。弓箭是上古人类狩猎时的一种伟大发明，它有效地延长了人的手臂，极大地提高了人类劳动效率，后来又被应用于战争。《论语》道："君子无所争。必也射乎！揖让而升，下而饮。其争也君子。"[2]人类最早使用的弓箭，箭头是用石头打制而成的。1963年，在山西峙峪遗址，考古人员就发掘出距今超2.6万年的石镞。包括浙江良渚古城遗址，也曾出土有做工精细的石镞。这些石镞极为锋利，具有很强的穿透力，显示出当时人类社会已有比较高的生产力水平。

恩格斯在其著作《家庭、私有制和国家的起源》中

---

[1] 马克思：《1857—1858年经济学手稿摘选》，载中共中央马克思恩格斯列宁斯大林著作编译局编译《马克思恩格斯文集》第八卷，人民出版社，2009，第35页。

[2] 齐冲天、齐小平注译《论语》，中州古籍出版社，2008，第60页。

指出:"弓箭对于蒙昧时代,正如铁剑对于野蛮时代和火器对于文明时代一样,乃是决定性的武器。"[1]弓箭的发明和使用,是人类进入蒙昧时代高级阶段的一个重要特征。考古研究表明,在蒙昧时代高级阶段,人类开始尝试定居并渐成村落,也更加有意识地探索未知世界,以便掌握自己的前途命运。从蒙昧时代一路走来,人类通过对未知世界的探索,在自然界中发现了铜矿石,并掌握了青铜的冶炼技术,逐步过渡到了野蛮时代。

野蛮时代是人类文明的生长阶段。这一阶段,人类文明如同破土的幼苗,向上努力伸展枝丫,向下用力深扎根须。大禹治水是中国最古老的传说之一。大禹因治理洪水有功,接替舜帝成为部落联盟首领,并开启了中国历史上第一个王朝——夏朝。夏朝的建立和发展是中华文明起承转合的重要一环。

1959年夏天,中国考古学家徐旭生率队在河南西部进行夏墟调查时,惊喜地发现了二里头遗址。经过四十多年的发掘,二里头遗址出土了大量青铜器、陶器、玉

---

[1]恩格斯:《家庭、私有制和国家的起源》,载中共中央马克思恩格斯列宁斯大林著作编译局编译《马克思恩格斯文集》第四卷,人民出版社,2009,第34页。

器和石器等器物。其中，青铜器最具有代表性，主要包括劳动工具、兵器、礼器、乐器和装饰品。二里头遗址出土的青铜器，是中国最早的一批青铜器，也是世界上最早的青铜器。青铜器的铸造是一项非常复杂的技术活儿，同时贯穿了一系列艺术创造活动。例如，享有"华夏第一爵"的二里头乳钉纹青铜爵，其形长流尖尾、束腰平底、三锥足细长，壁厚仅0.1厘米，整体看上去如同婀娜多姿的古典美人。这一时期具有较高水平的青铜器铸造技术，标志着人类生产劳动进入了改天换地的发展期。

根据考古发现，世界各地使用青铜器的时间差异很大。在世界编年史上，时间跨度大约从公元前4000年到公元初年。这也足以说明，人类通过历史长廊迈向文明时代的大门时，需要付出相当大的时间成本和劳动成本。可见，人类文明不是上帝赠予的，也不是轻而易举所能获取的，而是人类长期劳动和辛苦付出所得。因此，在野蛮时代高级阶段，即在野蛮时代向文明时代的重要过渡期，人类通过辛苦劳动在自然界中又发现了铁矿石，掌握了冶铁技术。铁器的出现，是继青铜器之后，人类文明发展史上的又一重要里程碑。这也是人类由野蛮时代过渡到文明时代的历史坐标。这一阶段,在人类生产生活中,铁器取代青铜器,得到了广泛使用。

希腊最早的史诗荷马史诗,就记载有人类与铁器有关的场景。比如,"他不会再长久地远离自己亲爱的乡土,即使铁打的镣铐也不能把他锁住"[1]"浸入冷水里淬火发出嘶嘶响声,这样可以使铁器变得更加坚硬"[2]。所以,用恩格斯的话说,完善的铁器是希腊人由野蛮时代带入文明时代的主要遗产之一。

劳动是人类生存和发展的基础,也是人和动物在本质上的区别。从最初采集野果到捕获猎物,再到耕种庄稼,包括从开始制造工具,人类从事劳动都需要进行一定的协作,以提高劳动生产率,从而获得更多的劳动果实。劳动协作是一项集体性生产活动,它需要人与人之间在技能、思想和情感等方面进行交流。于是,在长期的劳动协作中,人类便逐渐产生了适用于广泛交流的语言和文字。

---

[1] 荷马:《荷马史诗·奥德赛》,王焕生译,人民文学出版社,2003,第8页。

[2] 荷马:《荷马史诗·奥德赛》,王焕生译,人民文学出版社,2003,第165页。

中国古代传说中的仓颉造字，就神话般描述了人类创造文字的传奇故事。《淮南子·本经训》记载道："昔者仓颉作书而天雨粟，鬼夜哭。"[1]在中国，考古发现最早的文字是甲骨文，即古人镌刻在龟甲和兽骨上的文字。甲骨文是中华民族最古老的一种成熟文字，真实记录和反映了商周时期的政治和经济等状况。甲骨文之后是金文，即铸造在青铜器上的铭文。在西方，则有"神造字母"之说。希腊神话中的英雄卡德摩斯，即腓尼基王子，据说为了寻找被宙斯拐走的妹妹欧罗巴，奉命来到了希腊，并给希腊带来了一种礼物——腓尼基字母。腓尼基字母主要是依据古埃及的图画文字制定的，经希腊人发展为希腊字母，再后来又经罗马人发展为拉丁字母。这是西方字母文字的源头活水。

文字是人类生产生活的产物，绝不是拜神灵所赐。据历史记载，世界上最古老的文字之一的楔形文字，就是随着苏美尔神庙规模和财富的增长，祭司们为了记录仓库物品往来情况而发明的。赋予其神话传说，是后人

---

[1] 刘安等：《淮南子全译》，许匡一译注，贵州人民出版社，1993，第420页。

感念其文明价值之神圣罢了。因此，无论是甲骨文还是楔形文字，它们就像婴儿身上的胎记，都深刻记录了人类文明最初的跋涉脚步。

马克思主义认为，人类进入文明时代的标志主要有两个：一个是文字的发明，一个是国家的产生。文字的发明提高了人类对自然、社会和思维一般规律的认知水平，包括人类对自身命运的审视和追问。因而，随着人类对自然、社会和思维一般规律认知水平的提高，人类劳动能力和生产力水平也得到进一步发展，随之社会分工和商品生产极大地丰富起来，促使私有制的触角伸入人类社会的肌体，推动人类社会由部落发展为民族和国家。从青铜器的出现到铁器的使用，是国家逐步形成的时代。特别是铁器的广泛使用，加速了社会分工、商品生产和私有制发展，为国家的产生和发展创造了有利条件。同时，加上文字的不断发展，人类真正出野蛮时代进入了文明时代。这正如恩格斯所说，人类"从铁矿石的冶炼开始，并由于拼音文字的发明及其应用于文献记录而过渡到文明时代"[1]。

从蒙昧时代、野蛮时代到文明时代，从人类学会使用火和弓箭到"铜铁炉中翻火焰"，再到文字的发明和国家的产生，人类文明的发展是血脉相连的。这就像呱呱坠地的婴儿，脐带紧紧地连接着母体，经历了母亲十月怀胎。这再一次启示我们，人类文明不是凭空而来的，也不是什么神灵创造的，它产生于人类生产生活的实践活动中，是人类长期辛勤劳动的结晶。

这正是人类文明发展的动力所在。恩格斯指出："根据以上所述，文明时代是社会发展的这样一个阶段，在这个阶段上，分工、由分工而产生的个人之间的交换，以及把这两者结合起来的商品生产，得到了充分的发展，完全改变了先前的整个社会。"[2]人类走过了蒙昧时代，再由野蛮时代进入文明时代，就像一棵果树在春天刚刚

---

[1] 恩格斯:《家庭、私有制和国家的起源》，载中共中央马克思恩格斯列宁斯大林著作编译局编《马克思恩格斯文集》第四卷，人民出版社，2009，第37页。

[2] 恩格斯:《家庭、私有制和国家的起源》，载中共中央马克思恩格斯列宁斯大林著作编译局编《马克思恩格斯文集》第四卷，人民出版社，2009，第193页。

吐出了花蕾,它的历史使命还远未完成,它将随着人类的认知能力和实践能力的不断提高,特别是随着人类生产生活方式的不断改变,从低级阶段发展到中级阶段,再发展到高级阶段,从而结出更为丰硕的文明果实。人类也将在这样的螺旋式历史发展中,不断成长为自由王国的主人。

第二节 雨果的赞赏与愤怒

在中国近代历史上,英国向中国发动了两次鸦片战争。第二次鸦片战争的借口说来很荒唐。荒唐到什么程度呢?

有一艘名为"亚罗"号的快艇,船主是中国人,船长是雇用的英国人。为了捉拿猖獗的海盗,中国官兵在"亚罗"号快艇上抓获了12名海盗和嫌疑犯。这艘"亚罗号"快艇曾在香港领取过英籍登记证,但这时登记证已经过期,也就是说它与英国已经风马牛不相及,没有任何瓜葛。但是,挂着文明棍的英国人可不这么认为。英国人认为中国无权在英国船上抓人,并且说船上悬挂有英国国旗，被中国士兵扯下来了。于是，英国就以此为借口向中国发动了第二次鸦片战争。

法国也派兵参加了这次战争。法国的借口是什么呢？借口是清咸丰六年（1856年）正月，法国传教士马赖在广西西林县传教时，无故被地方官吏杀害了。事实上这个所谓的法国传教士马赖，是非法潜入广西西林县传教的。在非法传教中，马赖蓄意破坏当地风俗，与贪官强盗狼狈为奸，明目张胆地勾引和奸淫妇女，犯下了连上帝都不可饶恕的罪行，引起了当地群众的强烈愤慨，被新任知县张鸣凤秉公执法处死了。常言道："欲加之罪，何患无辞！"于是，1860年英法联军打到北京，一把火烧了圆明园。

英法联军中有个上尉叫巴特勒，是法国作家雨果的朋友。他带着一堆财宝从中国回到法国后，很高兴地给雨果写了一封信。他在信中告诉雨果："这次远征是体面的、出色的。"雨果是怎么回信呢？雨果回信道："有一天，两个强盗进入了圆明园。一个强盗洗劫，另一个强盗放火……丰功伟绩，收获巨大。两个胜利者，一个塞满了口袋，这是看得见的，另一个装满了箱箧；他们手挽手，笑嘻嘻地回到了欧洲。这就是这两个强盗的故事。我们欧洲人,我们是文明人,中国人对我们是野蛮人。这就是文明对野蛮所干的事情。"[1]在这封信的结尾,雨果总结说:"先生,以上就是我对远征中国给予的全部赞赏。"[2]

雨果给巴特勒的回信与其说是赞赏,不如说是一个真正意义上的文明人所回敬的愤怒表达。在雨果的眼里,"文明"就是英国和法国这两个强盗的遮羞布。客观地讲,从人猿相揖别到人类登上太空并探访火星,人类始终都在不断探索实践文明之道,从而赋予人类以新的生命形态和价值存在。那么,究竟什么是文明呢?

英国历史学家汤因比在《历史研究》一书中说,文明这个假拉丁词是在近代形成的一个法文单词,英国词典学家约翰逊博士在编纂世界上第一本英语词典时,因无法确认它真正的意义,曾拒绝给它一个英语对应词。英国历史学家尼尔·弗格森在《文明》一书中介绍说,文明这个法文单词,是由法国经济学家安·罗伯特·雅

---

[1] 雨果:《就英法联军远征中国致巴特勒上尉的信》,载《雨果文集(1—12卷)》11卷,程曾厚等译,人民文学出版社,2002,第361-362页。

[2] 雨果:《就英法联军远征中国致巴特勒上尉的信》,载《雨果文集(1—12卷)》11卷,程曾厚等译,人民文学出版社,2002,第362页。

克·杜尔哥于1752年首次使用的。4年后,法国大革命之父维克托·里凯蒂,即米拉波侯爵首次在出版物中使用该词。于是,文明一词逐渐流行起来被人们普遍接受。德国社会学家诺贝特·埃利亚斯在《文明的进程》一书中也说,文明一词源于近代欧洲,最初用来形容人的行为方式,它与有教养的、有礼貌的、开化的这一类词意思相似。

我们从汤因比、弗格森和埃利亚斯的记述中可以看出,文明一词是近代西方社会发展的产物,它由拉丁文"civitas"(城邦)演变而来。因此,在西方语境中,文明一词又有公民的、市民的含义,用以形容城邦人优越的生活状态。为此,美国学者菲利普·巴格比就曾建议把文明定义为"在城市中发现的那种文化"。汤因比提出了不同的意见。因为文化是文明发展的基础,文明是文化发展到一定阶段的产物,二者在概念上存在着一定的区别。所以,汤因比说巴格比的定义接近于问题的实质,但很不适用。他认为,应将文明等同于一种社会状态。但是,他不同意"用食物生产的发展或技术进步所引起的变化(二者的确与文明的兴起同步)……来解释文明形成的原因"[1]，主张应在精神的意义上给文明一个确切定义。他解释说："它也许可以称之为创造一种社会状态的努力，在这个社会状态中，整个人类成为一个无所不包的大家庭的成员，将在一起和谐地生活。我相信，这就是迄今已知的所有文明一直有意无意追求的目标。"[2]

诗曰："横看成岭侧成峰，远近高低各不同。"关于文明一词的定义，不仅有巴格比和汤因比之说，还有马克斯·韦伯、奥斯瓦尔德·施本格勒、克里斯托弗·道森、卡罗尔·奎格利、费尔南·布罗代尔、伊曼纽尔·沃勒斯坦等多种论述。据埃利亚斯统计，关于文明的定义有300多种。同时，埃利亚斯指出，没有一种定义能够反映文明的本质。虽然说在西方没有一种定义能够反映文明的本质，但是由于文明一词兴起于西方，它从头到脚都带有西方意识形态的鲜明印记，并长期占据世界意识形态的高地，以其居高临下的眼光看待世界。埃利亚斯

---

[1] 阿诺德·汤因比：《历史研究》修订插图本，刘北成、郭小凌译，上海人民出版社，2000，第19页。

[2] 阿诺德·汤因比：《历史研究》修订插图本，刘北成、郭小凌译，上海人民出版社，2000，第19页。

在《文明的进程》一书中就曾写道，文明"这一概念表现了西方国家的自我意识，或者也可以把它说成是民族的自我意识。它包括了西方社会自认为在最近两三百年内所取得的一切成就，由于这些成就，他们超越了前人或同时代尚处'原始'阶段的人们。西方社会正是试图通过这样的概念来表达他们自身的特点以及那些他们引以为豪的东西，他们的技术水平，他们的礼仪规范，他们的科学知识和世界观的发展等等"[1]。为此，美国历史学家布鲁斯·马兹利什将目光聚焦到"文明"这个词是什么时候出现在西方语境中的，又是怎样表达西方意图的。他撰写了《文明及其内涵》一书，展示了西方语境中的"文明"是如何演变为一种具有排他主义和殖民色彩的意识形态。

马兹利什认为，近代以来，欧洲人不断展开它海外扩张和殖民统治的触角，并与海外其他文明产生了激烈碰撞，正是在这种不同文明的激烈碰撞中，欧洲人明显看到了各个地域存在的差异。于是，用以表达这种差异

---

[1] 埃利亚斯：《文明的进程：文明的社会起源和心理起源的研究》，王佩莉、袁志英译，上海译文出版社，2009，第1页。

概念的"文明"一词便应运而生,并成为欧洲人进行海外扩张和殖民统治的"理论武器"。有鉴于此,马兹利什弱化了西方意识形态意境下的文明色彩,将"文明"的概念缩小到科学技术的层面,欲使其成为能够被各个"文化"接受的共性全球文明,以消除不同文明之间的冲突。马兹利什的愿望是好的,但他同样偏离了文明的真正意义。

中国是世界四大文明古国之一。那么,在中国古代语境中,有没有文明一词的记载呢?

答案肯定是有的。《周易》道:"见龙在田,天下文明。"[1]这是中国古代典籍关于文明一词的最早记载。在《周易》中,还有几处关于文明一词的记载。例如:"文明以健,中正而应,君子正也"[2]"文明以止,人文也"[3]"文明以说,大亨以正"[4]等。中国另一部古代典籍《尚书》,也有关于文明一词的记载。《尚书·舜典》道:

---

[1] 崔波注译《周易》,中州古籍出版社,2007,第32页。
[2] 崔波注译《周易》,中州古籍出版社,2007,第101页。
[3] 崔波注译《周易》,中州古籍出版社,2007,第144页。
[4] 崔波注译《周易》,中州古籍出版社,2007,第277页。

"浚哲文明,温恭允塞。"[1]对此,唐代孔颖达注疏《尚书》时道:"经天纬地曰文,照临四方曰明。"[2]这些中国古代典籍中文明一词的意义,因语境不同而有所不同。但是,它在内涵上是基本一致的。在中国古代典籍中,文明一词的内涵是什么呢?

根据东汉许慎《说文解字》的解释,"文"的意思是"错画也",指各色交错的图案;"明"的意思是"照也",寓意光明到来了。因此,从字面的意思讲,文明是指人类通过各色交错的图案启示而获得了光明。在远古时期,伏羲仰观天象、俯察大地而画八卦便是此理。从根本上说,伏羲八卦分别代表了八种自然现象。通过这八种自然现象,伏羲告诉人类一个宇宙存在的秘密——"阴阳"。然后,使人类能够通过阴阳变化掌握天地万物的生成及其运动规律,从而达到乐天知命的不忧境界,与天地万物和谐共处。后来,周文王通过八卦演绎出六十四卦,进一步丰富了人类对天地万物的生成及其运动规律的认识途径。所以,孔子道:"夫《易》

---

[1] 李民、王健撰《尚书译注》,上海古籍出版社,2004,第12页。
[2] 李民、王健撰《尚书译注》,上海古籍出版社,2004,第12页。

开物成务，冒天下之道。"[1]这是其一。

其二，从内涵的层面上讲，文明则是指人类生活所达到的美好状态，这种美好的生活状态不是靠暴力所得，而是靠自然昭示的光辉和力量教化天下所达到的。这亦如魏晋玄学代表人物王弼所说："止物不以威武而以文明，人之文也。"[2]从这个意义讲，中国人追求文明的脚步以及对文明的认知，早已走在了世界前面，并达到了人类以往不曾有过的认知高度。而且，中国传统意义上的文明内涵，比较契合马克思主义思想。从1833年到1895年，马克思、恩格斯基于历史唯物主义对文明问题进行了半个多世纪的思考，并围绕文明的起源和发展做出了一系列论述，同时批判了西方哲学将"迅速前进的文明完全被归功于头脑，归功于脑的发展和活动"[3]的历史唯心主义文明观。

---

[1] 崔波注译《周易》，中州古籍出版社，2007，第378-379页。

[2]《十三经注疏》整理委员会整理《十三经注疏·周易正义》，北京大学出版社，1999，第105页。

[3] 恩格斯：《自然辩证法》，载中共中央马克思恩格斯列宁斯大林著作编译局编译《马克思恩格斯文集》第九卷，人民出版社，2009，第557页。

关于人类文明发展进程，马克思运用历史唯物主义的科学方法提出了"三大文明发展形态"，即人的依赖关系型、人的独立性型和自由个性型。马克思在《政治经济学批判（1857—1858年手稿）》一文中指出："人的依赖关系（起初完全是自然发生的），是最初的社会形式，在这种形式下，人的生产能力只是在狭小的范围内和孤立的地点上发展着。以物的依赖性为基础的人的独立性，是第二大形式，在这种形式下，才形成普遍的社会物质变换、全面的关系、多方面的需要以及全面的能力的体系。建立在个人全面发展和他们共同的、社会的生产能力成为从属于他们的社会财富这一基础上的自由个性，是第三个阶段。第二个阶段为第三个阶段创造条件。因此，家长制的，古代的（以及封建的）状态随着商业、奢侈、货币、交换价值的发展而没落下去，现代社会则随着这些东西同步发展起来。"[1] 这三大文明发展形态，或者说"三个发展阶段"，在本质上与人类生产实践和社会生产力存在着紧密的逻辑关系，也可以说是

---

[1] 马克思：《政治经济学批判（1857—1858年手稿）》，载中共中央马克思恩格斯列宁斯大林著作编译局编译《马克思恩格斯文集》第八卷，人民出版社，2009，第52页。

原始社会、奴隶社会、封建社会、资本主义社会和共产主义社会等五大社会形态的文明呈现。

比如，关于第三大文明发展形态，即共产主义社会，马克思在《哥达纲领批判》一文中指出："在共产主义社会高级阶段，在迫使个人奴隶般地服从分工的情形已经消失，从而脑力劳动和体力劳动的对立也随之消失之后；在劳动已经不仅仅是谋生的手段，而且本身成了生活的第一需要之后；在随着个人的全面发展，他们的生产力也增长起来，而集体财富的一切源泉都充分涌流之后，——只有在那个时候，才能完全超出资产阶级权利的狭隘眼界，社会才能在自己的旗帜上写上：各尽所能，按需分配！"[1]这是人类文明发展进步的动力，它追求的是人的解放和人的全面发展。唯有如此，文明才显得有价值，也才能引领人类社会不断发展进步。没有文明，人类与动物也就相差无几；没有文明，人类也就失去了灵魂的殿堂。

马克思主义文明观是建立在人类生产力发展基础上

---

[1] 马克思：《哥达纲领批判》，载中共中央马克思恩格斯列宁斯大林著作编译局编译《马克思恩格斯文集》第三卷，人民出版社，2009，第435-436页。

的，揭示了人类生产力的发展水平，是历史唯物主义范畴下人类社会历史进步状态的客观呈现。在《共产党宣言》中，马克思、恩格斯就将代表当时先进生产力的资产阶级文明视为一种新的文明象征，同以往一切文明区分开来。因此，关于新的文明形态是怎么代替旧的文明形态，马克思从人类生产力发展的角度给予了充分说明。他在《给〈祖国纪事〉杂志编辑部的信》中指出："资本主义生产的历史趋势被归结成这样：'资本主义生产本身由于自然变化的必然性，造成了对自身的否定'；它本身已经创造出了新的经济制度的要素，它同时给社会劳动生产力和一切生产者个人的全面发展以极大的推动；实际上已经以一种集体生产方式为基础的资本主义所有制只能转变为社会所有制。"[1]恩格斯在《共产主义原理》一文中也曾指出："无产阶级的劳动将使国家的生产力大大增长，随着这种增长，这些措施实现的可能性和由此而来的集中化程度也将相应地增长。最后，当全部资本、全部生产和全部交换都集中在国家手里的时

---

[1] 马克思:《给〈祖国纪事〉杂志编辑部的信》，载中共中央马克思恩格斯列宁斯大林著作编译局编译《马克思恩格斯文集》第三卷，人民出版社，2009，第465页。

候，私有制将自行灭亡，金钱将变成无用之物，生产将大大增加，人将大大改变，以致连旧社会最后的各种交往形式也能够消失。"[1]

综上所述，我们可以深刻认识到：文明是指人类在物质生产和精神生产的实践中，通过提高生产力使人类社会所能达到的历史进步状态，是实现人的解放和人的全面发展的光明所在。这应该说是人类追求文明的真正意义和实在价值。正如恩格斯在其著作《英国状况》中指出，"文明是实践的事情，是社会的素质"[2]。人类诞生之初，就类似生活在黑暗的洞穴中，但不是柏拉图所说的"洞穴囚徒"。然后，随着人类成长壮大特别是能够从事生产劳动时，人类逐步具备了自觉文明意识，或者说文明原生力，进而促使人类不断通过生产劳动提高人与自然、人与社会、人与自身和谐相处的能力，一步步

---

[1] 恩格斯：《共产主义原理》，载中共中央马克思恩格斯列宁斯大林著作编译局编译《马克思恩格斯文集》第一卷，人民出版社，2009，第687页。

[2] 恩格斯：《英国状况 十八世纪》，载中共中央马克思恩格斯列宁斯大林著作编译局编译《马克思恩格斯文集》第一卷，人民出版社，2009，第97页。

走出黑暗的洞穴,追求洞穴外面干净的光明世界。

这就是人类文明发展形态的一般演变逻辑,以及它的深刻内涵之所系。在这个干净的光明世界,即文明时代高级阶段,"生产劳动就不再是奴役人的手段,而成了解放人的手段"[1],生产劳动从一种负担变成一种快乐,人由此得到了全面发展、实现了彻底解放而成为真正意义上的人。

第三节　茶和酒的妙喻

"胜日寻芳泗水滨,无边光景一时新。等闲识得东风面,万紫千红总是春。"这是宋代理学大师朱熹赞颂春天的一首诗。春天是美好的,更是充满希望的。2014年,在美好和充满希望的春天,中国国家主席习近平对荷兰、法国、德国和比利时等四国进行国事访问,旨在同欧洲朋友一道,在亚欧大陆架起一座友谊和合作之桥。

这是习近平同志当选中国国家主席后首次访问欧

---

[1] 恩格斯:《反杜林论》,载中共中央马克思恩格斯列宁斯大林著作编译局编译《马克思恩格斯文集》第九卷,人民出版社,2009,第311页。

洲。亚欧大陆是世界上面积最大的大陆，也是人类最早的文明发祥地之一。德国哲学家雅斯贝斯在《历史的起源与目标》一书中提出的人类文明的"轴心时代"，就是亚欧大陆的杰作，时至今日仍润泽着人类思想的森林。而且，在悠悠驼铃勾勒的历史大道上，亚欧大陆各国人民通过丝绸之路结下了深厚的友谊，共同推动了人类文明发展进步。进入21世纪，亚欧大陆各国人民热切呼喊着古丝绸之路的苏醒，以便给亚欧大陆各国人民带来共同发展的机遇，共享文明的盛宴。因此，习近平主席2013年提出共建"一带一路"倡议后，立即受到了亚欧大陆各国人民的欢迎，迄今已有170多个国家和国际组织加入这个穿越非洲、环连亚欧的广阔"朋友圈"，奏响了"万方乐奏有于阗"的"一带一路"大合唱。

2014年4月1日，习近平主席在访问比利时时，应邀到比利时布鲁日欧洲学院发表重要演讲。在这次演讲中，习近平主席深刻指出："中国是东方文明的重要代表，欧洲则是西方文明的发祥地。正如中国人喜欢茶而比利时人喜爱啤酒一样，茶的含蓄内敛和酒的热烈奔放代表了品味生命、解读世界的两种不同方式。但是，茶和酒并不是不可兼容的，既可以酒逢知己千杯少，也可以品茶品味品人生。中国主张'和而不同',而欧盟强调'多元一体'。中欧要共同努力,促进人类各种文明之花竞相绽放。"[1]这一重要论述,尤其是习近平主席关于茶和酒的妙喻,揭示了文明所具有的多样性特征。

文明多样性是一种长期存在的客观现实。孟子道:"物之不齐,物之情也。"[2]这是轴心时代中国先哲关于世界的认知,体现了一种朴素的唯物辩证法思想。天生万物各有不同,不同便构成了差异,差异则产生了美。马克思主义认识论告诉我们,即使是同一类事物,它们之间也普遍存在着差异。比如,虽然我们都有十个指头,但是十个指头伸出来是不一般齐的,它们有长有短,有粗有细。德国哲学家莱布尼茨也曾说过,"凡物莫不相异","天地间没有两个彼此完全相同的东西"。[3]当时,莱布尼茨正在宫廷中讲学。宫女们听了莱布尼茨的话后,不仅一个劲儿地摇头,还纷纷跑到御花园里试图寻找两片完全一样的树叶。结果跑遍了御花园,一个个都大失

---

[1] 习近平:《在亚欧大陆架起一座友谊和合作之桥》,载《习近平谈治国理政》,外文出版社,2014,第283页。

[2] 万丽华、蓝旭译注《孟子》,中华书局,2006,第113页。

[3] 韩树英主编《通俗哲学》,中国青年出版社,1982,第164页。

所望，谁也无法证明莱布尼茨的说法是错的。这就是哲学意义上的个性和共性的关系。

事物有共性也有个性，这是一种客观存在。正是因为世间万物普遍存在着共性与个性之间的差异，所以我们生活的世界才会显得千姿百态。这也正是文明多样性存在的哲学意义和物质基础。这就好比是一座山，如果山上只有一种树，或者说只有一种花，就算这山再高、再大，人们看久了也会觉得很单调，缺乏诗意的美感。泰山就是例证，它既有汉柏凌寒、唐槐抱子、青檀千岁、五大夫松、宋朝银杏、百年紫藤等古树名木，又有奇峰怪石、古刹禅韵和封禅遗迹等自然历史符号，因而才有了丰富的文化元素和文明气象，成为历代人们敬仰的"天下第一山"和历代帝王们的封禅之地。

2021年1月25日，习近平主席在世界经济论坛"达沃斯议程"对话会上的特别致辞中强调："各国历史文化和社会制度差异自古就存在，是人类文明的内在属性。没有多样性，就没有人类文明。多样性是客观现实，将长期存在。"[1]历史和现实都表明,文明多样性是人类社会存在的客观现实,并将长期存在于人类社会各个方面,随着人类社会的发展而发展,用更加多彩的色调丰富人类生活。中国人喜欢茶而比利时人喜爱啤酒,就是这样一个道理。而这样存在的客观现实,正是人类文明经久不衰的魅力所在。

文明多样性是世界历史发展的规律使然。1917年11月,俄国发生了震撼世界的十月革命,建立了世界上第一个无产阶级专政的社会主义国家,打破了资本主义一统天下的世界格局。对于中国来说,俄国十月革命胜利的伟大意义在于它给中国送来了马克思列宁主义,以强大的真理力量引领中国共产党和中国人民取得了新民主主义革命的胜利,从而建立了社会主义国家,走出了中国式现代化新道路,创造了人类文明新形态,并使其成为人类文明大花园中一朵最美的花。

那么,中国为什么会选择马克思主义呢?西方率先踏入资本主义社会,走上工业革命道路,同时依靠海外

---

[1] 习近平:《让多边主义的火炬照亮人类前行之路》,《人民日报》2021年1月26日。

殖民扩张和掠夺性贸易阔了起来。在西方列强之间,这种"阔"是不平衡的,有的阔得非常快,有的阔得比较慢;有的阔得很厉害,有的阔得就一般,加上由自由竞争资本主义摇身一变成为垄断资本主义,西方列强开始争霸和瓜分世界。中国是西方列强瓜分的主要对象,在鸦片战争的摧残下,中国逐步沦为半殖民地半封建社会。为此,中国先后发生了太平天国运动、洋务运动、戊戌变法、义和团运动和辛亥革命,但都失败了,没有从根本上改变中国的社会性质。特别是资产阶级领导的辛亥革命,尽管穿戴的是资产阶级革命的行头,高喊的是资产阶级革命的口号,但是最终没有彻底完成反帝反封建的任务。当时,辛亥女杰、民族英雄秋瑾就发出了"秋风秋雨愁煞人"的悲鸣。古人道:"天下兴亡,匹夫有责。"救亡图存的社会责任感和使命感像黑夜中的一盏灯,引领着李大钊、陈独秀等中国先进知识分子寻找新的革命道路,去建立一个没有压迫、没有剥削的崭新中国。俄国十月革命的胜利,让他们看到了曙光,寻找到了马克思主义。于是,中国共产党应运而生。中国选择马克思主义,不是偶然性的,而是历史和人民的必然选择。这种必然性选择,为古老的中华文明注入了新的活力和生命，使人类文明在世界历史进程中更加多姿多彩。

文明多样性是人类进步的不竭动力。2018年6月10日，习近平主席在上海合作组织成员国元首理事会第十八次会议上指出："尽管文明冲突、文明优越等论调不时沉渣泛起，但文明多样性是人类进步的不竭动力，不同文明交流互鉴是各国人民共同愿望。"[1]

人类文明发展史证明，世界上无论哪个国家或地区，它的文明发展程度都是由本国或本地区的生产力水平决定的。生产力水平高，文明发展程度就高；生产力水平低，文明发展程度就低。在远古时期，由于人类生产力水平比较低，亚欧非三大陆尽管有陆地相连，也是老死不相往来。后来，随着人类生产力水平的逐步提高，亚欧非三大陆的人慢慢有了接触。

西周历史神话典籍《穆天子传》，记载了公元前10世纪周穆王西行的故事。据《穆天子传》记载，周穆王西行曾到达中亚一带，并带去了丝绸、黄金、玉石等珍贵物品赠予当地部落首领。历史上的神话或传说故事，无论古今，都是人类历史的胎记，记载着人类某一段历

---

[1] 习近平：《弘扬"上海精神"，构建命运共同体》，载《习近平谈治国理政》第三卷，外文出版社，2020，第440-441页。

史的生命信息。《穆天子传》虽说带有神话色彩，但是它让我们真实看到中西文明交往的历史。可以说，周穆王是丝绸之路的最早开拓者之一。到了汉武帝时期，张骞奉命"凿空"西域，恢复了丝绸之路的交通。根据佛教典籍《洛阳伽蓝记》记载，北魏时期，丝绸之路非常繁荣，自葱岭（今帕米尔高原等地）以西，直到大秦（即罗马帝国），众多国家和城市，没有一个不欢附的，做生意的胡人和客商，每天奔走于国门，有力地促进了亚欧非各国文明的发展进步。与陆上丝绸之路并行的是海上丝绸之路，它从海上搭建了古代中国与东南亚、西亚、北非和欧洲之间的贸易往来和文化交流的通道。

应该说，无论是陆上丝绸之路还是海上丝绸之路，都是连接亚欧非三大陆的文明通道。英国历史学家彼得·弗兰科潘所著的《丝绸之路：一部全新的世界史》，是一部用世界眼光全面阐释丝绸之路历史的著作。它让我们认识到，丝绸之路既是一部浓缩的世界史，也是人类文明最耀眼的舞台。丝绸之路是推动世界历史前进的一个重要引擎，是沿线各国打开通往文明发展大道的金钥匙。

2013年，习近平主席提出"一带一路"倡议后，在短短的五年时间里,中国对"一带一路"共建国家投资超过800亿美元,建立了82个经贸合作区,创造了24万多个工作岗位。葡萄牙前外交欧洲事务部部长布鲁诺·玛萨艾斯评价说,世界的政治和经济重心正在从西方转向东方,在快速变化的世界秩序中,正在出现一个"欧亚世纪"。

丝绸之路对世界历史和人类文明的影响是多方面的。通过古代丝绸之路,东方智慧大量传播到了欧洲,为欧洲文艺复兴和启蒙运动提供了营养剂,推动了欧洲资产阶级的兴起和发展。欧洲资产阶级的兴起和发展,又像是一道黑色闪电,影响了世界历史和人类文明进程。马克思、恩格斯在他们的著作《共产党宣言》中指出:"资产阶级,由于一切生产工具的迅速改进,由于交通的极其便利,把一切民族甚至最野蛮的民族都卷到文明中来了。"[1]相对于封建主义来说,资本主义是人类文明发展进步的突出表现。因此,对于资本主义文明,马克思、恩格斯是持赞扬和肯定态度的。同时,他们也是极

---

[1] 马克思、恩格斯:《共产党宣言》,载中共中央马克思恩格斯列宁斯大林著作编译局编译《马克思恩格斯文集》第二卷,人民出版社,2009,第35页。

力批判和否定制造罪恶的资本主义私有制，宣告资本主义必然灭亡，为资本主义敲响了丧钟，同时为无产阶级和社会主义指明了文明之道：消灭私有制。可以说，正是资本主义私有制所制造的罪恶之火，锻造了无产阶级和社会主义文明，推动人类文明向更广阔的世界发展。这正是人类文明多样性发展的必然结果。从这个意义上讲，人类文明必须具有多样性，有了多样性的文明作燃料，人类发展进步才有不竭的动力。

古人道："有朋自远方来，不亦乐乎？"2014年4月1日，习近平主席圆满结束对欧洲四国的访问。德国《商报》评论指出，习近平的欧洲之行很完美，不管他走到哪里，都受到热情欢迎。还有媒体刊文道，习近平此访不仅在欧洲赢得"满堂彩"，在国际舞台上也赢得广泛认可。这是人类不同文明之间相互吸引的结果。亚欧大陆是人类文明的一座百花园，在维护世界文明多样性上必将走在前列。

第四节　穿过云层都是阳光

如果有一天正好是阴天，我们就很难看到阳光。特别是三九严寒的冬天，哪怕是天空漏下一丝阳光，对我们来说都是一种奢侈的享受。然而，当我们乘飞机穿过云层时，就会惊喜地发现，云层上面都是阳光。

中国当代作家贾平凹曾在文章中写道，中国的儒释道，扩而大之，中国的宗教、哲学与西方的宗教、哲学，若究竟起来，最高的境界是一回事，正应了云层上面的都是一片阳光的灿烂。后来，他在《在上帝和蚂蚁之间》的文章中进一步解释说，穿过云层都是阳光是我坐飞机时体会来的。原来咱以为天一直是阴着的，谁知道只要穿过云层之外，所有的天空、到处，全都是阳光。这犹如人类文明，人类文明是多样性的，它就像云层上面的阳光，每一缕都是灿烂的，即彼此都是平等的，没有高低、优劣之分。

"文明是平等的"这一科学论断，揭示了文明的本质特征。2014年3月27日，中国国家主席习近平在联合国教科文组织总部发表演讲时指出："文明是平等的，人类文明因平等才有交流互鉴的前提。各种人类文明在价值上是平等的,都各有千秋,也各有不足。世界上不存在十全十美的文明,也不存在一无是处的文明,文明没有高低、优劣之分。"[1]

曾有人用蝴蝶与犀牛作比喻,用以形容不同文明之间的平等关系。说是让蝴蝶与犀牛玩跷跷板,谁会赢?显然犀牛会赢。因为犀牛有着庞大的身躯和健壮的身体,别说是一只蝴蝶,就算成千上万只蝴蝶加在一起,也不是犀牛的对手。但是,如果让蝴蝶与犀牛比跳舞呢?这赢家肯定是蝴蝶。因为与蝴蝶相比,犀牛既没有彩色的衣服可穿,也跳不出轻盈的舞步。古人道:"寸有所长,尺有所短。"对于世界各国人民创造的文明来说,没有哪一种文明可以凌驾于其他文明之上,也没有哪一种文明可以屈身于其他文明之下。用平等的眼光看待世界各国文明,是实事求是的态度。也只有如此,才能推进世界各国文明之间的交流互鉴,浇灌出色彩斑斓的人类文明之花。

---

[1] 习近平:《文明因交流而多彩,文明因互鉴而丰富》,载《习近平谈治国理政》,外文出版社,2014,第259页。

用不平等的眼光看待其他文明，是西方世界的惯性思维。1494年，葡萄牙和西班牙在教皇仲裁下签订了《阿尔加戈瓦斯条约》，规定以加纳利群岛所在水平线为界划分各自的势力范围，由两国共同统治基督教欧洲之外的世界。《阿尔加戈瓦斯条约》所划定的，只是大西洋中间一条与教皇子午线大致平行的线，而没有考虑到地球是圆的这个因素。1522年，葡萄牙航海家麦哲伦完成环球航行，证明了"地圆学说"的正确性。为了明确在太平洋上的势力分界线，在《托尔德西里亚斯条约》的基础上，葡萄牙和西班牙又签订了《萨拉戈萨条约》。无论是《托尔德西拉斯条约》还是《萨拉戈萨条约》，都是西方潜意识中文明优越论的体现。

斯塔夫里阿诺斯在《全球通史——1500年以后的世界》一书中曾写道："人们传说，在遥远的东方，有一块地方的人民信仰基督教，约翰牧师是他们的强有力的统治者。因此，好几个世纪里，基督教首领一直向往能同约翰牧师建立联系，从东、西两方大举夹攻伊斯兰世界。欧洲人没有找到约翰牧师，但是，他们确在非洲和南北美洲偶然碰见了一些奇怪的新民族——这些民族还未开化、不信教，因此，是适于征服、拯救、使他们归依的合格臣民。"[1]基督教有一个重要理念，就是"到世界各地去，将福音传播给每一个人"[2]。这是西方人潜意识中文明优越论的理论根源。换句话说，在信仰基督教的统治者看来，凡是不属于基督教统治的地方，都属于半开化或野蛮之地，都应该接受基督教文明思想的洗脑。因此，西方人潜意识中的文明优越论使他们认为，文明从低到高是有等级顺序的，基督教文明就是世界上最高级的文明。

到了18世纪，这种文明等级论逐渐有了一套相对明确的说法。一是三级制，即野蛮、蒙昧或半野蛮、文明三个层级。这是1803年由英国地理学家亚当斯提出来的，也可以说是西方相对比较早的文明等级论说。二是四级制，即野蛮、蒙昧、半文明、文明四个层级。这是1819年由美国人约瑟夫·爱默生·伍斯特提出的。三是五级制，即蒙昧、野蛮、半文明、文明、开化五个层级。这是1821年由美国人威廉·C. 伍德布里奇提出的。

---

[1] 斯塔夫里阿诺斯：《全球通史——1500年以后的世界》，吴象婴、梁赤民译，上海社会科学院出版社，1999，第12-13页。

[2] 斯塔夫里阿诺斯：《全球通史——1500年以后的世界》，吴象婴、梁赤民译，上海社会科学院出版社，1999，第12页。

伍斯特和伍德布里奇都是美国中学地理教师,他们将文明等级论编入中学教材后,很快席卷美英等国家的中学地理学教育领域,并渗透到西方社会各个领域,凝固到西方人的意识王国之中。具体说到世界上的国家,当时西方人是这样划分的:西欧国家居文明之首,中国、日本、韩国、奥斯曼帝国等被归为半开化的(half-civilized)社会状态,这些半开化社会有时也被并入更等而下之的蒙昧或未开化的人群(barbarian)之中,而处于文明等级最底层的则是"野蛮人"(savages)——非洲人、澳洲的土著以及美洲印第安人等有色人种。[1]

我们应该明白,西方文明等级论中的蒙昧、野蛮和文明等提法,与美国人类学家摩尔根的提法不同。西方文明等级论指的是文明有高低、优劣之分,为的是突出西方文明比其他文明优越的思想意识,以达到在世界舞台上一手遮天的目的,而摩尔根所指的是整个人类从诞生到成长壮大所经历的时代特征,为人类提供了认识自身发展逻辑的坐标体系。这是马克思、恩格斯给予肯定

---

[1] 刘禾主编《世界秩序与文明等级:全球史研究的新路径》,生活·读书·新知三联书店,2016,第50页。

的。西方文明等级论奉行者,将人类文明划分为不同的等级,并傲慢地以文明者自居,打造以西方为中心的所谓文明世界,而将世界上其他国家视为蒙昧、野蛮、半文明等国家。

于是,文明等级论也就自然而然地成为西方所主导的国际秩序的理论依据。19世纪美国法学家亨利·惠顿就曾将国际法定义为"文明国家之间遵守的公法条例"。这里所谓的文明国家,当然是指信仰基督教的西方国家,而不是别的非西方国家。在亨利·惠顿看来,世界各国的生活习俗和宗教信仰不同,法律传统也不同,只有建立在基督教之上的文明才具有"普世价值",也只有这样的文明国家才拥有话语权,除此之外的国家必须遵从文明国家(即西方国家)制定的法律。比如,欧洲国际法规定的治外法权,就是西方国家针对他们认为的非文明国家所规定的。直白地说,所谓治外法权,就是西方人在他们认为的非文明国家犯法了,可以不接受这些国家的法律制裁而逍遥法外。

晚清时期,西方人敢在中国横行霸道,甚至滥杀无辜,就是他们想当然地认为中国是非文明国家,他们在中国享有国际法规定的"治外法权"。因此,晚清时期的中国，也就成了西方人在世界推广"治外法权"的示范区。再如，欧洲国际法关于无主荒地的确认，就明确规定如果某一个地方的原住民被归为野蛮人，那么这个地方就属于无主荒地。因为在西方人看来，野蛮人不会耕种土地，不懂得为土地创造价值，所以野蛮人对土地就没有所有权。对无主荒地，西方人可以合法占领。以此为由，西方人占领了美洲、澳大利亚等大量原住民的土地，并建立了无数个殖民地。

日本是东方最早接受西方文明等级论的国家。1875年，有日本近代教育之父称号的福泽谕吉，出版了他的著作《文明论概略》。在这部著作中，福泽谕吉强调"文明、半开化、野蛮这些说法是世界的通论，且为世界人民所公认"[1]，日本尚处于半开化阶段，应该全面学习西方文明，并由此提出了他的"脱亚入欧论"主张，以摆脱其半开化身份的耻辱，跻身西方确立的文明国家行列。那么，日本是怎样看待中国、朝鲜等亚洲邻邦呢？

1885年，福泽谕吉撰文道，日本国土虽位居亚细亚

---

[1] 福泽谕吉:《文明论概略》，北京编译社译，商务印书馆，1982，第9页。

的东边，但其国民的精神已脱去亚细亚的固陋而移向西洋文明。中国、朝鲜对日本没有丝毫的助益，与其坐等邻国开明而共兴亚洲，毋宁不与他们为伍，而与西洋文明共进退。与中国、朝鲜接触时，也不必因为他们是邻国就特别客气。与恶人交友就难免恶名，日本要从内心里谢绝亚细亚东方的恶友。福泽谕吉的"脱亚入欧论"主张及其"邻邦恶友说"怪论，为后来日本频繁发动对外侵略战争提供了理由。

1931年至1945年日本发动的侵华战争，使中国伤亡人数超过3500万，财产损失更是不计其数，给中国人民带来了巨大灾难。在中国，日本侵略者为什么杀人不眨眼？因为在他们眼里，中国人是"劣等民族"，杀了毫不可惜。实质上这场战争，广大日本人民也深受其害。日本作家内田百闲所著的《东京烧尽》一书，是一本详细记载东京大轰炸时的生活日记。他在日记中写道："后来听说，有100多架飞机又空袭了名古屋，仅夜间的大规模轰炸名古屋，就已经3次了，大概城市几乎已被炸平了。5月25日，家终于被烧光了，我和妻子二人住到邻居院里墙边的一个三铺席大的小屋里……早晨没吃饱，虽然还有饭，但那是准备做午间吃的饭团子的。而且,还可能会几天连续断粮……在红色火光的映染下,我觉得B29的机腹好像大蜥蜴的肚子。在事隔两个月后的今天,那种令人毛骨悚然的颜色和形态,仍然历历在目……"[1]这就是文明等级论所造成的恶果。二战后,日本在美国的扶持下从战败中迅速崛起,加上明治维新时期遗存的政治观念和思维习惯,日本自认为已经脱胎换骨,由半开化国家变为了文明国家,直到现在仍不认真反省战争罪责,不断重提"脱亚入欧论",要塑造所谓的光明未来。试问:"文明等级论"不除,搞以邻为壑,未来会有光明吗?肯定没有,不过是痴人说梦罢了。

在中国近代史上,康有为、梁启超、谭嗣同等维新人士,也曾被西方文明等级论这套把戏所迷惑,认为文明等级论是人类进化之公理,被世界人民所公认,并发起了维新运动。梁启超在《文野三界之别》一文中曾写道:"泰西学者,分世界人类为三级:一曰蛮野之人,二曰半开之人,三曰文明之人。其在《春秋》之义,则谓之据乱世,升平世,太平世。皆有阶级,顺序而升,

---

[1] 内田百闲:《东京烧尽》,转引自升味准之辅《日本政治史》,董果良、郭洪茂译,商务印书馆,1997,第805-807页。

此进化之公理，而世界人民所公认也。"[1]维新运动失败了。维新运动失败的原因有很多，其中有一个重要原因，也是很多人容易忽视的一个原因，就是中国新兴资产阶级缺乏文化自信，自认为低西方人一等，少了做中国人的志气、骨气和底气。

康有为所著的《大同书》，其理论逻辑就是西方文明等级论，他所依据的《春秋》公羊三世说和《礼运》中的大同说，不过是他借以渡河的竹筏罢了。受西方文明等级论影响，康有为就曾认为白色人种为世上最好的人种，黄色人种次之，而黑色人种最次。为此，康有为提出了种族改良计划。在康有为看来，只有通过"移地"和"通种"等方式，将黑、棕、黄等人种依次漂白为白人，才能实现大同世界之"人种大同"。维新运动救不了中国，奉西方文明等级论为圭臬更改变不了中国。

历史的重担落到中国共产党的肩上。自从中国共产党登上历史舞台，重塑中华民族文化自信，平等对待世界上一切文明，开创了中华民族文明史上的黄金时代。比如，

---

[1] 梁启超：《文野三界之别》，转引自刘禾主编《世界秩序与文明等级：全球史研究的新路径》，生活·读书·新知三联书店，2016，第86页。

在中国对外交往中，1953年12月31日，周恩来总理接见印度谈判代表团时提出的和平共处五项原则，就深刻体现了"文明是平等的"的宝贵理念，受到了印度、缅甸等国家的欢迎。1954年6月28日和29日，中印、中缅分别发表联合声明，确认和平共处五项原则将在相互关系以及各自国家同亚洲及世界其他国家的关系中予以适用。

新中国成立后，一直受到西方国家的打压。但是，由于新中国在对外关系上，无论国家大小、贫富和强弱，都始终奉行和平共处五项原则，在国际舞台上结交了一批又一批志同道合的朋友。1970年，在第25届联合国大会上，阿尔巴尼亚、阿尔及利亚等18个国家共同提出恢复新中国在联合国的合法席位。时隔一年，在第26届联合国大会的投票表决中，中国以76票赞成、35票反对、17票弃权的结果恢复联合国合法席位。1979年，中国人民摒弃前嫌，以平等之心与美国建交，打破了西方封锁新中国的坚冰，迎来了世界各国与新中国建交的热潮。截至2023年8月，中国建交国总数增至182个，并与110多个国家和地区组织建立了不同形式的伙伴关系，可谓"天下谁人不识君"。

炮火可以摧毁坚硬的城墙，却征服不了看似柔弱的人心。奉行西方文明等级论,必然会点燃人类冲突的炮火。人类之间一旦冲突不断,世界只会越来越糟。《坛经》道:"见性是功,平等是德。"[1]佛教讲究功德。什么是功德?以平等之心与他人相处,多做利他之事,便是功德。而轻视他人,损人利己,则有无边无量的罪。因此,对于西方来说,要摘下有色眼镜,以平等之心去认识世界各国文明,在交流互鉴中促进世界各国文明共同进步。如此,我们每天送走和迎来的,必定是阳光灿烂的日子。

第五节 来一杯海明威的"莫吉托"

在古巴首都哈瓦那有一个小酒馆,是美国作家海明威经常光顾的地方。在这个异域的小酒馆,海明威用一种名叫"莫吉托"的鸡尾酒,来洗涤自己的精神行囊。

海明威被誉为美利坚民族的精神丰碑,曾参加过两次世界大战。第一次他的身份是红十字会司机,去的是意大利战场;第二次他的身份是随军记者,并拿起枪参

---

[1] 鸠摩罗什等译著《大藏经(精华本)》,万卷出版公司,2008,第96页。

加了解放巴黎的战斗。这两次世界大战经历，既给他留下了一身伤痕，又给予了他从未有过的生命体验和思考。正是这两次世界大战经历，让他写出了《永别了，武器》《丧钟为谁而鸣》《老人与海》等传世之作。其中，《老人与海》等畅销小说是他战后客居古巴时完成的。古巴是海明威的第二故乡，20多年的古巴生活，让海明威完成了他对所体验过的不同文明的检阅。也正是因为如此，他小说中的人物和故事才得以触动人的灵魂。

"莫吉托"这种用古巴特产朗姆酒配薄荷叶加冰块调制的鸡尾酒，在不同原料的交融中，产生了一种烈性与清爽的阴阳互补效应，使其具有了魔力般的味道。这是不是类似于人类文明的味道呢？

2015年9月22日，在华盛顿州当地政府和美国友好团体联合欢迎宴会上的演讲中，中国国家主席习近平就特别提到了海明威和"莫吉托"鸡尾酒。他指出："中国人民一向钦佩美国人民的进取精神和创造精神。我青年时代就读过《联邦党人文集》、托马斯·潘恩的《常识》等著作，也喜欢了解华盛顿、林肯、罗斯福等美国政治家的生平和思想，我还读过梭罗、惠特曼、马克·吐温、杰克·伦敦等人的作品。海明威《老人与海》对狂风和暴雨、巨浪和小船、老人和鲨鱼的描写给我留下了深刻印象。我第一次去古巴，专程去了海明威当年写《老人与海》的栈桥边。第二次去古巴，我去了海明威经常去的酒吧，点了海明威爱喝的朗姆酒配薄荷叶加冰块。我想体验一下当年海明威写下那些故事时的精神世界和实地氛围。我认为，对不同的文化和文明，我们需要去深入了解。"[1]人类文明是多彩的、平等的，以包容之心深入了解不同的文明，积极加强交流互鉴，是能够像朗姆酒、薄荷叶和冰块交融在一起，产生魔力般的味道，而不是彼此对立不相容的。什么是文明之道？这便是文明之道。

《礼记·中庸》道："万物并育而不相害，道并行而不相悖。"[2]佛教作为世界性宗教，并不是中国的原生态宗教，它产生于公元前6世纪至公元前5世纪的古印度。据历史考证，佛教是在两汉之际，即公历纪元前后传入中国的。佛教传入中国后，无论是其思想内涵还是信徒

---

[1] 习近平：《在华盛顿州当地政府和美国友好团体联合欢迎宴会上的演讲》，载《习近平外交演讲集》第一卷，中央文献出版社，2022，第270-271页。

[2] 杨天宇撰《礼记译注》，上海古籍出版社，2004，第710页。

数量，都得到前所未有的发展，为佛教成为世界性宗教发挥了关键性的作用。那么，佛教传入中国后，是什么样的原因使之落地生根并长成参天大树呢？原因主要就是中华民族及其文明所具有的包容性。

中华民族不是单一民族形态，而是一个由56个民族构成的民族共同体。20世纪80年代，费孝通提出的"多元一体"民族观，就是对中华民族共同体的最好注脚。中华民族的主体民族是汉族，汉族最早的民族形态是华夏族，是由炎、黄部落融合发展而来的，生活在黄河中下游的中原地区。后来，在长期的多民族融合发展中，华夏族逐渐演变为汉族。再后来，汉族经过长期的多民族融合发展，又推动形成了以汉族为主体的中华民族共同体。这种多民族融合发展的历史过程，也就无形中推动中华民族形成了海纳百川的性格。同时，这也是黄河赋予的一种伟大性格。

马克思、恩格斯在其著作《德意志意识形态》中指出："人创造环境，同样，环境也创造人。"[1]黄河是中华

---

[1] 马克思、恩格斯：《德意志意识形态》，载中共中央马克思恩格斯列宁斯大林著作编译局编译《马克思恩格斯文集》第一卷，人民出版社，2009，第545页。

民族的母亲河，它从青藏高原起步，能够"吹沙走浪几千里"，一路奔腾到山东半岛入海，是因为它在沿途接纳了许许多多的支流。这对于促进中华民族包容性格的形成极具影响。

在佛教传入中国之前，中国遵循的是儒家和道家的思想。儒道两家思想融于同一个社会，一则体现了它们各自具有的包容心态，二则彰显了整个社会"道并行而不相悖"所具有的包容之势。因此，佛教传入中国后，通过借助于儒道两家的桥和船，很快在中国扎下了根。虽然魏晋南北朝时朝野兴起了三教之争，但是"三教一致，同归于善"的思想认同还很有市场，并没有影响到佛教在中国继续扎根。后来，随着佛教进一步中国化，佛教就完全融入了中华文化和中华文明，并与儒道两家形成了交相辉映的思想格局，进而孕育了中国思想史上新的高峰——宋明理学。

宋明理学是援佛入儒和援道入儒的产物，进一步实现了三教的思想会通。从先秦子学、两汉经学、魏晋玄学，到隋唐佛学、儒释道合流、宋明理学，是中国古代思想不断融合发展的历史过程，创造了中华民族及其文明史上独特的人文气象。因此，在中国历史上从来没有发生过宗教战争。这正是中华民族及其文明包容性所结的善果。

马克思在其著作《资本论》中指出:"不同的共同体在各自的自然环境中,找到不同的生产资料和不同的生活资料。因此,它们的生产方式、生活方式和产品,也就各不相同。"[1]世界上不同的国家和民族,在长期的历史发展中,必定会产生不同的文明。只有懂得和善于包容,才能使不同的文明和谐相处,进而孕育出新的文明形态,更好地为人类社会发展贡献力量。

在20世纪70年代,若问哪一个事件在世界历史上最具有影响力,无疑是中美两国建交。中美两国隔洋相望,有着不同的文明和国家利益诉求。况且,20世纪50年代又曾在朝鲜兵戎相见。1969年1月20日,尼克松宣誓就任美国总统。尼克松上台之前,就已经认识到美国执行遏制和孤立中国的政策是有问题的,并且已经失败。在尼克松看来,对于中国,美国只能视之为友,而不能看作是敌人。也就是说,尼克松在处理中美两国关系上,

---

[1] 马克思:《资本论》第一卷《资本的生产过程》,载中共中央马克思恩格斯列宁斯大林著作编译局编译《马克思恩格斯文集》第五卷,人民出版社,2009,第407页。

考虑的不是中美两国文明迥异的问题,而是中美两国关系大局。在《1999:不战而胜》一书中,尼克松曾引用法国前总统戴高乐的话说:"因为他如此之大、如此古老而又经历过如此多的苦难。"[1]正如尼克松评价说,戴高乐对中国是有所研究的。1962年,面对世界发展大势和中法两国发展大局,戴高乐促使法国承认中华人民共和国,并推动法国于1964年与中国建交,遂了中法两国人民的心愿。尼克松对中国也是有所研究的,他准备开启中美两国建交之旅。

中国是一个善解人意的国家。对尼克松的良好愿望,中国方面给予了积极回应。1971年春天,第31届世界乒乓球锦标赛在日本名古屋举行。比赛结束后,美国乒乓球队应邀访华。这就是历史上著名的"乒乓外交"。这次看似平常的"乒乓外交",以"小球推动大球"的智慧,打开了隔绝22年的中美交往大门。大门既已打开,交往就相对顺利。1971年7月,尼克松派他的特使基辛格绕道巴基斯坦秘密访华,为他访问中国打前站。基辛格的

---

[1] 理查德·尼克松:《1999:不战而胜》,谭朝洁、孔岩、邓勇、马学印译,中国人民大学公安出版社,1988,第283-284页。

秘密访华是成功的。1972年2月，尼克松高兴地踏上中国土地。

尼克松是第一个访问新中国的美国总统，通过这次中国之行，美国与中国联合发表了《上海公报》。《上海公报》打破了横亘在中美两国之间的坚冰，推进了中美关系正常化，为1979年中美正式建交打下了坚实基础。从中美关系正常化到中美正式建交，是中美两国人民彼此文明包容的结果，不仅极大促进了中美两国经济社会发展，还有效维护了世界和平与发展，可谓世界外交史上的点睛之笔。

历史证明，中美两国之间既不存在"文明之争"，也谈不上"文明冲突"，能够在文明交流互鉴中把握好中美关系航向，携手走向未来以实现共同发展。基辛格在《论中国》一书中说得很好："中美关系不必也不应成为零和博弈。'一战'之前欧洲领导人面临的挑战是，一方的收益意味着另一方的损失，激烈的公众舆论不容许妥协。中美关系却不是这样。重要的国际问题在本质上是全球性的。达成共识可能非常困难，但在这些问题上挑起对抗是自寻失败。"[1]

中美两国之间可以这样做,世界上其他国家之间是不是也可以这样做呢?应该是可以的。因为世界发展是遵循"两极相联"规律的。马克思在《中国革命和欧洲革命》一文中曾经指出:"欧洲人民的下一次的起义,他们下一阶段争取共和自由、争取廉洁政府的斗争,在更大的程度上恐怕要决定于天朝帝国(欧洲的直接对立面)目前所发生的事件,而不是决定于现存其他任何政治原因,甚至不是决定于俄国的威胁及其带来的可能发生全欧战争的后果。"[2]

马克思所说的"天朝帝国",即当时的清王朝。在这里,马克思明确指出了中国革命与欧洲革命"两极相联"的关系。虽然中国与欧洲相隔万里,但是世界历史发展大势早已将它们紧密联系在一起。这也是世界上所有国家共同的命运定势。比如,关于世界近代史上俄

---

[1] 亨利·基辛格:《论中国》,胡利平、林华、杨韵琴、朱敬译,中信出版社,2015,第511页。
[2] 马克思:《中国革命和欧洲革命》,载中共中央马克思恩格斯列宁斯大林著作编译局编译《马克思恩格斯文集》第二卷,人民出版社,2009,第607页。

国与西方的关系,恩格斯在《〈论俄国的社会问题〉跋》一文中就曾指出:"俄国的革命一定会使欧洲的一切反动势力失去它的最有力的支柱,失去它的强大的后备军,从而也一定会给西方的政治运动一个新的有力的推动,并且为它创造无比有利的斗争条件。"[1]

基于对"两极相联"规律的科学认识,马克思、恩格斯认为,东西方社会都能以自己的方式走向更高的文明阶段,而在这样一个发展过程中,东西双方是可以相互沟通和相互补充的。实质上,历史上人类之间真正冲突的并不是文明冲突,而是不同国家或民族基于不同立场的现实利益冲突,这是世界历史发展证明了的。在世界历史发展史上,西方文明赢得世界不是通过其思想、价值观或宗教的优势,而是受它的现实利益驱使,依靠它有组织的暴力优势。美国历史学家卡尔顿·海斯曾如是说:"法国谋求以海外的收获来补偿在欧洲的损失。英国要扩大英帝国,使之光辉灿烂,借以弥补她在欧洲的孤立。俄国在巴尔干国家受阻,要重新转向亚洲。而

---

[1] 恩格斯:《〈论俄国的社会问题〉跋》,载中共中央马克思恩格斯列宁斯大林著作编译局编译《马克思恩格斯文集》第四卷,人民出版社,2009,第463页。

德国和意大利则要向世界显示,它们已经在欧洲内部靠武力取得威望,它们也有权在欧洲以外用帝国的业绩来提高威望。"[1]那么,事实上是不是这样呢?

事实上的确是这样的。如果不是这样,西方就不会对非洲进行长达400多年的殖民统治,也不会因此使非洲损失1亿多人口;如果不是这样,在19世纪的近百年时间里,美国军队就不会通过西进运动大肆驱逐、杀戮印第安人,进而侵占印第安人几百万平方公里土地。这是文明冲突吗?这根本不是什么文明冲突,这是赤裸裸的利益掠夺。

来一杯海明威的"莫吉托",是对文明的尊重,体现了积极的包容心态。

包容是一种智慧,是一种伟大的力量。文明是包容的,是能够交流互鉴的。正是因为文明能够交流互鉴,不同文明在彼此包容中实现能量互补,才能产生生生不息的文明力量。2014年3月27日,习近平主席在联合国教科文组织总部发表演讲时指出:"文明因交流而多彩,

---

[1] A.阿杜·博亨主编《非洲通史第七卷:殖民统治下的非洲1880—1935年》,中国对外翻译出版公司,1991,第19页。

文明因互鉴而丰富。文明交流互鉴,是推动人类文明进步和世界和平发展的重要动力。"[1]世界是全人类的世界,不是哪一个国家和民族的世界。对世界上所有国家和民族来说,只有始终怀揣一颗包容之心,秉持"己欲立而立人,己欲达而达人"[2]的先哲教诲,坚持以文明交流超越文明隔阂,以文明互鉴超越文明冲突,以文明共存超越文明优越,才能建立真正的普遍的文明,照亮人类前行之路。

第六节　愚公的奋斗故事

中国古代有个寓言,叫作《愚公移山》。说是古代有一位老人,住在华北,名叫愚公。有两座大山挡住他家的出路,一座叫作太行山,一座叫作王屋山。愚公下决心率领他的儿子们用锄头挖去这两座大山。有个名叫智叟的老头看了发笑,说:"你们这样干未免太愚蠢了,

---

[1] 习近平:《文明因交流而多彩,文明因互鉴而丰富》,载《习近平谈治国理政》,外文出版社,2014,第258页。

[2] 齐冲天、齐小平注译《论语》,中州古籍出版社,2008,第108页。

你们父子数人要挖掉这样两座大山是完全不可能的。"愚公回答说:"我死了以后有我的儿子,儿子死了,又有孙子,子子孙孙是没有穷尽的。这两座山虽然很高,却是不会再增高了,挖一点儿就会少一点儿,为什么挖不平呢?"愚公批驳了智叟的错误思想,毫不动摇,每天挖山不止。这件事感动了上帝,他就派了两个神仙下凡,把两座山背走了。

1945年,毛泽东在党的七大上作的闭幕词中就引用了这个寓言。愚公移山的故事,出自战国时期道家代表人物列子的著作,伴随着中华民族走过了几千年的风雨历程。

愚公移山的过程,其实就是人类创造文明的奋斗过程。

物质生产是人类社会存在和发展的前提。从石器、青铜器到铁器,再到蒸汽机、电气等,人类在不断创造物质生产的奇迹,进而为人类社会存在和发展开辟新的空间。因此,在马克思主义看来,人类追求文明的过程,就是人类不断走向发展进步的历史过程。在这个历史过程中,人类不断创造物质财富和精神财富,进而不断创造人类文明新形态,最终实现人的解放和人的全面发展。

愚公移山不就是这样一个过程吗？太行、王屋二山，挡在了愚公一家的门前，愚公不为智叟的嘲讽所动，率领家人不停地挖，并坚信子子孙孙接力棒式挖下去，一定能将两座山挖平，使道路一直通到豫州南部，到达汉水南岸，实现家人和四邻自由出入的愿望，获得更为广阔的生存和发展空间，这就是在不断追求文明的发展进步。因此，从这个意义上讲，文明是人类社会的一种进步过程和客观形态，它既是历史性发展的必然趋势，又是创造性劳动实践的必然结果。

如同愚公移山一样，中国共产党的奋斗过程，无疑也是一个不断创造文明的奋斗过程。马克思主义认为，人类社会发展要经历原始社会、奴隶社会、封建社会、资本主义社会和共产主义社会等五种形态。历史证明，马克思主义这一真理是正确的。人类社会发展所经历的五种形态，本质上就是人类社会所经历的五种文明发展阶段。共产主义是马克思、恩格斯在总结人类历史发展规律的基础上对人类解放做出的科学预言，是人类文明发展的最高阶段。中国共产党作为马克思主义政党，一经成立就明确把共产主义写在自己的旗帜上。

在近代，中国遭遇了空前的民族危机，帝国主义和封建主义像两座大山一样压在中国人民的头上。毛泽东在党的七大上作的闭幕词中借用愚公移山这个故事,号召全党要搬走压在中国人民头上的这两座大山。1948年4月,在《在晋绥干部会议上的讲话》一文中,毛泽东把官僚资本主义作为压在中国人民头上的第三座大山,号召全党把它同帝国主义、封建主义两座大山一起搬走。毛泽东指出:"新民主主义的革命,不是任何别的革命,它只能是和必须是无产阶级领导的,人民大众的,反对帝国主义、封建主义和官僚资本主义的革命。"[1]

在1949年新中国成立前,中国共产党领导的是新民主主义革命。经过新民主主义革命,中国共产党领导人民建立了社会主义新中国。社会主义是共产主义的初级阶段,是通往共产主义的必由之路。列宁指出:"人类从资本主义只能直接过渡到社会主义,即过渡到生产资料公有和按每个人的劳动量分配产品。我们党看得更远些:社会主义必然会逐渐成长为共产主义,而在共产主

---

[1] 毛泽东:《在晋绥干部会议上的讲话》,载《毛泽东选集》第四卷第二版,人民出版社,1991,第1313页。

义的旗帜上写的是：'各尽所能，按需分配'。"[1]

经过社会主义革命和建设，这一时期无论是物质文明还是精神文明，新中国都取得了令人惊叹的成绩：确立了人民代表大会制度、中国共产党领导的多党合作和政治协商制度、民族区域自治制度，从新民主主义过渡到社会主义中国的政治制度体系，实现了人民当家作主；提出了实现"四个现代化"的历史任务，确定了"两步走"战略构想，建立了独立的比较完整的工业体系和国民经济体系，工农业总产值平均年增长率为8.2%，而且自力更生造出了"两弹一星"，包括中国第一艘核潜艇，为新中国铸造了铜墙铁壁。同时，这一时期，石油全部实现自给，中国人告别了靠"洋油"过日子的时代；中国人均预期寿命从35岁提高到68岁，青壮年文盲率由80%以上下降到18.5%，小学学龄儿童净入学率达94%。美国历史学家莫里斯·迈斯纳评价道："毛泽东时代'是世界上最伟大的现代化时代之一，与德国、日本和俄国等几个现代工业舞台上的后起之秀的工业化最剧烈时期

---

[1] 列宁：《无产阶级在我国革命中的任务》，载中共中央马克思恩格斯列宁斯大林著作编译局编《列宁选集》第三卷，人民出版社，1995，第64页。

相比毫不逊色',中国取得了'全世界所有发展中国家和主要发达国家在同一时期取得的最高增长率'。"[1]

改革开放和社会主义现代化建设推动社会主义文明进入了新阶段。荀子道:"不积跬步,无以至千里。"[2]文明进步是一个过程,是一步步逐渐发展起来的,绝不是一蹴而就的事。

1962年1月30日,毛泽东在扩大的中央工作会议上指出:"我们是马克思列宁主义者,我们的国家是社会主义国家,不是资本主义国家,因此,一百年,一万年,我们也不会侵略别人。至于建设强大的社会主义经济,在中国,五十年不行,会要一百年,或者更多的时间。"[3]邓小平继承和发扬了毛泽东思想,站在历史和时代的高度,阐明了社会主义初级阶段的理论,提出了社会主义初级阶段的基本路线,并强调"基本路线要管一百年,

---

[1] 沙健孙:《毛泽东与新中国的经济建设》,《光明日报》2014年1月22日。

[2] 王先谦撰,沈啸寰、王星贤点校《荀子集解》,中华书局,1988,第8页。

[3] 毛泽东:《在扩大的中央工作会议上的讲话》,载中共中央文献研究室编《毛泽东文集》第八卷,人民出版社,1999,第301页。

动摇不得"[1]，以中国先贤提出的"小康"为红线，制定了分"三步走"基本实现社会主义现代化的宏伟战略，开创了中国特色社会主义道路。继邓小平之后，以江泽民、胡锦涛、习近平为主要代表的中国共产党人，既不走封闭僵化的老路，也不走改旗易帜的邪路，始终在这条道路上躬身前行。特别是党的十八大以来，以习近平同志为主要代表的中国共产党人，着眼中华民族伟大复兴的战略全局和世界百年未有之大变局，坚持不忘初心、牢记使命，推动中国特色社会主义进入新时代。

2017年10月18日，在党的十九大报告中，习近平总书记提出了"两步走"战略安排，即：第一阶段，从2020年到2035年，在全面建成小康社会的基础上，再奋斗15年，基本实现社会主义现代化。第二个阶段，从2035年到21世纪中叶，在基本实现现代化的基础上，再奋斗15年，把我国建成富强民主文明和谐美丽的社会主

---

[1] 邓小平：《在武昌、深圳、珠海、上海等地的谈话要点》，载《邓小平文选》第三卷，人民出版社，1993，第370-371页。

义现代化强国。[1] 从社会主义革命和建设开始,到奋力走上中国特色社会主义道路,再到中国特色社会主义进入新时代,特别是到中国共产党成立一百周年,通过70多年的接续奋斗,中国共产党团结带领人民创造了中国式现代化新道路,创造了人类文明新形态。

现代化是人类文明发展进步的重要特征,它代表人类文明脱去古老文明的旧装换上了现代文明的新装,是人类文明发展进步的趋势使然,使人类社会呈现出新的发展前景。现代化最早产生于欧洲,驾驶的是资本主义的老爷车,通过否定欧洲中世纪的封建社会和掀起工业革命,把世界拉进了现代社会的门槛。

现代社会应该是什么样子呢?概括地说,那就是合乎人性的、人人得到全面发展的社会。但是,由于西方式现代化驾驶的是资本主义的老爷车,它造成了人的发展的物质化、片面化和工具化,进而带来了贫富差距过大、环境破坏严重、信任危机频发等社会问题。马克思、恩格斯在其著作《神圣家族》中指出:"由于在已经形

---

[1] 习近平:《决胜全面建成小康社会,夺取新时代中国特色社会主义伟大胜利》,载《习近平谈治国理政》第三卷,外文出版社,2020,第22-23页。

成的无产阶级身上，一切属于人的东西实际上已完全被剥夺，甚至连属于人的东西的外观也已被剥夺，由于在无产阶级的生活条件中集中表现了现代社会的一切生活条件所达到的非人性的顶点，由于在无产阶级身上人失去了自己，而同时不仅在理论上意识到了这种损失，而且还直接被无法再回避的、无法再掩饰的、绝对不可抗拒的贫困——必然性的这种实际表现——所逼迫而产生了对这种非人性的愤慨，所以无产阶级能够而且必须自己解放自己。"[1]因此说，现代化不等于是西方式现代化，西方式现代化已经走到了末路。

什么是中国式现代化呢？一言以蔽之，中国式现代化是中国共产党领导的社会主义现代化。也就是说，与西方式现代化相比，中国式现代化驾驶的是社会主义的"红旗车"，它既有各国现代化的共同特征，更有基于自己国情的中国特色，要实现的是人口规模巨大的现代化，是全体人民共同富裕的现代化，是物质文明和精神文明相协调的现代化，是人与自然和谐共生的现代化，是走

---

[1] 马克思、恩格斯：《神圣家族，或对批判的批判所做的批判》，载中共中央马克思恩格斯列宁斯大林著作编译局编译《马克思恩格斯文集》第一卷，人民出版社，2009，第261-262页。

和平发展道路的现代化。特别是对于中国这样一个人口众多的国家来说，实现全体人民共同富裕，更体现了中国式现代化的本质要求。那么，是不是这样呢？

以减贫为例，贫困是阻碍人的全面发展的绊脚石，是人类文明发展史上的一道伤口。新中国成立后，中国共产党在全国开展轰轰烈烈的土地改革，废除延续两千多年的封建土地制度，消除了造成农民贫困的主要制度因素。改革开放后，中国共产党创造性地提出了建设小康社会的战略目标，并率先在农村实行"大包干"，经济社会发展进入快车道。到2000年底，中国农村贫困人口减少到3209万人，贫困发生率降低到3.5%。党的十八大后，以习近平同志为核心的党中央审时度势，响亮地发出了打赢脱贫攻坚战的号召。到2020年底，中国如期完成新时代脱贫攻坚目标任务，现行标准下9899万农村贫困人口全部脱贫，832个贫困县全部摘帽，12.8万个贫困村全部出列，创造了人类减贫史的中国奇迹。2021年7月1日，习近平总书记在庆祝中国共产党成立一百周年大会上庄严宣告：中国全面建成了小康社会，历史性地解决了绝对贫困问题。

这就是中国式现代化道路，它创造了人类文明新形态，历史地证明了人类文明的进步性。人类文明是在不断发展进步的，它必将引领人类进入共产主义社会。这是人类社会发展的规律。恩格斯在其著作《反杜林论》中指出："现代资本主义生产方式所造成的生产力和由它创立的财富分配制度，已经和这种生产方式本身发生激烈的矛盾，而且矛盾达到了这种程度，以至于如果要避免整个现代社会毁灭，就必须使生产方式和分配方式发生一个会消除一切阶级差别的变革。现代社会主义必获胜利的信心，正是基于这个以或多或少清晰的形象和不可抗拒的必然性印入被剥削的无产者的头脑中的、可以感触到的物质事实，而不是基于某一个蛰居书斋的学者的关于正义和非正义的观念。"[1] 从浙江嘉兴南湖上的一条游船开始，中国共产党的奋斗过程，的确是一个不断创造文明的奋斗过程。高举马克思主义旗帜的中国式现代化的文明发展道路的成功，也从一方面验证了西方文明的衰落不再是预言。美国学者阿瑟·赫尔曼在《文明衰落论——西方文化悲观主义的形成与演变》一书中，

---

[1] 恩格斯：《反杜林论》，载中共中央马克思恩格斯列宁斯大林著作编译局编译《马克思恩格斯文集》第九卷，人民出版社，2009，第165页。

对西方文化悲观主义者如戈宾诺、尼采、杜波依斯、施本格勒、汤因比、萨特等人的思想进行了梳理。他就曾这样说道,随着时间的推移,这些衰落论的涓涓细流逐渐侵蚀了欧洲人自信的堤坝,使得"西方文明的衰落"成了一个自我实现的预言。

人类进入文明时代,始终都攀登在文明进步的阶梯上。我们每个人都是当代愚公,我们一定能在人类文明进步的阶梯上攀登得更高。从文明的角度讲,中华民族伟大复兴就是中华文明伟大复兴。中华文明伟大复兴,必将会为人类文明发展进步提供"巨人的肩膀"。

第三章
西方文明并非至高无上

第一节　客从哪里来

古希腊有一个历史典故叫"木马计"。

说的是古希腊有位姑娘叫海伦，深受各国王孙的喜爱。后来，她选择与斯巴达王子墨涅依斯结为夫妻。墨涅依斯做了国王，有一次他与海伦一起接待特洛伊王子帕里斯。在宴席上，海伦与帕里斯一见钟情，并与帕里斯私奔到了特洛伊城。墨涅依斯怒发冲冠，请他的哥哥迈锡尼国王阿伽门农为他复仇。阿伽门农当即会盟天下，统兵杀向特洛伊城。特洛伊高城深池，希腊人攻打九年不下，后来采用伊塔卡岛国王奥德修斯的计策，把一批勇士藏在木马中留在了战场。特洛伊人把木马当成战利品拉了回去,夜里木马中的勇士们打开城门,与城外部队里应外合拿下了特洛伊城。这在西方古老的荷马史诗中有详细描写。荷马史诗讲述了古希腊人从原始社会向奴隶社会过渡时期的英雄故事。

随着奴隶社会的到来,古希腊进入了黄金发展期。这一时期,城邦制国家如雨后春笋般建立。其中,比较著名的有雅典、斯巴达等。据历史记载,雅典和斯巴达鼎盛时,人口分别达到40万。古希腊城邦最初实行的是君主制,后来演变为寡头政治,再后来发展为以雅典为代表的民主制。

伯里克利时代是雅典民主制的全盛时期。这个时期,用伯里克利的话说就是"因为我们的政体只为全体公民谋福利,而不只为少数人考虑,因此我们称它为民主制。当然,至于对我们自身的不同之处所设定的规章而言,我们都是法律面前人人平等的,我们根据公众对每个人在生活中所处地位的评估,借以挑选城邦的高级官员,公民的任命乃是按照他们的优异之处而非轮流担任的规定所定……我们完全是以个人的身份,至少是通过投票的方式，介入到城邦的管理当中来的"[1]。雅典民主制代表了古希腊民主政治发展的水平，它在理论和实践上的探索，为近现代西方政治制度构建了最初的模型。

城邦制国家及其民主政治的发展，进一步促进了古希腊经济、文化和社会的繁荣。西方哲学的摇篮，即古希腊哲学，就是这一时期的产物。在古代，每一个民族都有神话，它深刻影响着一个民族的思维方法。古希腊哲学重视探究世界本原和人生真相，为人类从神话走向理性开辟了道路。比如，泰勒斯的"万物的起源是水"、赫拉克利特的"太阳每天都是新的"、德谟克里特的"原子论"、苏格拉底的"德性论"、柏拉图的"理念论"和亚里士多德的"形而上学"等。

古希腊时期是人类认识史上的黎明时期，哲学这个营养丰富的母体使自然科学得以生长发育，天文学、数学、地理学、医学和物理学等都达到了相当高的程度。据历史记载，泰勒斯不仅能计算出一年有365天，还曾

---

[1] 内莫：《民主与城邦的衰落：古希腊政治思想史讲稿》，张竝译，华东师范大学出版社，2011，第121页。

解释并预言何时出现日食；阿里斯塔克提出了最早的"日心说"，被恩格斯称为"古代的哥白尼"。在古希腊时期，由于群众性文化活动非常丰富，还孕育了《被缚的普罗米修斯》《俄狄浦斯王》《特洛伊妇女》等不朽悲剧作品以及《骑士》《和平》等喜剧杰作，成为西方文化的宝贵遗产。这一时期，古希腊造型艺术也极为繁荣，像米隆的雕塑作品《掷铁饼者》和据说由伊克梯诺、卡里克利特设计的帕特农神庙等，都称得上是西方艺术王冠上的宝石。

罗马人呼啸着来了。古希腊文明随着罗马人的到来，并没有毁灭在战火中，而是像种子一样撒在了罗马人的土地上。

罗马人是善于征战的民族。古希腊历史学家波里比阿曾这样感叹："有谁会如此懒惰、如此漫不经心，竟不希望去了解罗马人是如何、在何种政制下，于不到五十三年的时间里，将几乎所有由人类居住的世界征服，并置于罗马单一的统治之下？"[1] 波里比阿是希腊麦加洛波里斯城人，他作为人质羁留罗马多年，后来还曾多次

---

[1] 林托特：《罗马共和国政制》，晏绍祥译，商务印书馆，2016，第9页。

跟随罗马军队征伐四方，见证了罗马人征服世界的历史。

罗马人的铁蹄无人能挡，罗马人的眼睛却被希腊文化所迷惑。罗马人征服希腊后，看到希腊人高雅的文学、艺术和戏剧，以及优美的语言、雕塑、绘画和建筑艺术，情不自禁地拜倒在其脚下。特别是希腊比较成熟的哲学，更让罗马人为之折服。其中，最重要的是新柏拉图主义、斯多葛学派和亚里士多德思想。

新柏拉图主义认为，实际的世界似乎是毫无希望的，唯有另一个世界（即永恒的理念世界）似乎才是值得献身的。这非常合乎基督教思想中的天国思想，为基督教在罗马人的灵魂里扎根提供了土壤。柏拉图的理念论更为基督教证明上帝存在提供了理论依据。古罗马帝国时期天主教思想家奥古斯丁撰写的《上帝之城》，就深受柏拉图理念论的影响，他从中得出了"太初有道，道与上帝同在，道就是上帝"[1]的结论。

斯多葛学派思想是希腊人苦难历程的人生经验总结，并认为有德的生活乃是一种灵魂与上帝的关系，而

---

[1] 罗素：《西方哲学史》上卷，何兆武、李约瑟译，商务印书馆，1963，第432页。

不是公民对国家的关系，从而深受罗马皇帝尼禄的宫廷顾问塞涅卡、罗马皇帝马可·奥勒留等罗马上层社会人士的欢迎，也是早期基督教神学伦理学的重要来源，为基督教打开罗马人的心灵世界准备了道路。

在中世纪，亚里士多德是经院哲学界的大神，尤其是当时的大咖阿奎那，他把基督教教义与亚里士多德的思想调和在一起，创建了庞大的天主教思想体系。

可以说，新柏拉图主义、斯多葛学派和亚里士多德思想共同构成了基督教的哲学基础。基督教是犹太教的分枝，它的枝叶长进罗马帝国的土地，经过五个世纪的风吹雨打，成为罗马帝国的官方信仰，并成为罗马帝国以降西方文化的代表。

对罗马人来说，希腊文化的影响持久而深远。英国哲学家罗素在其著作《西方哲学史》中写道："罗马在文化上就成了希腊的寄生虫。罗马人没有创造过任何的艺术形式，没有形成过任何有创见的哲学体系，也没有做出过任何科学的发明。他们修筑过很好的道路，有过系统的法典及高效率的军队。但此外的一切，他们都唯希腊马首是瞻。"[1]

罗马人作为地中海地区的统一者,在建立和统治国家过程中,贪婪地吮吸希腊文化,同时,创造了对后世影响重大的罗马文明。其中最有影响力的,除了基督教之外,就是罗马法。

罗马人建国后,遵循的都是习惯法,即公民日常行为规则。因为这些规则是不成文的,存在很大的弹性,在解决公民的矛盾纠纷中很难做到一碗水端平,所以经过平民与贵族的斗争,人民大会提出编纂共和国成文法典,并成立了编纂委员会。公元前450年,罗马共和国成文法典编纂成功,共十二表,因将其全部刻在了罗马广场的12块铜牌上,称之为《十二铜表法》。这就是罗马法的雏形。后来,罗马法在实践中进一步成熟,尤其是它的重要分支自然法,强调任何法律必须符合天理,有着浓厚的人文主义情怀,至今在世界法律思想领域都有深刻影响。借用德国文学家歌德的话说,在人类文明发展史上,罗马法如同一只潜入水下的鸭子,虽然它一

---

[1] 罗素:《西方哲学史》上卷,何兆武、李约瑟译,商务印书馆,1963,第351页。

次次将自己隐藏于波光水影之下,却从来没有消失,而且总是一次次抖擞精神地重新出现。

从古希腊文明到古罗马文明,再到如今的西方文明,它们是血脉相连的。古希腊文明是西方文明的摇篮,在古罗马文明的哺育下,西方文明得以成长为一种有世界影响力的文明之林。恩格斯在其著作《反杜林论》中指出:"只有奴隶制才使农业和工业之间的更大规模的分工成为可能,从而使古代世界的繁荣,使希腊文化成为可能。没有奴隶制,就没有希腊国家,就没有希腊的艺术和科学;没有奴隶制,就没有罗马帝国。没有希腊文化和罗马帝国所奠定的基础,也就没有现代的欧洲。"[1]现代欧洲是西方文明的兴起之地,也是西方文明大放光彩的地方。后来,西方列强进行海外殖民扩张,又为西方文明涂抹上了一层厚厚的油彩,由此给西方人带来一种很大的优越感,认为西方就是人类文明的主宰者,西方所崇尚的民主、自由、人权等价值理念,就是人类的"普世价值",并形成了"西方中心论"。简单地说,就

---

[1] 恩格斯:《反杜林论》,载中共中央马克思恩格斯列宁斯大林著作编译局编译《马克思恩格斯文集》第九卷,人民出版社,2009,第188页。

是西方人是上等人，非西方人是下等人；西方人的话是真理，非西方人要听西方人的话。

对此，西方有识之士是怎么看呢？英国哲学家罗素在《西方哲学史》一书中道："我们用'黑暗时期'这一词汇来概括公元600年到公元1000年这一段时期意味着我们过分着重了西欧。这一时期，时值中国的唐朝，也就是中国诗的鼎盛时期，同时在其他许多方面也是一个最为出色的时期。从印度到西班牙，盛行着伊斯兰教光辉的文明。这时举凡基督教世界的损失不但不意味着世界文明的损失，而且正好是恰恰相反。当时没有人能想象西欧在武力与文化方面会在以后跃居于支配地位。对于我们来说好像只有西欧文明才是文明，但这却是一种狭隘的见解。"[1] 同时，罗素进一步说道："假如文明继续下去，在未来的几个世纪里，文明必将呈现文艺复兴以来从来未有的多样性……在当前的大战之后，假如我们打算在世界上生活得更舒适，那末我们就必须在思想中不仅承认亚洲在政治方面的平等也要承认亚洲在文

---

[1] 罗素：《西方哲学史》上卷，何兆武、李约瑟译，商务印书馆，1963，第489页。

化方面的平等。"[1] 人类文明发展史告诉我们，人类文明因其多样和平等才能产生森林效应。否则，无论什么样的文明，都会像荒郊上的孤树一样，即使成活也难以成材。

历史告诉我们，西方文明在成长发展中是与其他文明相伴而生的，并积极吸纳了其他文明的有益成果。这是一个不争的历史事实。法国思想家伏尔泰在其著作《风俗论》中曾说："继罗马帝国衰落、分裂之后，在我们所处的野蛮无知的时代里，我们的一切——天文学、化学、医学，特别是比从希腊人和罗马人那里得知的更为温和、更为有益身体的药物，几乎都是来自阿拉伯人。"[2]

恩格斯有一篇重要著作叫《自然辩证法》，是他对自然科学研究的总结。在这部著作中，恩格斯列举了中国一系列发明创造及这些发明创造传入欧洲的时间和途径。例如，蚕在550年左右从中国输入希腊；棉纸在7世纪从中国传到阿拉伯人那里，在9世纪输入意大利；1100年左右养蚕业传入意大利；1180年左右，磁针从阿

---

[1] 罗素：《西方哲学史》上卷，何兆武、李约瑟译，商务印书馆，1963，第489-490页。

[2] 伏尔泰：《风俗论》上册，梁守锵译，商务印书馆，1994，第3页。

拉伯人手中传到欧洲。美国历史学家斯塔夫里阿诺斯曾评价说，在公元后的14个世纪中，中国是技术革新的伟大中心，向欧亚大陆其他地区传播了许多发明，并在其著作《全球通史——1500前以后的世界》中列举了有名的352项，其中就包括火药、磁针罗盘和活字印刷等重大发明。

1850年，恩格斯在其著作《德国农民战争》中写道："一系列或多或少具有重要意义的发明大大促进了手工业的发展，其中具有光辉历史意义的是火药和印刷术的发明。"[1]1875年再版时，恩格斯特意又为这段话加了这样一个注解："现在已经毫无疑义地证实，火药是从中国经过印度传给阿拉伯人，又从阿拉伯人那里同火器一道经过西班牙传入欧洲的。"[2]2016年，由中国科学院自然科学史研究所编著的《中国古代重要科技发明创

---

[1] 恩格斯：《德国农民战争》，载中共中央马克思恩格斯列宁斯大林著作编译局编译《马克思恩格斯文集》第二卷，人民出版社，2009，第221页。

[2] 恩格斯：《德国农民战争》，载中共中央马克思恩格斯列宁斯大林著作编译局编译《马克思恩格斯文集》第二卷，人民出版社，2009，第221页。

造》正式出版，共推选出88项"中国古代重要科技发明创造"。在这些科技发明创造中，造纸术、指南针、火药和印刷术等四大发明具有重大历史意义。它们传入欧洲后，极大地推动了欧洲科学技术和社会生产力的发展，进而改变了欧洲社会形态。正是在这个意义上，马克思称火药、指南针和印刷术这些发明都是"资产阶级发展的必要前提"[1]。

英国思想家、经济学家约翰·霍布森著有《西方文明的东方起源》一书。在这本书中，霍布森叙述了许多东方的发明创造，以及它们如何通过中亚传播到了欧洲，引发了欧洲的农业和工业革命。比如，霍布森叙述说，经济史学家通常认为，工业化的起源或秘诀可以在18世纪的英国找到。但人们不知道的是，工业大师是中国，而不是英国。中国"工业奇迹"的发生有1500年历史，并在宋朝大变革时期达到顶峰——这比英国工业化早了600年。正是因为中国宋朝许多技术和思想上重大成就的传播，引发了欧洲的农业和工业革命。

---

[1] 马克思：《马克思致恩格斯》(1863年1月28日)，载中共中央马克思恩格斯列宁斯大林著作编译局编译《马克思恩格斯文集》第十卷，人民出版社，2009，第200页。

这与恩格斯在《自然辩证法》中的一些论述是基本吻合的。据历史记载,中国古代四大发明到宋代已经全面成熟,并得到广泛应用。而且,与唐代相比,宋代海外贸易更为发达,来自印度、波斯和大食(阿拉伯)等国家和地区的商人络绎不绝。因此,通过中外往来商人把四大发明传播到欧洲不足为奇,也是符合人类文明传播规律的。

事实上,西方文明的摇篮——古希腊文明,与东方文明也有着千丝万缕的联系。比如,古希腊最早是没有字母的,古希腊字母脱胎于腓尼基字母,而腓尼基字母是由生活在地中海东岸(今黎巴嫩、叙利亚沿海一带)的腓尼基人发明的。因此,从语言学的角度讲,古希腊文明的脐带紧连着东方文明的母体,这是毋庸置疑的。今天我们熟悉的英文字母,其祖上就是腓尼基字母。中国语言学家周有光指出:"字母是人类创造的最平凡的、也最伟大的发明。如果没有字母,今天的全球化生活几乎不可想象。许多人认为,字母是欧洲人发明的,错了。字母是亚洲人发明的。许多人认为,字母的发明晚于汉字，错了。字母的发明跟甲骨文属于同一时代。"[1]

中国有个成语叫"夜郎自大"。在西方史学界，长期存在着以欧洲史代替世界史的欧洲中心主义的夜郎自大式的史学观。对此，伏尔泰在他的著作《风俗论》中曾给予有力回击。他说，东方民族早在西方民族形成以前就有自己的历史，当你以哲学家身份去了解这个世界时，你首先把目光朝向东方，东方是一切艺术的摇篮，东方给了西方一切。德国哲学家、科学家莱布尼茨在其著作《中国近事》中也曾表明，欧洲近代思想的形成并不是上帝把金苹果只给了西方人，而是欧洲在吸收了东方思想，特别是中国的思想后才形成的。这无疑都是智者之言。所以，西方文明只是人类文明大森林中的一棵树而已，倘若不认清自己从哪里来，要到哪里去，一味地摆出夜郎自大的姿态，就会持续没落或衰落下去，并最终像夜郎国一样湮没在历史的尘埃中。

---

[1] 周有光:《字母学略说（上）》,《群言》2004年第4期。

第二节 "三板斧"

但丁在《神曲·地狱篇》的结尾写道：我们从那里面走出，又见到满天星辰。

但丁是文艺复兴的先驱者之一，他曾积极投身城邦政治生活，参与了佛罗伦萨激烈的党派之争。在党派之争中，但丁属于代表工商业市民阶层（即新兴资产阶级）利益的盖尔夫党。经过多次斗争，盖尔夫党取得胜利，执政佛罗伦萨。但是，教皇卜尼法八世大手一挥，要求把佛罗伦萨置于教会的统治之下。教皇逢尼法西八世的意思很明确，你盖尔夫党可以执政，但要听他教皇的话。盖尔夫党分裂为黑党和白党，黑党同意教皇的意见，白党则坚决反对教皇专权，主张城邦独立自主。但丁属于白党的领导人之一。后来，白党在与黑党斗争中失败，但丁与其他白党领导人一起被判处流放。在流放期间，但丁目睹了意大利诸侯争霸、民不聊生的地狱般景象。1315年，但丁拒绝以交付罚金和游街示众的屈辱方式回乡。六年后，但丁客死他乡。

《神曲》就是但丁流放期间创作的作品，抨击了天主教会的贪婪腐化和封建化的黑暗统治，充分反映了但丁在政治上的思想倾向和现实追求。苏格拉底曾反复追问：最好的国家是什么样的？在但丁看来，一个最好的国家，公民不是为了执政官的幸福而存在，国家也不是为了国王的幸福而存在。相反的是，执政官、国王是为了公民和国家的幸福而存在。国王和执政官是一切公民的公仆。这正是近代资产阶级民主政治的先声。因此，对于但丁来说，他希望人间没有地狱，只有天堂。

但丁和他的《神曲》揭开了文艺复兴的序幕。

文艺复兴是西方新兴资产阶级登上历史舞台的推进剂。公元476年，随着西罗马帝国的灭亡，西方社会分化为三个阶层：第一是教士，即祈祷上帝的人；第二是劳动者，即经商和种田的人；第三是骑士，即保护教士和劳动者利益的人。由此，带来三种社会制度，即封建制度、采邑制度和教会。从公元5世纪至15世纪，即历史上惯称的中世纪，基本上就是王权与教权的斗争史。特别是中世纪前期，由于教权在与王权的斗争中占了上风，整个社会只有基督教神学一个声音，人们几乎处在窒息状态，根本没有个性和自由。中世纪中期以降，随着封建制度日渐成熟和社会经济繁荣，人们渴望摆脱教会长期套在身上的无形枷锁，过上"莫春者，春服既成，冠者五六人，童子六七人，浴乎沂，风乎舞雩，咏而归"[1]这种自由而快乐的生活。于是，以但丁为代表的一群报春鸟，打着复兴古代希腊罗马文化的旗号，创作了一大批文艺作品，积极同中世纪基督教神学做斗争。但丁作为文艺复兴的一员猛将，始终站在新兴资产阶级的立场上，促进了新兴资产阶级的思想解放，进而推动了科学文化发展，引发了葡萄牙、西班牙等欧洲国家争先开辟新航路，寻找他们幻想中的天堂。为此，马克思评价道："他们战战兢兢地请出亡灵来为自己效劳，借用它们的名字、战斗口号和衣服，以便穿着这种久受崇敬的服装，用这种借来的语言，演出世界历史的新的一幕。"[2]

西方能够走出漫长而黑暗的中世纪，演出世界历史上新的一幕，为西方描上闪光的文明色彩，除了得益于文艺复兴之外，还有赖于宗教改革和启蒙运动。可以说，文艺复兴、宗教改革和启蒙运动是西方文明崛起的"三

---

[1] 齐冲天、齐小平注译《论语》，中州古籍出版社，2008，第173页。

[2] 马克思：《路易·波拿巴的雾月十八日》，载中共中央马克思恩格斯列宁斯大林著作编译局编译《马克思恩格斯文集》第二卷，人民出版社，2009，第471页。

板斧"。

在长达一千年的中世纪,教权与王权的斗争几乎没有停止过,教会希望"挟天子以令诸侯",君主们则希望给教会戴上金箍。1517年,教皇利奥十世派人到德国兜售赎罪券,以便聚敛更多钱财,继续建造圣彼得大教堂。什么是赎罪券呢?简单地说,就是由教会发放的能够保证有罪之人死后进入天堂的凭证。基督教义规定,有罪之人死后不能进入天堂。同时,基督教义认为人皆有原罪。所以,第一次十字军东征时,为了鼓动更多的基督教徒参军,教皇乌尔班二世宣布,凡是参加十字军东征的人,教会豁免他的一切罪行,死后可以直接进入天堂,并为每一位军人发放了赎罪券。1313年,天主教会开始在欧洲兜售此券,信徒们一时趋之若鹜。赎罪券既成了有罪之人的护身符,也成了教会聚敛财富的重要手段,败坏了教会声誉和社会风气。教皇利奥十世派人到德国兜售赎罪券,遭到了时任维滕贝格大学神学教授马丁·路德的反对。马丁·路德以学术争论的方式,在威登堡城堡大教堂门前贴出反对销售赎罪券的《九十五条论纲》,由此拉开了宗教改革的大幕。

宗教改革持续一百多年,奠定了新教基础,瓦解了天主教会所主导的政教体系，推动西方进入现代世界。基督教是排他性宗教，要求人们必须信仰而且只能信仰上帝。否则，就是异教徒，就要受到惩罚。但是，在法国有一个人就持反对意见。这个人就是伏尔泰，他提倡宗教信仰自由。他说："如果在英国仅允许有一种宗教，政府很可能会变得专横；如果只有两种宗教，人民就会互相割断对方的喉咙；但是，当有大量的宗教时，大家都能幸福地生活、和睦相处。"[1]

伏尔泰是一个知行合一的人，他撰写的《风俗论》是一部纪念碑式的鸿篇巨制。在这部著作中，他如实记录了教皇一些荒诞不经的事情，进而说："教皇的权威正是建立在这种神话的基础之上的，而且尽管历尽兴衰，至今仍然维持着。从以上所述，我们可以看出，成见是怎样统治着世界，谎言又如何制驭着无知，而且这种谎言对于奴役人民、束缚人民和剥夺人民，曾经是多么的有用！"[2]在《风俗论》中，伏尔泰还大胆揭露了教会的黑暗统治。伏尔泰把教皇比作"两足禽兽"，把教士称

---

[1] 斯塔夫里阿诺斯：《全球通史——1500年以后的世界》，吴象婴、梁赤民译，上海社会科学院出版社，1999，第333页。

[2] 伏尔泰：《风俗论》上册，梁守锵译，商务印书馆，1994，第322页。

作"文明恶棍",说天主教是一群狡猾的人布置的一个最可耻的骗人罗网,号召每个人都按照自己的方式同骇人听闻的宗教狂做斗争。这无疑是思想上的超级闪电,能够炸裂天主教会把持的天空。同时,伏尔泰提倡天赋人权,认为人生来就是自由和平等的,一切人都具有追求生存、追求幸福的权利。这一重要思想成为西方近代资产阶级革命奉行的圭臬。所以,伏尔泰被称为"法兰西思想之王"和"欧洲的良心"。

法国作为启蒙运动的中心,在伏尔泰、孟德斯鸠、卢梭、康德等人的思想激励下,于1789年引爆了声势浩大的法国大革命。法国大革命传播了自由民主的进步思想,结束了法国一千多年的君主专制统治。大革命时期颁布的《人权宣言》,以及拿破仑帝国时期颁布的《民法典》,被世人称为新社会的出生证书。

启蒙运动是继文艺复兴后的又一次伟大的反封建、反教会的思想解放运动,为西方文明涂抹上了一层神圣的光彩。我们必须清楚的是,无论是文艺复兴还是启蒙运动,它们都极大地受到东方文化的影响。据历史记载,从16世纪到18世纪,当中国经典著作陆续传入欧洲后,欧洲逐步形成了一股中国热。特别是对于老子和孔子的著作，欧洲思想界学者蜂拥而至开展研究，继而对正处在思想解放运动时期的欧洲产生了深刻影响。

西方宗教发展到17世纪，曾产生了一种自然神论，认为上帝创造了宇宙及其存在的规则后，不再影响世界的存在和发展，而让世界按照自身运动规律存在和发展下去。这是一种反对正统神学教条和宗教压迫的宗教观念，要求信仰自由和思想自由。莱布尼茨就是自然神论的倡导者，他从孔子的哲学中看到了自然神论的东方版本。也就是说，他找到了知音，找到了来自东方的充分论据，从而坚定了他的自然神论思想。伏尔泰、孟德斯鸠、卢梭等人，也都是自然神论的倡导者和传播者。自然神论的传播，对启蒙运动的兴起到了推动作用。

从文艺复兴到宗教改革，再到启蒙运动，在资产阶级的不懈努力和奋斗下，西方以文明者的姿态跨入了理想化的王国，构筑起了西方文明的华丽大厦。恩格斯在其著作《反杜林论》中指出："现在我们知道，这个理性的王国不过是资产阶级的理想化的王国；永恒的正义在资产阶级的司法中得到实现；平等归结为法律面前的资产阶级的平等；被宣布为最主要的人权之一的是资产阶级的所有权；而理性的国家、卢梭的社会契约在实践中表现为，而且也只能表现为资产阶级的民主共和国。18世纪伟大的思想家们，也同他们的一切先驱者一样，没有能够超出他们自己的时代使他们受到的限制。"[1]这正是西方文明成长的重要动因。从本质上讲，西方文明是由资产阶级一手打造的资本主义文明，它所追求的理性王国，是资产阶级理想化的王国，是为资产阶级服务的利益集团。

比如，1840年英国为什么要向中国发动鸦片战争？就是因为当时清政府的禁烟令及其行动触及了英国鸦片商的利益，而"这些鸦片烟商与英国国会和首相关系好，许多议员和部长其实都持有烟商公司的股票，因此向政府施压，要求采取行动"[2]。用资本操纵着英国政府的鸦片商，就像巴尔扎克笔下的葛朗台一样眼里只有金钱，他们靠向中国出口鸦片发了大财，根本不考虑中国人的身体健康。1770年发生的孟加拉大饥荒也是这样，"英国东印度公司比较重视的是自己的利润，而不是1000万

---

[1] 恩格斯：《反杜林论》，载中共中央马克思恩格斯列宁斯大林著作编译局编译《马克思恩格斯文集》第九卷，人民出版社，2009，第20页。

[2] 尤瓦尔·赫拉利：《人类简史：从动物到上帝》，林俊宏译，中信出版社，2017，第305页。

孟加拉地区人的生命"[1]。

在中国古典小说《隋唐演义》中，有程咬金"三斧定瓦岗"的传奇故事。说是徐茂公带领秦琼、程咬金、王伯当等人到瓦岗寨安身，奈何瓦岗寨主翟让坚守不出。徐茂公单独进寨约见翟让，二人相见恨晚，约定择日以比武定输赢，以稳山寨众兄弟之心。比武那天，程咬金受徐茂公激励拍马而出，与翟让会战。程咬金先是一招劈脑袋，接着一招鬼剔牙，翟让躲闪不及摔下马来。翟让换马再战，两个回合过后，程咬金一招掏耳朵，再次把翟让打下马去，从此徐茂公等人有了安身之地。西方使出文艺复兴、宗教改革和启蒙运动"三板斧"，也可以说有程咬定"三斧定瓦岗"之功。

但是，我们要问的是，西方从黑暗的中世纪里面走出来，像但丁一样见到满天星辰了吗？答案肯定是见到了。只不过在满天星辰下，大地上孑然走来一个"被戴

---

[1] 尤瓦尔·赫拉利：《人类简史：从动物到上帝》，林俊宏译，中信出版社，2017，第310页。

上彻底的锁链的阶级"[1]。这个阶级（即无产阶级）所遭受的普遍苦难，正是资本主义文明所造成的。

第三节　从火药到大机器

1494年秋，查理八世率领27000名法军翻过阿尔卑斯山，向那不勒斯王国开进。

那不勒斯王国是意大利最大的邦国。法军与那不勒斯人遭遇时，那不勒斯人正守卫着莫尔达诺城堡。莫尔达诺城堡是典型的中世纪城堡，固若金汤，易守难攻。那不勒斯人也很自信，认为只要城堡在，坚持数周、数月或几年都是小菜一碟。可是，让那不勒斯人没有想到的是，不到三个小时，莫尔达诺城堡要塞就被法军一举拿下。随后，法军涌入城堡，杀死了全部守军。莫尔达诺城堡陷落后，法军如入无人之地，直逼那不勒斯王国大本营。那不勒斯国王阿方索二世见法军攻势如此凶猛，

---

[1] 马克思:《黑格尔法哲学批判》导言，载中共中央马克思恩格斯列宁斯大林著作编译局编译《马克思恩格斯文集》第一卷，人民出版社，2009，第540-541页。

不得不宣布退位。1495年2月，在由4名那不勒斯贵族抬着的金线帐篷下，查理八世得意地进入了那不勒斯城。

那不勒斯城是当时欧洲最大的城市，约有15万人口。也就是说，查理八世征服了数倍于自己的那不勒斯人。不仅如此，查理八世用了不到6个月时间，率法军纵横驰骋，征服了意大利全境。那么，查理八世靠什么做到了这一点呢？靠火炮。

这是美国历史学家马克斯·布特在《战争改变历史：1500年以来的军事技术、战争及历史进程》一书中的记述。战争与人类历史相伴而生，在人类历史进程中，一场战争往往能左右历史的走向。查理八世率法军入侵那不勒斯王国，横扫意大利全境，引发了意大利战争，揭开了近代欧洲第一轮争霸战，使欧洲政治经济中心由地中海转向大西洋，从而形成了以西欧为中心的国家体系，为1648年最终确立威斯特伐利亚国家体系提供了必要条件。

1494年查理八世发动的闪电战，可以说是欧洲历史一个重大转折点。意大利历史学家圭契阿迪尼评价道："法国人突然袭来，像一场突如其来的暴风雨让一切事物颠倒混乱。战争变得突然而迅猛，征服和夺取一个国家比过去占领一个村庄还要迅速。"[1]

那不勒斯之战是这样，官渡之战亦是这样。在官渡之战中，曹操以少胜多打败北方霸主袁绍，为曹操统一中国北方奠定了基础。没有官渡之战的胜利作上马石，就没有曹操统一中国北方的丰功伟业，进一步说也就没有后来强势的曹魏政权。曹操能够赢得官渡之战的胜利，有谋略运用得当的原因，也有使用了秘密武器的因素。曹操使用了什么秘密武器呢？抛石机。曹操和袁绍两军相持，袁军平地建起土山和楼橹，居高临下向曹军大营射箭，曹军在自家营中走路都得举着盾牌，否则小命休矣！曹军抛石机将大块石头砸向袁军的楼橹，瞬间楼橹坍塌，加上巨大的声响，吓得袁军望风而逃，并将曹军抛石机唤作"霹雳车"。

抛石机可以说是火炮的前身。据历史记载，火药早在9世纪就由中国传入欧洲，并在欧洲大显身手。中世纪是骑士的天下，尤其是重装骑兵，所到之处对手皆如老鼠见了猫——吓破了胆。蒙古铁骑所向披靡、横扫欧

---

[1] 马克斯·布特：《战争改变历史：1500年以来的军事技术、战争及历史进程》，石祥译，上海科学技术文献出版社，2011，第6页。

洲便是例证。火药传入欧洲后，最早使用于铳炮一类的武器，威力还比较小。15世纪以后，随着欧洲铸铁技术和火药制造技术的不断提高，火炮和火绳枪等现代火器开始粉墨登场。火药，确切地说是黑火药，它不单纯是赋予现代火器以强大的威力，而是由此同指南针、印刷术像三驾马车一样，一步一步推动了科学复兴，从而引发了工业革命，改变了欧洲旧秩序。

1620年，英国哲学家培根曾指出，印刷术、火药和磁铁（指南针）这三大发明，"首先在文学方面，其次在战争方面，第三在航海方面，改变了整个世界许多事物的面貌和状态，并由此产生了无数变化，以致似乎没有任何帝国、任何派别、任何星球，能比这些技术发明对人类事务产生更大的动力和影响"[1]。马克思在其著作《政治经济学批判（1861—1863年手稿）》中也曾指出："火药、指南针、印刷术——这是预告资产阶级社会到来的三大发明。火药把骑士阶层炸得粉碎，指南针打开了世界市场并建立了殖民地，而印刷术则变成新教的工

---

[1] 斯塔夫里阿诺斯：《全球通史——1500年以前的世界》，吴象婴、梁赤民译，上海社会科学院出版社，1999，第336页。

具,总的来说变成科学复兴的手段,变成对精神发展创造必要前提的最强大的杠杆。"[1]《政治经济学批判》是马克思一部重要著作,它科学分析了资本主义社会生产力的三种形式,即简单协作、工场手工业、大机器生产,其中关于"机器、自然力和科学的应用"的研究成果,论证了科学技术进步在发展社会生产力方面具有的巨大作用。

文明产生于人类劳动实践,从抛石机到火炮,从脚踏式纺车到纺纱机,特别是从工场手工业到大机器生产,科学技术上的每一次进步,随之生产方式的每一次改变,都会给人类文明带来巨大进步。从一定程度上讲,西方崛起正是得益于此。美国历史学家林恩·怀特曾说:"中世纪后期最可夸耀的不是那时的大教堂、史诗或经院哲学,而是有史以来首次建立的一种复杂文明。这种文明并非建立在挥汗苦干的奴隶或苦力的背脊上,而主要以

---

[1] 马克思:《〈政治经济学批判(1861-1863年手稿)〉摘选》,载中共中央马克思恩格斯列宁斯大林著作编译局编译《马克思恩格斯文集》第八卷,人民出版社,2009,第338页。

非人力的动力为基础。"[1]

诞生于14世纪末的葡萄牙王子亨利，从小就不安生，喜欢探险活动。他远离政治中心，蛰伏乡间创办航海学院。尤为重要的是，他资助数学家和手工艺人改进从中国传入的指南针、象限仪、横标仪等航海仪器；他鼓励和支持工匠们造新船，并规定建造100吨以上的船只由皇家森林免费提供木材，其他重要材料可以免税进口。在他的努力下，终于造出了一种适宜在大西洋上航行的多桅三角帆船。这是人类造船史上的技术革命，它解决了帆船无法逆风航行的技术难题，并且可以紧靠海岸航行，被雨果称赞为"人类的伟大杰作"。

多桅三角帆船的出现，让西方造船技术领先于世界，促使西方走向了大航海时代。葡萄牙无疑是大航海时代的先行者。在亨利王子的推动下，弹丸之地的葡萄牙，拥有了世界上第一流的船队，并经过80多年的探索，开辟了横穿大西洋和印度洋、连接亚欧非三大陆的东方航线，创建了近代第一个世界帝国，成为当时欧洲最富裕

---

[1] 斯塔夫里阿诺斯：《全球通史——1500年以后的世界》，吴象婴、梁赤民译，上海社会科学院出版社，1999，第22页。

的国家之一。

葡萄牙国王曼努埃尔当政时,是葡萄牙的黄金时期。美国历史学家诺埃尔在《葡萄牙史》一书中记述道:"曼努埃尔的奢侈和豪华,是罗马皇帝以来从未有过的。他的宫殿是最华丽的,他的宴会是最奢侈的,他的大使是全欧洲最阔气的。他的名字是富裕的同义词;如果说把曼努埃尔比作迈得斯和克利萨斯的看法不完全确切,那么与这种情景相反的一面在他生前确也没有明显地暴露出来。"[1]迈得斯和克利萨斯都是远古以富有著称的国王,相传任何东西只要接触迈得斯的手就会变成黄金。诺埃尔把曼努埃尔与他们二人相比,可见曼努埃尔的确很富裕。同时,也证明了葡萄牙有多么富有。

科学技术是生产力,而且是第一生产力。在近代欧洲,科学复兴带来了科学技术的进步发展,带来了工业革命和生产力的极大提高。古人道:"硕人其顾,衣锦褧衣。"[2]制衣蔽形是人类文明的重要体现。人类制衣最早用兽皮、葛麻等,后来需要纺纱织布。用传统手摇纺

---

[1] 诺埃尔:《葡萄牙史》上册,南京师范学院教育系翻译组译,江苏人民出版社,1974,第146-147页。

[2] 王秀梅译注《诗经》,中华书局,2006,第77页。

纱车，因为只有一个锭子，所以每次只能纺一根纱线，一天下来累死累活也纺不了几两线。18世纪60年代初，英国纺织工詹姆斯·哈格里夫斯一天晚上回家，不小心踢翻了他妻子正用的纺纱机。他急忙弯腰去扶纺纱机时，发现被他踢倒的纺纱机还在转，只是原先横着的纱锭变成直立的了。他想，如果把几个纱锭都竖着排列，用一个纺轮带动，不就可以一下子纺出更多的纱了吗？受此启发，哈格里夫斯发明了"珍妮纺纱机"。这种手摇纺纱机，增加了锭子，操作起来相对省力，一个人能同时纺8根纱线。后来，随着纺纱机技术不断改进，一个人能同时纺16根纱线，再到后来增加到了100多根纱线。接着水力织布机的出现，解决了纺纱与织布供求不平衡的矛盾，促进了棉纺织业的发展。

珍妮纺纱机的发明标志着第一次工业革命的开始。随着珍妮纺纱机的问世，蒸汽机等发明创造也大步走进了人类生产劳动之中。恩格斯在其著作《英国工人阶级状况》中指出："由于这些发明（这些发明后来年年都有改进），机器劳动在英国工业的各主要部门战胜了手工劳动，从那时起，英国工业的全部历史所讲述的，只是手工业者如何被机器驱逐出一个个阵地。"[1]英国走在了时代前列,踩在了时代的节点上。钢铁是工业化的催熟剂,而工业化又是现代化的拉雷手。在欧洲,英国率先发展起了高炉,大大提高了钢铁的产量。钢铁产量的不断增加,又推动了轧铁机、蒸汽机、棉纺机等机器的技术革新,促进了大机器生产和工业化进程。据历史记载,1850年英国工业总产值占世界工业总产值的39%,贸易额占世界贸易总额的21%;1870年英国的煤、铁、棉消耗量各占世界总产值的一半以上,贸易额占世界贸易额的36%。由于有强大的工业支撑,英国经济得到大发展,英镑摇身一变成为国际货币,伦敦一跃成为当时世界唯一的国际金融中心。这也为英国占据近代世界霸权地位提供了法力。

19世纪期间,以英国为中心,工业革命像水波一样逐步扩散到了欧洲大陆和世界其他地方。在工业革命的浪潮中,美国是继英国之后首屈一指的时代弄潮儿。

美国独立战争后,英国大量廉价的棉布进入美国市

---

[1] 恩格斯:《英国工人阶级状况》,载中共中央马克思恩格斯列宁斯大林著作编译局编译《马克思恩格斯文集》第一卷,人民出版社,2009,第393页。

场，威胁到了美国纺织业人的利益。为此，美国抛出高薪或企业入股的诱饵，诱使英国一大批技工充当间谍，将英国纺织业的先进技术和设备，通过走私运到美国。享有"美国棉纺织业之父"称号的塞缪尔·斯莱特，就是其中的一员。他把英国理查德·阿克莱特现代化工厂的机器奥秘记在脑子里，打扮成农民来到美国后，很快建立了美国当时最先进的棉纱厂。这是美国工业革命的开端。

此后，美国工业革命蓬勃兴起。在美国，不仅新技术层出不穷，工业标准化生产程度也很高。枪炮制造商塞缪尔·科尔特曾自豪地说："没有什么东西不能被机器制造出来。"[1] 在美国任何一个地方，如果使用的机械部件损坏了，人们很快就能买来新的安装上。因为无论什么样的机械部件，它的生产标准都是一样的，都可以在标准化生产线上加工完成。标准化生产给美国工业革命插上了腾飞的翅膀，使美国这只雄鹰在天空飞得越来越高。到了19世纪末，美国已超过英国成为世界第一大

---

[1] 马克垚主编《世界文明史》上册，第2版，北京大学出版社，2016，第665页。

工业强国。由于有强大的工业支撑，加上又从两次世界大战中获利颇丰，美国自诩20世纪为"美国世纪"。

工业革命不仅让西方脱胎换骨，也给世界带来了极大变化。1800年左右，世界人口达到10亿；到了1930年，达到20亿。欧洲作为工业文明的前哨，人口增长相对比较快。从1650年到1900年，欧洲人口增加了3亿多，达到4.01亿，占世界总人口的24.9%。而且，这一时期，由于公共卫生发展，欧洲人口的死亡率也呈逐年递减态势。俗话说："水往低处流，人往高处走。"随着人口的不断增加，城市繁荣发展。据统计，20世纪30年代，世界城市人口达到41500万，占世界总人口的五分之一。其中，英国、比利时、德国和美国，绝大多数人已经生活在城市。城市是现代文明的象征。西方借着工业革命的东风，在城镇化进程中走在了世界前列。

工业革命及其工业化，包括随之而来的现代化，改变的不单纯是人类的物质世界，还有人类的精神世界。一盏灯照着另一盏灯，西方文明的世界似乎显得更亮了。

第四节 "非常革命"与新制度

在西方历史中,一般来说主要有两种权力能够左右天下:一种是王权,一种是神权。为了争天下,这两种权力往往会发生斗争。中世纪之后,西方经历了王权与神权的长期斗争。后来,随着神权弱化,以议会为表现形式的民权走到前台,开始与王权做斗争。

议会最早诞生于英国。1603年,詹姆斯一世成为苏格兰、英格兰及爱尔兰的共主后,主张"君权神授",根本不把议会放在眼里,曾多次解散议会。后来,他的儿子查理一世继位,搞萧规曹随,且生活腐化,横征暴敛,终于引发了苏格兰人民起义。1640年,查理一世为了筹措军费镇压苏格兰人民起义,被迫让长期关门的议会重新开张。议会不是省油的灯,起草了讨伐查理一世的檄文《大抗议书》,声讨查理一世暴政,要求限制撒野的王权。查理一世闻之,拍案而起,宣布讨伐议会。1642年,英国第一次内战爆发。几经征战,王师不敌议会军队,查理一世又拒绝实行君主立宪制,遂遭到软禁。后来,查理一世冒险逃脱后,图谋叛变未遂,再次被拘。

1648年2月，保王党人在英国西南部发动叛乱，点燃了英国第二次内战的导火索。经过近一年的拉锯战，议会军队再次取得胜利，查理一世被送上断头台，结束了英国斯图亚特王朝的封建专制统治，建立了英格兰共和国。

　　英格兰共和国是英国资产阶级革命的结果。虽然它只存在了11年，但是它却四处播下了资产阶级革命的种子。1789年，法国国王路易十六在凡尔赛宫主持召开三级会议，议题是增加社会第三等级的税收，以解救政府的财政危机。法国是一个等级分明的社会：第一等级是教士；第二等级是贵族；第三等级是农民、商人和工人等除教士和贵族之外的所有人。等级不同，享受的法定权利也不同。前两个等级仅占总人口的2%，拥有全国35%的土地，并且不用向国家交税。最后一个等级人数多、土地少不说，还必须向国家交税。比如，农民既要向教会交纳农产品什一税，还要向贵族和国家交纳名目繁多的税。令路易十六没有想到的是，一些贵族站在了第三等级的阵营里。第三等级本来参加会议的代表就多，加上多了一些第二等级的支持，路易十六没有达到目的。路易十六强行要求加税，第三等级代表奋起抗争，同时宣布成立国民议会，随后改称制宪议会，要求制定宪法，限制王权。

路易十六暗中调集军队,意欲解散议会,激起了巴黎人民的武装起义。也许是巴黎人民压抑怒火太久了,起义人员潮水般涌向街头,很快攻克了象征专制统治的巴士底狱。起义像一团火,蔓延到了全国,路易十六被迫承认了制宪议会的合法地位。由人民组织起来的制宪议会成为最高国家权力机构,立即颁布了废除旧制度的"八月法令",通过了著名的《人权和公民权宣言》。

这就是法国大革命的初潮。它同1648年英国革命一样,预示着一个充满青春气息的资产阶级时代的来临。关于这两场革命,马克思在《资产阶级革命和反革命》一文中精辟地指出:"1648年革命和1789年革命,并不是英国的革命和法国的革命,而是欧洲的革命。它们不是社会中某一阶级对旧政治制度的胜利;它们宣告了欧洲新社会的政治制度……这两次革命不仅反映了发生革命的地区即英法两国的要求,而且在更大程度上反映了当时整个世界的要求。"[1]

---

[1] 马克思:《资产阶级革命和反革命》,载中共中央马克思恩格斯列宁斯大林著作编译局编译《马克思恩格斯文集》第二卷,人民出版社,2009,第74页。

奴隶社会代替原始社会，封建社会代替奴隶社会，资本主义社会代替封建社会，包括社会主义社会代替资本主义社会，直到人类走进共产主义社会，这是人类文明发展的历史规律。当然它不是呈线性发展的，在一定的历史条件下，一种社会形态可以超越另一种社会形态实现跨越式发展，推动人类文明华丽转身。

经过中世纪漫长的封建统治，欧洲人民渴望呼吸新鲜自由的空气。特别是伴随着文艺复兴、宗教改革和启蒙运动的春潮涌动，欧洲人民这种愿望更加迫切。更重要的是，随着科学复兴和工业革命的到来，资产阶级站到了历史和时代前列，他们有着比一般人更为强烈的利益诉求和政治意愿。1648年英国革命和1789年法国革命，实质上就是资产阶级革命的胜利。资产阶级革命摧毁了旧制度，建立了资本主义新制度，加快了世界历史进程，向人类展现了一个万花筒般的新世界。所以，正如马克思、恩格斯在《共产党宣言》中所说："资产阶级在历史上曾经起过非常革命的作用。"[1]

---

[1] 马克思、恩格斯：《共产党宣言》，载中共中央马克思恩格斯列宁斯大林著作编译局编译《马克思恩格斯文集》第二卷，人民出版社，2009，第33页。

相对于封建制度来说，资本主义制度是一种先进的社会制度。从国家体制上说，封建制度下的国家属于君主专制型，奉行君权神授、王权至上的思想理念，人民只有唯命是从、俯首帖耳的命运。詹姆斯一世、查理一世就属于典型的君主专制型国王，英国整个社会基本只有国王一个声音，教会、议会几乎都没有说话的份儿，人民更是噤若寒蝉。英国是这样，法国同样如此。

法国国王路易十四曾明确表示："将国王赐给人们的那个人（天主），希望人们如同尊敬他的代理人那样尊敬国王，仅仅他本人有权评论君主的功过。他的意愿是：任何生为臣民者，应该无条件地服从。"[1]正是缘于此执念，路易十四自认为他是天主在人间的代表，强调"朕即天下""法出于我"等专制论调。比如，为了防止各省权贵、大领主们生异心，他下令建造凡尔赛宫，要求这些权贵、大领主们作为侍臣住在宫中，并且要求他们严格遵守宫廷礼仪，承担王室家务劳动。这实质上是一种"圈养"。在这种"圈养"中，大贵族们被仆奴化了，一切都要看国王的眼色行事。再如，1667年路易十四主

---

[1] 郭华榕：《法国政治制度史》，人民出版社，2005，第34页。

持编纂颁行的路易法典，明确规定高等法院必须立即登记国王的一切敕令。也就是说，高等法院从此要按照国王的一切敕令办案——国王怎么说，高等法院就怎么办。1673年，路易十四发布了一道敕令：君主在全国各主教区拥有征收空缺主教的收入和任命主教的权利，法国主教此后一律由国王任命。否则，就是违法。此敕令一出，路易十四掌握了对教会的领导权。对大贵族和教会如此，对人民更是如此。在路易十四统治时期，国家三级会议形同虚设，几十年没有召开过一次会议；地方三级会议基本上也是可有可无，权力非常有限。这也正是英国和法国相继爆发资产阶级革命的原因。

资产阶级革命胜利后，英国率先建立了世界第一个君主立宪制的国家。与英国不同的是，法国在大革命后选择了君主立宪制，但最终逐渐抛弃这一制度，确立了资产阶级共和制。君主立宪制削弱了王权，国王成为一种象征，国家权力由议会及其内阁行使。资产阶级共和制不同于君主立宪制的是，它废除了国王，国家一切权力归议会。资产阶级共和制有议会制和总统制两种基本形式。君主立宪制和资产阶级共和制都属于民主制度，赋予人民一定的权力，是历史的一种进步。追求民主是人类共同的天性，长期被迫生活在封建专制黑暗铁屋里的人们，一旦被民主的阳光照耀，哪怕只有一丁点，也会欢欣鼓舞。因此，到19世纪中期，资本主义制度最终取代封建制度并在世界范围内确立了统治地位，推动形成了世界资本主义体系。

《诗经》道："八月剥枣，十月获稻。为此春酒，以介眉寿。"[1]自古以来，土地都是人类生存发展之本，是人类文明得以产生的物质基础。在封建制度下，土地都集中在贵族统治阶层的手上，而且农奴在身份上是不自由的，他们依附于土地，不能随意流动。农民相对好些，靠租种贵族的土地过日子，但负担也不轻，既要缴纳繁重的租金，还要长年为贵族进行无偿劳动。

英国一份1050年的文献曾记载道：租种英国赫思堡恩修道院的农民，"在秋分之时，他们必须为每海得土地缴纳40便士6教堂密坦（一种量具，容纳两阿贝尔）的麦酒，三塞斯特用来制面包的小麦。他们要用自己的时间犁耕三英亩土地，用自己的种子种上，用自己的时间把它收获入仓。要缴纳三磅大麦租，用自己的时间割

---

[1] 王秀梅译注《诗经》，中华书局，2006，第220页。

半英亩草,作为地租缴纳,并要垛成堆,供应四夫塞尔(一满车的装货量)劈好的木柴作为地租,同样用自己的时间码成堆,供应十六根栅栏的木桩租。在复活节,他们应缴纳二只母羊二只羊羔,他们必须用自己的时间给这些羊洗刷、修剪。除了冬至、复活节和祈祷节三天外,他们每周都要按照吩咐劳动"[1]。所以,封建制度下的生产方式,像枷锁一样牢牢套住了整个社会生产力的手脚,社会经济发展缓慢,大多数人面临着"四海无闲田,农夫犹饿死"的生存困境。

资产阶级在政治上取得统治权后,迅速打破封建土地所有制,建立了资本主义土地所有制,将没收的逃亡贵族的土地出售给农民,同时将公有土地按农户进行分配,将广大农民特别是农奴从旧的土地依附桎梏中解放了出来,并逐步改变了旧的生产方式,一下子盘活了整个社会资本,有力地推动了社会生产力大发展。以西欧和美国为例,据英国经济史学家安格斯·麦迪森所著《世界经济千年史》统计数据:1913年,西欧 GDP 占世界份

---

[1] 北京师范大学历史系编《世界古代及中古史资料选集》,转引自马克垚主编《世界文明史》上册,第2版,北京大学出版社,2016,第393-394页。

额的33.5%，比亚洲（不包括日本）高出11.6%。美国爆发独立战争后，再经过南北战争的洗礼，很快成为西方世界的领头羊。1870年至1913年，美国GDP年均复合增长率达3.94%，比亚洲（不包括日本）高2%。

  这就是资产阶级革命的历史功绩。它以新的社会制度激活了欧洲上千年僵硬的肌体，赋予了欧洲乃至世界新的生命。马克思、恩格斯在《共产党宣言》中指出："资产阶级在它的不到一百年的阶级统治中所创造的生产力，比过去一切世代创造的全部生产力还要多，还要大。"[1]的确是这样。资产阶级不但开创了世界历史，还推动形成了经济全球化。16世纪以来，经济全球化从起步到小步慢跑，再到大步前进，它不断把世界各国的生产和消费紧密联系在一起，有力地促进了世界经济繁荣发展。特别是在20世纪90年代兴起的新一轮经济全球化浪潮，为世界经济插上了腾飞的翅膀。据统计，1990年到2010年，世界经济的年均增速达到5.51%。消除贫困是人类的共同使命。21世纪以来，借助经济全球化创造

---

[1] 马克思、恩格斯：《共产党宣言》，载中共中央马克思恩格斯列宁斯大林著作编译局编译《马克思恩格斯文集》第二卷，人民出版社，2009，第36页。

的生产力，全球共有11亿人口脱贫、19亿人口获得安全饮用水、35亿人口用上互联网。这也就预示着世界上越来越多的人开始过上现代文明生活，表明人类文明取得重大进步。

历史上，欧洲曾长期落后于亚洲。从公元前后至18世纪中叶，亚洲尤其是中国、印度和信仰伊斯兰教的阿拉伯国家的发展水平长期居于世界领先地位，是世界经济发展的"桥头堡"。据统计，到1750年，在当时世界经济总量中，中国占32%，印度占24%，而欧洲的英国、法国、普鲁士、俄国、意大利五国总共才占17%。英国历史学家理查德·奥弗里所著《泰晤士世界历史》一书曾写道：从1500—1750年，亚洲生产着当时世界上约80%的产品，换句话说，占世界人口总数三分之二的亚洲人，生产着世界上五分之四的产品，所以，在1500年之后的近三个世纪，亚洲人有生产力最发达的经济。但是，由于欧洲在世界上率先发起了资产阶级革命，并同时兴起了工业革命的浪潮，它像赛场上的一名长跑运动员一样，在跑道上突然加速，反超亚洲。

欧洲走在了亚洲的前面，它所创造的资本主义文明进入了世界文明的课堂，并成为课堂上的主课。

第五节　在与世界冲突中崛起

公元前2500多年前,在黄河岸边的函谷关,一位中国哲人提笔发出了这样的呼声:"以道佐人主者,不以兵强天下。"[1]

因为他知道:"师之所处,荆棘生焉。大军之后,必有凶年。"[2]

他是谁呢?他就是中国古代哲学家老子。老子所著《道德经》,早在16世纪便传入欧洲。在16世纪之前,欧洲人曾长期感到孤独和不安,认为世界划分是不平等的,欧洲人只拥有世界的一小部分,而且是居住在遥远的海岛上,像鲸鱼似的在冰海里谋生。此时的欧洲人,作为虔诚的基督教徒,还生怕背负上野蛮人的名声。为此,从11世纪末到13世纪末,欧洲人向东方的伊斯兰世界发动了持续近200年的十字军东征。16世纪之后,随着哥

---

[1] 王弼注、楼宇烈校释《老子道德经注校释》,中华书局,2008,第77页。

[2] 王弼注、楼宇烈校释《老子道德经注校释》,中华书局,2008,第78页。

伦布发现美洲,欧洲列强打开了通往世界的大门,快步走上了崛起之路,并塑造了充满优越感的西方文明。那么,欧洲列强是怎么做到这一步呢?

答曰:以兵强天下。

这就是西方文明观一个极其明显的特征。从一定意义上讲,西方文明就是基督教文明。而它的文明观,就是基督教世界观。基督教世界观是什么样的世界观呢?美国历史学家斯塔夫里阿诺斯在《全球通史——1500年以后的世界》中指出:"欧洲的扩张在某种程度上可用欧洲基督教的扩张主义来解释。与欧洲其他大宗教完全不同,基督教浸透了普济主义、改变异端信仰的热情和好战精神。从一开始起,基督教就强调四海一家,宣称自己是世界宗教;从使徒时代到现在,积极传教一直是基督教会的主要特点。而且,为了使异端和不信教的人皈依基督教,基督教会总是毫不犹豫地使用武力。"[1]基督教世界观深刻影响了欧洲人的思维方式和行为方法,培养了他们敢于冒险的好战精神。西方是怎样崛起的

---

[1] 斯塔夫里阿诺斯:《全球通史——1500年以后的世界》,吴象婴、梁赤民译,上海社会科学院出版社,1999,第11页。

呢？就是在与世界冲突中崛起的。

哥伦布能够发现美洲大陆，得益于西班牙国王的资助。所以，西班牙也是最早染指美洲大陆的国家。1504年，出身于西班牙贵族家庭的埃尔南多·科尔特斯，踌躇满志地来到了美洲大陆。5年后，他参加了对古巴的征服战。在这场征服战中，科尔特斯立下了战功，遂荣升为前往尤卡坦半岛寻找金矿的探险队总指挥。科尔特斯的探险队有多少人呢？满打满算只有600名队员，配备的也只有几门小炮、13支滑膛枪和16匹马。

1519年，他率队登上尤卡坦半岛后，采取破釜沉舟之策，命令部下毁坏所有的船只，以绝后路。特诺奇蒂特兰城是阿兹特克帝国的都城，拥有20万人口。科尔特斯利用阿兹特克帝国蒙特祖马二世的迷信，轻松进入了特诺奇蒂特兰城。科尔特斯率部进入特诺奇蒂特兰城后，却背信弃义囚禁了蒙特祖马二世，加上科尔特斯的人毁坏了印第安人的神庙，激起了印第安人的怒火。印第安人的怒火越烧越旺，科尔特斯下令勒死蒙特祖马二世（一说蒙特祖马二世被自己人用石头砸死）后，率残部连夜逃出了特诺奇蒂特兰城。

科尔特斯本是一条蛇，可他太贪心了，他要一口吞掉阿兹特克帝国这头象。数月后,他率部卷土重来,将特诺奇蒂特兰城化为灰烬。1521年,科尔特斯将阿兹特克帝国从美洲地图上抹去,改名为新西班牙。于是,阿兹特克文明衰落了。

阿兹特克文明衰落后,灾难降临到了印加文明的头上。1532年,一支由弗朗西斯科·皮萨罗率领的西班牙远征队闯入了印加帝国。皮萨罗是一名西班牙军官的私生子,目不识丁,曾四处流浪。在印加帝国荒废的卡哈马卡城,印加帝国国王阿塔瓦尔帕怀着好奇心拜访了皮萨罗一行,结果皮萨罗仿效科尔特斯将阿塔瓦尔帕囚禁了起来。阿塔瓦尔帕为了获得自由,派人送来了一大笔赎金。皮萨罗也是贪心十足,他在得到这些赎金后,同样背信弃义要了阿塔瓦尔帕的命。只不过,他给了阿塔瓦尔帕两个选择:要么作为异教徒在火刑柱上被烧死,要么作为基督教徒受洗礼后再被绞死。

按说皈依了基督教不应该死——你不是要传播上帝福音吗?我皈依了基督教啊!

不!不是这样的,我要的是黄金。

这就是西方文明者的真实心态。英国经济学家约翰·阿特金森·霍布森在其著作《帝国主义》中更是一针见血地指出:"早期的帝国主义有两个主要动机,即'财富'的欲望和奴隶贸易……但黄金对帝国主义始终是最有吸引力的引力中心。"[1]最后,可怜的阿塔瓦尔帕被迫选择了后者。阿塔瓦尔帕死后,皮萨罗率部将印加首都库斯科洗劫一空。从此,印加帝国成了西班牙人的天下,印加文明也随之衰落下去。

科尔特斯和皮萨罗的成功,鼓舞了大批征服者奔向美洲大陆,很快西班牙成为美洲大陆的主宰者。西班牙的殖民历史,就是一部殖民地人民的血泪史。

16世纪,西班牙多明我会教士巴托洛梅·德拉斯·卡萨斯,曾在美洲大陆从事传教等工作,目睹了西班牙征服者在美洲大陆的暴行。他在《西印度毁灭述略》一书中记述道,40多年来,西班牙征服者迫害致死的印第安人足有1500万。印第安人是怎么被迫害致死呢?一个是非正义的血腥战争,一个是非人道的残酷剥削。西班牙征服者把印第安男人送到金矿挖矿,把印第安妇女赶到农场种地,然后只给他们一些野草和毫无营养的东西充饥,以致很多人死于劳累和饥饿;暴徒们把产妇的乳汁

---

[1] 霍布森:《帝国主义》,纪明译,上海人民出版社,1964,第196页。

挤干,以饿死她们的婴儿,同时将男人们被送往很远的地方,使他们不能与妻子同居,致使印第安人绝了后代。对于不听话者,西班牙征服者就会把他们捆绑到火上烤,直到烤焦为止。卡萨斯说,很多暴行是他亲眼看到的,而且花样翻新。

美洲印第安人有三大文明,即玛雅文明、阿兹特克文明和印加文明。玛雅文明衰落于10世纪,其衰落原因至今仍是一个谜。而阿兹特克文明和印加文明,就是这样在西班牙的征服中衰落了。

15至16世纪,应该说是西班牙与葡萄牙的高光时刻。这一时期,以《托尔德西拉斯条约》规定的教皇子午线为界,葡萄牙控制了跨越半个地球的商业航线。法国国王弗兰西斯一世曾说:"我希望看到亚当的遗嘱,他在遗嘱中将地球划分给了西班牙和葡萄牙。"[1]进入17世纪后,荷兰、法国和英国后来者居上,通过打压西班牙和葡萄牙,也开始挥舞着拳头向世界挺进。在挺进世界的道路上,无论是荷兰还是法国和英国,他们脑子里想的

---

[1] 斯塔夫里阿诺斯:《全球通史——1500年以后的世界》,吴象婴、梁赤民译,上海社会科学院出版社,1999,第157页。

也只有两个词：上帝与黄金——传播上帝福音，攫取黄金。如果遇到挡道者，不管你是谁，一律拳脚相加。为此，英国与法国不惜打了七年战争。

英国是七年战争的最大赢家，从此成为世界上新的海外殖民地霸主，逐步建立了殖民地遍布全球的"日不落帝国"。

英国对殖民地的统治同样是不道德的。以印度为例，在一战期间，印度为了支持英国参战，至少派了90万人到英国军队服役以及30万人到英国当劳工。可是战后呢？英国不仅不感恩，反而对印度实行压制政策，并由此引发了"阿姆利则血案"，造成近400人死亡、1000多人受伤。这是英国官方公布的数字，印度官方统计的数字要比这多得多。血案发生后，制造这起血案的英国将军戴尔，虽然被解除了职务，但是却得到一大笔安慰金。阿姆利则血案只是冰山一角。在英国殖民印度期间，因饥荒造成了印度几千万人死亡。后来，英国殖民印度行将结束时，一拍脑袋来了个"印巴分治"，导致印巴冲突至今不断，造成大量平民伤亡和流离失所。

马克思在《不列颠在印度统治的未来结果》一文中指出："不列颠人是第一批文明程度高于印度因而不受

印度文明影响的征服者。他们破坏了本地的公社,摧毁了本地的工业,夷平了本地社会中伟大和崇高的一切,从而毁灭了印度的文明。"[1]同时,马克思鲜明地指出:"当我们把目光从资产阶级文明的故乡转向殖民地的时候,资产阶级文明的极端伪善和它的野蛮本性就赤裸裸地呈现在我们面前,它在故乡还装出一副体面的样子,而在殖民地它就丝毫不加掩饰了。"[2]

在英国征服世界的脚步声中,美国作为英属北美殖民地,通过独立战争建国后,也逐步走上了征服世界的道路。首先遭殃的是印第安人。据历史记载,1814年,美国总统詹姆斯·麦迪逊颁布法令,规定每上缴一个印第安人的头盖皮,美国政府将奖励50美元至100美元。从19世纪60年代到90年代,由美国总统林肯签署实行的《宅地法》把屠杀印第安人的活动推向高潮。该法规定,

---

[1] 马克思:《不列颠在印度统治的未来结果》,载中共中央马克思恩格斯列宁斯大林著作编译局编译《马克思恩格斯文集》第二卷,人民出版社,2009,第686页。

[2] 马克思:《不列颠在印度统治的未来结果》,载中共中央马克思恩格斯列宁斯大林著作编译局编译《马克思恩格斯文集》第二卷,人民出版社,2009,第690页。

任何一个美国家庭，只要在其占据的西部土地上居住和耕种满5年，其户主只需缴纳10美元登记费就可免费获得160英亩的土地；如果居住和耕种不满5年，户主则可在居住满6个月后以最低价格购买这块土地。这极大地刺激了美国白人的野心和贪心。在土地和赏金的诱惑下，美国白人纷纷跑到印第安人所在区域展开屠杀行动，而且不分男女老幼。许多印第安人居住的地方几乎一夜之间就成了鬼城。

在西方征服世界的道路上，中国人也备受欺凌。1900年，美国与英、法、德、俄、日、奥、意等国组成八国联军，共同发动了侵华战争。据美国作家马克·吐温撰文记述，仅在河北任丘县（现为任丘市）一处，美国基督传教士梅子明以"用人头抵人头"为口号，就杀害了中国无辜农民680人。这次侵华战争，八国联军逼迫清政府签订了《辛丑条约》，要求清政府赔偿各国损失总计4.5亿两白银。这什么逻辑？这就是强盗逻辑：我打了你，你得赔偿我打你所带来的损失。

日本是亚洲国家，可是日本一直把自己看作是西方国家的一员，企图像西方列强一样称霸世界。为实现这个目的，日本提出了以侵略中国为中心的"大陆政策"：

第一步，攻占台湾；第二步，吞并朝鲜；第三步，进军满蒙；第四步，灭亡中国；第五步，征服亚洲，称霸世界。

1894年，通过甲午战争，日本攫取了辽东半岛、台湾岛及所有附属各岛屿（包括钓鱼岛）、澎湖列岛等中国领土，以及对朝鲜的控制权。1927年，日本首相田中义一主持召开东方会议，研究制定了加快实现其大陆政策的策略。这次会议结束后，日本加紧了进军满蒙和武力侵华的步伐。日本像其他西方列强一样，发动侵略战争的借口是极其荒谬和自欺欺人的。1931年九一八事变，日军派人炸毁日本修筑的一段南满铁路路轨，然后嫁祸于中国军队；1937年七七事变，日军跑到中国驻军阵地附近搞军事演习，然后诡称有一名日军士兵失踪，强行向宛平城和卢沟桥发动进攻。从1931年到1945年，日本对中国进行了长达14年的侵略。且不说日本侵略者残害了多少中国人，单就资源来说，日本侵略者仅仅从中国东北掠夺的生铁数量，1931年有24.2万吨，1933年达到45.3万余吨。煤炭是多少呢？日本侵略者占领华北期间，华北煤产量的65%被运往日本。

诗曰："校尉羽书飞瀚海，单于猎火照狼山。"从16世纪到20世纪，西方征服世界的铁蹄从来没有停止过。

20世纪上半叶，为了争夺世界霸权，西方又点燃了两次世界大战的引信。第二次世界大战后，为了能够进一步称霸世界，美国又带领着一帮盟友与苏联等社会主义国家发动了近半个世纪的"冷战"。无论是"冷战"还是"热战"，都是西方为了达到彻底征服世界的目的。

据尼尔·弗格森在《文明》一书中记载，从1500至1799年的所有年份中，西班牙有81%的时间在与外国敌人作战，英国则为53%，法国为52%。18世纪末以后，美国充当了西方征服世界的急先锋。据统计，自1776年7月4日美国宣布独立以来，在240多年的历史中，美国没有参与战争的时间仅有十几年。据不完全统计，从1945年二战结束到2001年，世界上153个地区发生了248次武装冲突，其中由美国发起的就有201场，约占81%。诚如英国历史学家汤因比所说："世界与西方的冲突至今已持续了四、五百年。在这场冲突中，到目前为止，有重大教训的是世界而不是西方；因为不是西方遭到世界的打击，而是世界遭到西方的打击——狠狠地打击。"[1]据统计，至20世纪初，西方占领和控制的世界土地面积达85%以上。其中，英国占领和控制的世界土地面积最多，比英国本土面积大100多倍。

在西方征服世界的征程上，世界因遭到西方的狠狠打击，从而成就了西方文明。也就是说，西方文明是在西方与世界的冲突中崛起的。没有西方与世界的一次又一次冲突，没有世界人民用大量的汗水和血泪来浇灌，就没有西方文明的崛起。对此，马克思在其著作《资本论》中论述道："原始积累的不同因素，多少是按时间顺序特别分配在西班牙、葡萄牙、荷兰、法国和英国。在英国，这些因素在17世纪末系统地综合为殖民制度、国债制度、现代税收制度和保护关税制度。这些方法一部分是以最残酷的暴力为基础，例如殖民制度就是这样。但所有这些方法都利用国家权力，也就是利用集中的、有组织的社会暴力，来大力促进从封建生产方式向资本主义生产方式的转化过程，缩短过渡时间。暴力是每一个孕育着新社会的旧社会的助产婆。暴力本身就是一种

---

[1] 斯塔夫里阿诺斯：《全球通史——1500年以后的世界》，吴象婴、梁赤民译，上海社会科学院出版社，1999，第10页。

经济力。"[1]

恩格斯在《国民经济学批判大纲》一文中指出："你们把文明带到世界的各个角落，以便赢得新的地域来扩张你们卑鄙的贪欲……"[2]西方崛起绝不是神话般的文明存在，而是在卑鄙的贪欲的魔棒指挥下，利用国家权力实施的社会暴力，给人类文明造成了极大伤害。因此，对今天的人们来说，倘若认识不到这一点，就无法从历史角度全面认识西方文明，造成一种"文明错觉"。

第六节 罪恶的文明之花

1870年，普法战争爆发。

拿破仑称帝后，法国成为欧洲霸主。到了拿破仑三世时，法国的霸主地位受到了普鲁士王国的挑战。常言

---

[1] 马克思：《资本论》第一卷《资本的生产过程》，载中共中央马克思恩格斯列宁斯大林著作编译局编译《马克思恩格斯文集》第五卷，人民出版社，2009，第861页。

[2] 恩格斯：《国民经济学批判大纲》，载中共中央马克思恩格斯列宁斯大林著作编译局编译《马克思恩格斯文集》第一卷，人民出版社，2009，第62页。

道,一山不容二虎。于是,法国借西班牙王位之争向普鲁士宣战。结果,法军惨遭失败,拿破仑三世下令投降,并做了普鲁士的俘虏。1870年9月4日,巴黎爆发革命,要求废除拿破仑三世,同时由资产阶级共和派和奥尔良派分子组织成立了新政府。普鲁士的胃口很大,不满足于只俘虏一个皇帝,大军直逼巴黎。这个时候,普鲁士王国已升级为德意志帝国。在强敌面前,法国资产阶级政府采取了媾和政策,与德国签订《法兰克福和约》,同意将法国重要工业区阿尔萨斯和洛林东部连同梅斯要塞割让给德国,并支付50亿法郎战争赔款。此举遭到了巴黎人民的反对,巴黎人民自动组织起来,并成立了国民自卫军。1871年3月18日,巴黎工人举行武装起义,迅速占领政府机关,3月28日宣告成立巴黎公社。

巴黎公社遭到了当时法国资产阶级政府的血腥镇压。1871年5月21日,在德国人的眼皮底下,政府军向巴黎公社社员发动了猛烈攻击。经过一周血战,巴黎公社最终失败。其中,一名公社委员被敌人抓到,连同其他十几名妇女和五六名儿童被政府军枪杀。这就是历史上有名的"五月流血周"。据法国历史学家皮埃尔·米盖尔在《法国史》一书中记载,巴黎公社失败后,有2

万人未经法庭审判被杀害或枪决，13万人被流放阿尔及利亚或新喀里多尼亚。

巴黎公社失败后，马克思深刻总结这次革命的历史经验，发表了《法兰西内战》著作。在这部光辉著作中，马克思愤怒地揭露和谴责资产阶级对巴黎公社的血腥镇压，深刻指出资产阶级文明是"建立在劳动奴役制上的罪恶的文明"[1]。

《诗经》道："爰采唐矣？沬之乡矣。"唐，即菟丝子。这是一种寄生性植物。它依附在其他植物上，像吸血鬼一样吮吸着其他植物的养分；它存活了下来，而且长得十分旺盛。菟丝子开的花，呈小伞形或小团伞花序，花冠淡红色或绿白色。但是，随着它开花结果，它所依附的植物就会逐渐枯死。资产阶级是不是人类社会的菟丝子呢？是的。资产阶级奉行的是劳动奴役制。在文明时代，人类社会主要有三大劳动奴役制，即古代奴隶制、中世纪农奴制和近代雇佣劳动制。这是文明时代的奴隶社会、封建社会和资本主义社会三大时期所特有的三大

---

[1] 马克思：《法兰西内战》，载中共中央马克思恩格斯列宁斯大林著作编译局编译《马克思恩格斯文集》第三卷，人民出版社，2009，第175页。

劳动奴役形式。

同古代奴隶制、中世纪农奴制一样，近代雇佣劳动制也是一种残酷的劳动奴役制，而且随着社会生产力越发达，这种劳动奴役制就越残酷，是资产阶级剥削工人阶级的重要手段。因此，马克思指出，工人阶级"应当摒弃'做一天公平的工作，得一天公平的工资！'这种保守的格言，要在自己的旗帜上写上革命的口号：'消灭雇佣劳动制度！'"[1]

英国是资产阶级成长的温床，也是雇佣劳动制发酵的大工厂。19世纪德国政治评论家舒尔茨著有《生产劳动》一书。在这本书中，舒尔茨很明确地说，在法国有人计算过，根据当时的生产状况，每个工人每天平均劳动五个小时，就足以满足社会的一切物质利益。然而，英国企业主为追逐暴利，将工人的劳动时间增加到了每日12—16个小时。而工人的工资收入是多少呢？仍和十年前一样多，他们不但不能保持过去的收入水平，而且比过去穷三分之一；有些工人每天连续紧张劳动16个小

---

[1] 马克思：《工资、价格和利润》，载中共中央马克思恩格斯列宁斯大林著作编译局编译《马克思恩格斯文集》第三卷，人民出版社，2009，第77-78页。

时，才勉强不致饿死。长时间体力劳动，加上可怜的工资收入，广大工人犹如生活在火坑。据历史记载，在维多利亚时代，工厂主生活非常奢侈，而工人则在失业的旋涡中挣扎。

恩格斯在其著作《英国工人阶级状况》中曾记述道："根据绍斯伍德·斯密斯博士关于1843年伦敦热病医院的年报，该院收治的病人有1462人，比以往收治病人最多的年份还多418人。在伦敦东区、北区和南区的潮湿而肮脏的地方，这种疾病特别猖獗。很多病人是从乡下迁移来的工人，他们在旅途中和到达伦敦以后受过千辛万苦，衣不蔽体、食不果腹地睡在街上，找不到工作，终于得了热病……全部病人中有16.5%死亡。"[1] 英国作家狄更斯在1838年出版的非虚构长篇小说《雾都孤儿》，就深刻揭示了劳动奴役制下一名童工的悲惨遭遇。与狄更斯同时代的英国诗人雪莱，曾在诗中把英国统治阶级描写成吮吸劳动人民鲜血的蚂蟥，说他们叮在人民的身上，贪得无厌地吮吸，直到暴食而亡，从人民的身

---

[1] 恩格斯：《英国工人阶级状况》，载中共中央马克思恩格斯列宁斯大林著作编译局编译《马克思恩格斯文集》第一卷，人民出版社，2009，第412页。

体上坠落。

对于西方人来说，历史上非洲最有价值的资源就是奴隶。从15世纪到19世纪，西方国家从非洲掠夺了成千上万名黑人奴隶，然后把他们卖到美洲大陆从事奴役劳动，以获取丰厚利益。著名的废奴主义领袖威廉·威尔伯福斯曾说："利益能给人们的眼睛蒙上一层厚厚的隔膜，即便双目失明也不过如此。"[1] 从某种程度上讲，美国崛起的历史就是一部对非洲黑人的劳动奴役史。

据记载，从弗吉尼亚的烟草种植到罗得岛的造船业，都与奴隶制经济相关。1850年，美国80%的出口产品都是由奴隶生产的。美国是怎么奴役黑人奴隶的呢？在美国，黑奴根本不被当作人看，法律上没有保障，生活也过得很凄惨，只是任由主人处置和随意买卖的私人财物。在南方种植园，黑奴被当作牲畜使用，每天被强迫劳动12个小时，甚至长达18到20个小时，面朝黄土背朝天，汗流浃背种植和采摘棉花。稍有反抗或逃避劳动，就要受到挨饿、鞭打、监禁、绞刑、焚烧等恶性惩罚，使身

---

[1] 斯塔夫里阿诺斯：《全球通史——1500年以后的世界》，吴象婴、梁赤民译，上海社会科学院出版社，1999，第498页。

心受到严重伤害。美国作家斯托夫人的长篇小说《汤姆叔叔的小屋》和美国黑人所罗门·诺瑟普的传记体小说《为奴十二年》等作品，都深刻描述了19世纪黑奴的悲惨生活。

英国和美国作为资产阶级文明的主要代表者，历史上制造了"罪恶的文明之花"，可以说在人类文明发展史上写下了罪恶的一页。那么，到了21世纪呢？

我们先说英国。早在1834年，英国就在其境内禁止奴隶制。但是，2007年在英国废除奴隶贸易200周年纪念日前夕，英国赫尔大学和国际反奴隶组织公布的一份报告显示，21世纪的英国仍然存在大量"隐性奴隶"，上万个帮派组织将来自非洲、欧洲、亚洲、南美洲的移民，以恐吓、扣留证件等方式强迫他们从事繁重的劳动，甚至有人被逼迫从事性交易。

在19世纪，资产阶级靠劳动奴役人民获得了大量财富，造成了整个社会巨大的贫富差距。而今天的英国，整个社会存在的贫富差距与19世纪比有过之而无不及。英国平等基金会2019年12月公布的数据显示，英国排在前六位的最富有者的财富相当于该国1320万最贫穷者的财富之和，而目前仍有1400万英国人生活在贫困线之下，其中有400万人比贫困线标准还低一半,有150万人没有办法去购买最为基本的生活必需品。诺贝尔奖获得者安格斯·迪顿的多年研究也表明,英国是不平等程度最高的欧洲国家之一。在世界最发达国家当中,只有美国在该指标上的严重程度超过英国。所以,他无不忧虑地说,英国不断扩大的贫富差距正威胁到该国的民主。

我们再看美国。按说早在南北战争结束后,美国就宣布废除了奴隶制。可事实上,曾靠贩卖和奴役黑奴起家的美国,至今仍然未改其恶习,多年来继续放纵贩运人口这一"最肮脏的犯罪行为"。据报道,2004年美国国务院曾公开承认,每年被贩卖至美国的人口在1.45万至1.75万左右。美国反人口贩卖组织递送基金会2020年发布的报告显示,美国每年有1.5万至5万名妇女和儿童被迫成为性奴。

在美国,强迫劳动也是司空见惯的事。据美国一些行业协会统计,美国至今仍有约50万名童工从事农业劳作,很多孩子从8岁起开始工作,每周工作长达72小时,童工死亡案件屡有发生。在美国,由于长期存在隐形的劳动奴役制,从而造成了巨大的社会贫富差距。据彭博网站2020年10月8日报道,美国最富有的50人与最贫穷的1.65亿人拥有的财富相当，1%最富有的人拥有的净资产约是50%最贫困人口的16.4倍。此外，芝加哥大学和圣母大学的研究显示，因受到疫情的冲击，美国的贫困率持续增加，曾一度达到11.7%。可以说，2020年疫情发生以来，美国社会更是"贫富两重天"，每天都在上演真实版的《王子与贫儿》。早在1965年，毛泽东在同美国记者斯诺谈话时就曾说："美国人需要再解放，这是他们自己的事。不是从英国的统治下解放，而是从垄断资本的统治下解放出来。"[1]

监狱是国家机器的重要组成部分，是为了改造犯人而设立的刑罚执行机关。衡量一个国家文明程度高不高，有一个重要的衡量标准，就是看这个国家犯罪率高不高。在美国，犯罪率是很高的。犯罪率高，国家监狱不够用，遂有了私营监狱。据2019年统计数据，美国有200多家私营监狱，替政府关押着近12万犯人。这些犯人在私营监狱根本谈不上改造，而是被当作廉价劳动力使用。他们冒着生命危险干活，平均时薪只12美分到63美分，最

---

[1] 毛泽东:《同斯诺的谈话》，载中共中央文献研究室编《毛泽东文集》第八卷，人民出版社，1999，第412页。

高也不过2美元，远远低于美国最低15美元的法定时薪。美国记者肖恩·鲍尔撰写的非虚构作品《美国监狱：美国资本和权力的游戏》，就以自己的亲身经历披露了美国私营监狱残酷奴役犯人的种种勾当，并为我们梳理出监狱利用犯人特别是黑人牟利的罪恶传统。这就是资产阶级的本性——为了拼命牟取利益，可以不择手段。廉价劳动力让美国私营监狱成为朝阳产业。2000年，美国最大的私营监狱企业——美国惩教公司（Corrections Corporation of America，简称CCA）成功上市后，利润在20年间翻了500倍。

2013年4月14日，法国阿尔斯通集团高管弗雷德里克·皮耶鲁齐，在纽约转机时被美国联邦调查局逮捕，罪名是他在2003年前后在印尼行贿当地官员，涉嫌违反美国的《反海外腐败法》。2018年12月1日，加拿大应美国当局要求逮捕了中国华为公司副董事长、首席财务官孟晚舟，罪名是孟晚舟及其所在的中国华为和华为美国公司，涉嫌合谋窃取商业秘密、电信欺诈和妨碍司法等。皮耶鲁齐与孟晚舟的遭遇是偶然的吗？显然不是。这是美国为了奴役他人劳动而玩的新花样。

在现代文明社会，奴役劳动已饱受社会责难。那么，干什么既看上去合法,又可以奴役他人劳动呢?美国的答案是"垄断+罚款"。这是有其"光荣的历史传统"的。1769年至1773年,英属殖民地孟加拉发生饥荒,致使1000万人死亡。这场饥荒是谁制造的呢?马克思在其著作《资本论》中说得很明确:"沃伦·哈斯丁的审判记录中有很多这样的实例……在1769年到1770年间,英国人用囤积全部大米,不出骇人听闻的高价就拒不出售的办法制造了一次饥荒。"[1]殖民地时期,印度多次发生饥荒,大都与英国人搞粮食、鸦片等资源垄断有关。只不过,现在西方早已从资源垄断、国家垄断转变到了国际垄断。

2014年,阿尔斯通集团被迫向美国支付了7.72亿美元的罚款。同时,阿尔斯通集团被强行拆分,其最重要的电力和电网业务被美国通用公司收购。换句话说,曾经横跨全球电力能源与交通运输行业的商业巨头——阿尔斯通集团被美国人"肢解"了,美国人成为此领域的全球垄断者。为此,皮耶鲁齐根据自己的遭遇,与法

---

[1] 马克思:《资本论》第一卷《资本的生产过程》,载中共中央马克思恩格斯列宁斯大林著作编译局编译《马克思恩格斯文集》第五卷,人民出版社,2009,第862-863页。

国《新观察家》周刊记者马修·阿伦合著了《美国陷阱》一书。在书中,皮耶鲁齐将自己的遭遇描述为美国进行全球经济战争的新形式。美国全球经济战争的实质是什么?就是为了奴役他人劳动,从而达到成就自己的目的。这与植物界的菟丝子有什么不同呢?没有什么不同。

菟丝子还有一个好听的名字,叫作金丝藤。听上去是不是很美呢?马克思在《1844年经济学哲学手稿》一文中指出:"资本的文明的胜利恰恰在于,资本发现并促使人的劳动代替死的物而成为财富的源泉。"[1]西方文明就像菟丝子一样,听上去很美。可是,它所奉行的劳动奴役制,恰似菟丝子的生存之道,不是正道;它所开的花,如同菟丝子的花一样,也是罪恶的文明之花。因此,对西方来说,唯有坚守正道,才可悔亡也。

---

[1] 马克思:《1844年经济学哲学手稿》,载中共中央马克思恩格斯列宁斯大林著作编译局编译《马克思恩格斯文集》第一卷,人民出版社,2009,第176页。

第七节　西方文明的阿喀琉斯之踵

有这样一则寓言：有人赶着一匹马和一头驴去送货。赶路途中，驴同马商量，希望马能帮它减轻点儿负担。马鼻子一哼，没有搭理驴。负重太多，驴最后因精疲力竭，倒下死了。于是，主人把全部货物，包括那张驴皮，都放在了马背上。马走得很累，可它没有办法，只能独立驮着沉重的货物蹒跚而行。

马为什么会有如此下场呢？因为它的个人主义思想太重了。任何一种文明，都有它的思想骨架。西方文明的思想骨架，就是神圣化的个人主义。西方文明起源于古希腊罗马文明。在古希腊神话中，英雄都把个人荣誉看得至高无上，为了实现个人荣誉不惜牺牲一切。比如，在特洛伊战争中，希腊主帅阿伽门农抢了阿喀琉斯的女奴，阿喀琉斯认为这有损他个人的荣誉而拒绝参战；若不是智慧女神雅典娜的阻止，他就一刀砍了阿伽门农，结果希腊大败。阿伽门农派人前来谢罪，阿喀琉斯仍不为所动，直到他的好友帕特罗克洛斯战死，他才决定参战。古罗马帝国确立了西方人的基督教信仰，也为西方人注入了上帝是唯一真神的精神基因。上帝是唯一真神，"教外无救赎"，把个人主义推向了神圣位置。

14世纪后，随着黑死病横扫欧洲和文艺复兴、宗教改革、启蒙运动及工业革命等社会巨变，个人主义在理性主义、经验主义等思想的发酵下，催生了民族、国家、自由、民主、人权等现代西方文明要素，最终形成了以西方为主导的世界文明秩序。

那么，这是一个什么样的世界文明秩序呢？用马克思的话说，就是金钱统治了人，而人则向它顶礼膜拜。

中国有个成语叫寅吃卯粮。用今天的话说，就是超前消费，即把未来的钱拿到现在花。美国就是这样。在美国，历来重视通过消费特别是高消费促进生产和经济发展。这也是新自由主义的重要主张。英国经济学家亚当·斯密就曾称，消费是所有生产的唯一归宿和目的。在此思想主导下，美国不断放松金融管制，加速了金融自由化，刺激了华尔街投机的敏感神经。这一时期，美国普通民众口袋里的钱并不多，还不停地在减少。为了满足超前消费的欲望，美国民众加入华尔街的投机热潮。最突出的就是买房只赚不赔的超级神话，诱使大批没有还款能力的美国民众手持按揭的"门票"，一窝蜂闯进了住房市场。结果随着房价和贷款利息攀高，房产投机人房子卖不出去，高额利息又还不起，只好把房子都甩给了银行，最终引发了2007年美国次贷危机，到2008年演化为一场国际金融危机。这场由华尔街刮起的金融危机风暴席卷全球，给全球造成了数万亿美元的经济损失。从超前消费到寅吃卯粮投机房产，再到次贷危机和金融危机，这是不是一场被金钱操纵导演的人间悲剧？

不错！这就是一场被金钱操纵导演的人间悲剧。在金钱面前，"一切神都要退位"。这就是神圣化的个人主义所带来的危害。1831年，法国政治思想家托克维尔赴美国考察。在美国，他详细考察了美国社会各个方面的情况，特别是民主制度的运用情况。从美国考察回来后，他结合考察美国时的所见所闻撰写了《论美国的民主》一书。在这本书中，他写道："我不能笼统地断言当代的最大危险是胡作非为或暴政，是无政府状态或专制。这些东西都是令人畏惧的，而且很容易都来自同一个原因。这个原因就是个人主义造成的普遍的漠不关心。"[1]

---

[1] 托克维尔:《论美国的民主》，董果良译，商务印书馆，2009，第939页。

金钱能够统治人，不是金钱有多么万能；实质上还是个人主义统治了人本身，金钱不过是受个人主义驱使罢了。关于2008年由美国次贷危机引发的国际金融危机，美国著名经济学家理查德·沃尔夫就认为，美国和欧洲的经济动荡不应被理解为金融危机或债务危机，而应被理解为资本主义的制度危机，而这场制度危机背后的价值根源就在于个人主义。2020年以来，西方国家为什么在抗击新冠疫情中普遍表现不好？用英国知名学者马丁·雅克的话说，就是因为西方人惯有的"个人主义、自私自利"思想作祟。

制度作为人类文明的重要组成部分，也是人类生产生活的实践性要求。个人主义如同一匹野马，倘若不套上笼头，拴上缰绳，任它由着自己的性子来，它就会失去理智，并由此带来政治上的浅薄和狂妄，进而冲击制度的堤坝。

英国经济学家霍布森在其著作《帝国主义》中曾这样写道："在直辖殖民地、保护地和印度帝国作为士兵和文官而受过专制的气质和方法训练的人愈来愈多，并且还有摆脱了普通欧洲社会的健全的约束、过着上层阶级的虚伪生活的大批商人、种植园主、工程师、监工补充进来，这些人回到本国时带来了外国环境所产生的性格、感情和思想……他们之中更富有的人，产生了政治野心，把'帝国主义'最粗暴的和最自私的精神推广及于议会的两院，运用他们的帝国经验和关系，追求获利的公司和特许权为他们的私人利益服务，并以当局自居把帝国主义的桎梏套牢在'黑人'的肩上。"[1]他进一步指出："帝国主义是国家生活出之于自私自利的卑鄙选择，这种自私自利引起了一个国家从早期动物生存竞争中残存下来的贪得无厌和暴力统治的欲望。"[2]

1841年，曼彻斯特布道团对工人生活状况进行了调查，结果证明：在工业革命这个心脏地区，等待着工人的却是饥饿、失业和死亡。为此，法国思想家托克维尔称曼彻斯特从污秽的阴沟里流出人类最伟大的工业溪流，肥沃了整个世界；从肮脏的下水道中流出了纯正的金子。西方工业化创造了人类现代文明奇迹，但因其制度被个人主义所裹挟，它又把地狱搬到了人间。

从文艺复兴到宗教改革，再到启蒙运动，在资产阶

---

[1] 霍布森：《帝国主义》，纪明译，上海人民出版社，1964，第119页。

[2] 霍布森：《帝国主义》，纪明译，上海人民出版社，1964，第291-292页。

级的推动下，西方以文明者的姿态进入了理想化的王国。但是，文艺复兴、宗教改革和启蒙运动这"三板斧"，也给这个理想化的王国带来了个人主义孵化的伪善、野蛮和贪婪的猛兽。因为这个理想化的王国，正如恩格斯所说，是资产阶级的理想化的王国，它固有的个人主义的思想顽疾无法根治。因此，伪善、野蛮和贪婪这三只猛兽，不仅在西方社会制造了人间地狱，还给世界带来了极大的痛苦。

2001年，美国以反恐为名发动了阿富汗战争，试图通过消灭塔利班把阿富汗改造成一个亲西方的民主国家。美国很快将塔利班赶下了台。到了2002年时，塔利班已成了斗败的公鸡。按说这时候，美国应该与塔利班达成和平协议，引导塔利班参与阿富汗未来建设。可是，时任美国总统小布什却把注意力放到了伊拉克，并会同盟友发动了伊拉克战争。

阿富汗人民的希望和世界和平呢？这不是美国关心的。美国关心的永远是自己的利益。伊拉克战争给了塔利班喘息的机会。结果，阿富汗战争一打就是20年，打得阿富汗成了烂摊子。在阿富汗，美军及其盟军又做了什么呢？

综合国际报道：一是进一步助长了恐怖主义。据阿富汗国内专家透露，阿富汗境内活跃着的恐怖组织从个位数增加到20多个，外国恐怖分子近1万人，继而带来的是社会动荡、枪支泛滥等诸多问题。二是狂轰滥炸、滥杀无辜。据统计，20年来10多万阿富汗平民在美军及其盟友的枪炮下伤亡，并带来1000多万人流离失所。此外，美国中情局在阿富汗设立了多个秘密监狱，关押、虐待犯人，进行酷刑审讯。三是"崽卖爷田不心痛"。据统计，20年来美军付出了高昂代价，2400多名军人死亡，花费超过2万亿美元。同时，阿富汗战争平均每天造成6000万美元的损失，极大地阻碍了阿富汗经济社会发展。于是，美国政府谎称已完成反恐任务，有必要撤走所有在阿富汗的美军。

反恐任务真的完成了吗？没有，是美国政府急于想从阿富汗的泥潭里拔出脚来。因此，从奥巴马开始，美国政府就开始谋划从阿富汗撤军。后来，特朗普与塔利班达成和平协议，计划于2021年5月1日前将驻阿富汗美军全部撤离。拜登上台后，提出了自己的撤军时间表，宣布驻阿富汗美军推迟到2021年9月11日前全部撤出。

对美国撤军所带来的影响，美国政府相当乐观。当有人预测美国将重演"西贡时刻"时，拜登总统显得非常愤怒，并信誓旦旦予以否认。因为不管怎么说，阿富汗有美国花高价培训的30多万政府军，且配备有现代化装备，而塔利班只有7万人，要拿下喀布尔最起码需要90天。可结果呢？2021年8月15日，塔利班如入无人之境，仅用一天时间又回到了20年前曾经占领的喀布尔，并控制了总统府。恰恰就是这一天，在全世界人民的眼皮底下，美国派直升机一趟又一趟地从喀布尔仓皇撤离所有人员，实实在在重演了"西贡时刻"。

美国是西方文明的代言人，也是西方文明的集大成者。20年阿富汗战争，美国一夜之间"赢得仓皇北顾"，根本不顾由自己一手扶持起来的阿富汗现政府和阿富汗人民的死活，这是不是再一次暴露了西方文明所具有的伪善、野蛮和贪婪的特征？

据报道，就在塔利班拿下喀布尔的当天，很多人在白宫外抗议，有标语直言不讳地写着：美国背叛了我们。此前，阿富汗前总统卡尔扎伊在接受美媒专访时曾说，自20年前美国发动阿富汗战争以来，美国未能完成给饱受战争折磨的国家带来稳定和打击极端主义的目标。如果没有美国的军事存在，阿富汗会过得更好。英国保守党议员汤姆·图根达特表示，我们抛弃了阿富汗人民，这就是结果，这是拜登总统和其他北约领导人做出的决定。对于出现在阿富汗的"西贡时刻"，保加利亚国际关系专家、记者佩特尔·格拉西莫夫认为，同对越南发动的侵略战争一样，阿富汗战争同样是一场"肮脏的战争"。

美军撤离阿富汗时，大量阿富汗人涌向喀布尔机场，想同美军一起逃离这个被打烂的国家。可是，他们等待的是绝望。没有人理他们，硬往飞机前闯，只有吃枪子儿；即使有人侥幸抓住了飞机，也只有被摔死的份儿。"救狗不救人"——美军的军犬是幸运的，它们能够同美军一起撤走。一场20年的战争，就这样不体面地结束了。彭博新闻社创始人布隆伯格撰文道：美从阿富汗一走了之失信于世界。美国不仅失信于世界，更失信于阿富汗人民，失信于其盟友及其追随者。

更为可笑的是，2020年新冠疫情暴发后，美国政府不是积极采取措施阻击疫情，而是任由疫情在国内如洪水一样泛滥成灾，不断制造人间地狱。为了掩盖自己的过错，美国政府不仅接二连三向中国甩锅，还组织情报部门炮制所谓的"情报溯源"，妄图把祸水引向中国，转移世界人民对美国抗疫不力的注意力。对此，美国学者约翰·沃尔什撰文道：拜登总统，你一定是在开玩笑吧！沃尔什还回顾了美国政府在20年"全球反恐战争"中所撒的谎，以及过去发动越南战争时捏造的谎言，并进一步说，让我们不要再重复过去的许多错误，把新冠病毒的溯源工作交给声名狼藉、名誉扫地的情报机构来做。

这好比一则寓言，说有一只猫，总爱吹嘘自己了不起。有一次，它没有捉住老鼠，就大声说："我是看它太瘦，然后故意放走的，等以后养肥了再说吧。"还有一次，它捉鱼被鱼尾巴打到了脸，它笑道："我不是想捉它——捉它还不容易吗？我到阁楼上玩弄脏了脸，要用它的尾巴洗一下脸。"有一天，它不小心掉进泥坑，浑身沾满了污泥。看到同伴们惊异地看着它，它冲同伴们说："我身上跳蚤多，这办法治它们，最灵验不过了。"后来，它掉进了河里。同伴们打算救它，它高声道："你们以为我遇到危险了吗？不，我在游泳……"话没说完，它就沉底了。

在特洛伊战争中，阿喀琉斯所向披靡，立下了赫赫战功。后来，他被阿波罗用神箭射中脚踵而死。对西方来说，神圣化的个人主义就是西方文明的阿喀琉斯之踵。

第八节　恶性循环：西方文明的运动规律

恩格斯在其著作《反杜林论》中明确指出，西方"文明时代是在'恶性循环'中运动，是在它不断地重新制造出来而又无法克服的矛盾中运动，因此，它所达到的结果总是同它希望达到或者佯言希望达到的相反"[1]。那么，西方文明是不是这样呢？

我们用事实说话。1825年，英国爆发了第一次经济危机；1837年，英国爆发了第二次经济危机，并蔓延到美国；1847年，英国又一次爆发了经济危机，并波及整个欧洲。1857年，美国爆发了经济危机，然后飓风一样席卷欧洲大陆。关于这场危机，1856年9月，马克思在给恩格斯的信中就已经预言到，一场大的金融危机的爆发会迟于1857年冬天。马克思的预言是正确的。这场危机的冲击波是非常大的，它使美国和欧洲社会"突然发现自己回到了一时的野蛮状态；仿佛是一次饥荒、一场普

---

[1] 恩格斯：《反杜林论》，载中共中央马克思恩格斯列宁斯大林著作编译局编译《马克思恩格斯文集》第九卷，人民出版社，2009，第276页。

遍的毁灭性战争，使社会失去了全部生活资料；仿佛是工业和商业全被毁灭了"[1]。而且，这样的危机是周期性爆发的，在恶性循环的魔道里不停地循环运动，谁也阻挡不了。

与恩格斯的论断一致，在19世纪，西方发生普遍危机的间隔时间，差不多就是十年。对于西方来说，不仅19世纪是这样，20世纪也是如此，有的危机持续时间还比较长，给人类社会造成的创伤也更大。比如，1929年源于美国的经济危机，持续四年之久，致使整个资本主义世界工业产量下降44％，贸易总额下降66％，失业人口达到3000万人，经济损失达2600亿美元。美国是爆发经济危机次数最多的西方国家，特别是第二次世界大战后，美国又接二连三爆发了八次经济危机。按说进入21世纪，人类文明程度相当高了，认识世界和改造世界的能力也更强了。可是，西方爆发经济危机的势头不减，而且持续时间更长。2008年，由美国次贷危机引发的国际金融危机，至今仍给世界上很多国家的经济带来严

---

[1] 马克思、恩格斯：《共产党宣言》，载中共中央马克思恩格斯列宁斯大林著作编译局编译《马克思恩格斯文集》第二卷，人民出版社，2009，第37页。

重影响。2020年9月,英国知名学者马丁·雅克就曾说,美国自1931年以来,从没经历过这样的大麻烦,其实到现在,包括美国在内的西方国家也没有真正从这次危机中恢复过来。

大家不禁要问,造成西方这种恶性循环般的普遍危机的原因是什么呢?马克思称之为"生产过剩的瘟疫"。换句话说,它是由西方无法克服的社会化生产和资本主义私人占有之间的矛盾造成的。在资本主义制度下,这种矛盾不可调和,它也根本没有调和的余地,只能任其反复发作。因此,恩格斯在其著作《反杜林论》中指出:"市场的扩张赶不上生产的扩张。冲突成为不可避免的了,而且,因为它在把资本主义生产方式本身炸毁以前不能使矛盾得到解决,所以它就成为周期性的了。资本主义生产造成了新的'恶性循环'。"[1]

试问,为什么社会化生产和资本主义私人占有之间的矛盾无法克服呢?因为资本的逐利性。我们必须承认,资产阶级费尽心思建立的资本主义制度,为人类创造了

---

[1] 恩格斯:《反杜林论》,载中共中央马克思恩格斯列宁斯大林著作编译局编译《马克思恩格斯文集》第九卷,人民出版社,2009,第292页。

丰富的现代文明。但是，就像马克思、恩格斯在《共产党宣言》中所说的那样，这个魔法师一样的现代资产阶级社会，现在"不能再支配自己用法术呼唤出来的魔鬼了"[1]。

在现代资产阶级社会，对拥有资本灵魂的资本家来说，赚取利润永远都是第一位的。为了最大限度地赚取利润，资本家驱赶着工人像野兽一样吞噬着机器。对此，马克思在其著作《资本论》中有着详细描写和客观记述。比如，马克思以马做比喻，提出一匹马天天干活，每天也只能干八小时。可是，资本家为了最大限度地赚取利润，就会不择手段地延长工人的劳动时间。在《资本论》中，马克思还详细计算了工厂主怎么绞尽脑汁榨取工人的剩余劳动。例如，为了榨取工人的剩余劳动，工厂主除了强迫工人提前上班和推迟下班之外，还要把名义上规定的工人半小时吃饭时间前后各侵占5分钟，工人一小时午饭时间前后各侵占10分钟。也就是说，哪怕是一丁点时间，工厂主也绝对不会放过。这就是资本的逐利

---

[1] 马克思、恩格斯:《共产党宣言》，载中共中央马克思恩格斯列宁斯大林著作编译局编译《马克思恩格斯文集》第二卷，人民出版社，2009，第37页。

性。如同马克思所说:"资本是死劳动,它像吸血鬼一样,只有吮吸活劳动才有生命,吮吸的活劳动越多,它的生命就越旺盛。"[1]

资本家作为人格化的资本,为了最大限度地赚取利润,会采取更加残酷的投机方法。1857年由美国引发的世界性经济危机,就是这样造成的。当时,美国许多银行为了业绩,凭借着一张张空头期票,大肆发放出口信贷,发疯一样投入股票投机当中,制造了严重的资产泡沫。肆无忌惮的投机活动带动了物价上涨,工厂主们看到后,一个个像打了鸡血似的一再扩大生产,结果当资产泡沫破灭时,整个社会陷入了产能过剩的巨大漩涡,导致一座又一座工厂倒闭和大批工人失业。在这次危机中,银行业受伤最严重,大部分银行停止支付,特别是曾与纽约金融争雄的费城,从此一蹶不振。然而,就是在这种情况下,资本家仍然不忘榨取工人的剩余劳动。英国当时的工厂视察员伦纳德·霍纳说:"我的管区有122家工厂倒闭,143家停工,所有其余的工厂也都开工

---

[1] 马克思:《资本论》第一卷《资本的生产过程》,载中共中央马克思恩格斯列宁斯大林著作编译局编译《马克思恩格斯文集》第五卷,人民出版社,2009,第269页。

不足,但是就在这个时期,超过法定时间的过度劳动仍然存在。"[1]

经济基础决定上层建筑。对于一个国家来说,经济上出了问题,就像一栋楼房的根基出了问题一样,必然会带来政治、社会和文化等一系列危机,从而演化为具有很大惯性的系统性危机,一步步将世界推向悬崖。20世纪两次世界大战就是这样:一连串的经济危机,像病毒一样侵入很多国家的政治、经济和文化肌体,然后由一国矛盾演变为多国矛盾,最后不得不诉诸武力,掀起世界大战,给人类带来空前劫难。

为此,第二次世界大战结束后,爱因斯坦在一次广播演讲中急切地提出,希望创立一个能够运用司法裁决来解决各个国家之间的冲突的世界政府。爱因斯坦的希望是美好的,也是人类共同的愿景。然而,在这个资本主义仍坐第一把交椅的世界,单靠司法裁决能解决各个国家之间的冲突吗?

显然是不能的。特别是21世纪,随着西方系统性危

---

[1] 马克思:《资本论》第一卷《资本的生产过程》,载中共中央马克思恩格斯列宁斯大林著作编译局编译《马克思恩格斯文集》第五卷,人民出版社,2009,第279页。

机不断加深，西方各个国家之间以及西方与世界上其他国家之间的冲突，越来越直接和尖锐。而这种冲突，从根本上说就是物质利益之间的冲突，确切地说是现代资本增值诱发的矛盾之间的冲突；倘若不从根本上解决，冲突就会如期而至。

那么，我们怎么办？

恩格斯在其著作《反杜林论》中给我们开出了一个药方，即"要消灭这种新的恶性循环，要消灭这个不断重新产生的现代工业的矛盾，又只有消灭现代工业的资本主义性质才有可能。只有按照一个统一的大的计划协调地配置自己的生产力的社会，才能使工业在全国分布得最适合于它自身的发展和其他生产要素的保持或发展"[1]。

马克思主义告诉我们，西方文明在发展中所产生的矛盾，是由资本主义的内在矛盾引起的。资产阶级挥舞着资本的长剑，一方面为人类创造了非常丰富的现代文明，另一方面又成为损害人类现代文明健康的杀手。因

---

[1]恩格斯：《反杜林论》，载中共中央马克思恩格斯列宁斯大林著作编译局编译《马克思恩格斯文集》第九卷，人民出版社，2009，第313页。

此，要使人类现代文明能够持续健康发展，必须消除资本主义的内在矛盾。否则，它永远摆脱不了恶性循环的历史桎梏，并最终走向衰落和终结。这就是资产阶级及其社会形态的历史逻辑。资产阶级打着火把行进在黑暗的洞穴里，火把照亮了他们眼前的一片洞穴；他们欣喜若狂，以为走出了洞穴，其实洞穴深着呢！

第四章
中华文明的世界意义

第一节 世界唯一没有中断的文明

1899年,对于时任清朝国子监祭酒的王懿荣来说,是能够永载史册的一年。这一年,他到药店买中药材,发现了出土于安阳殷墟的商代甲骨文。这在中华文明史乃至于世界文明史上都是石破天惊的发现。后来,经过安阳殷墟考古发掘,出土了大量都城建筑遗址和以甲骨文、青铜器为代表的文化遗存,向世界证明了中国商王朝的存在,证明了中华文明至少可以上溯至三千多年前。

《尚书》道:"夏王有罪,矫诬上天,以布命于下。

帝用不臧,式商受命,用爽厥师。"[1]什么意思呢?就是说夏王桀有罪,假托上天的旨意,发布命令欺骗老百姓,上天不喜欢他,让商人代替了他,使他丧失了老百姓。这是史书上关于夏王朝的记载。那么,有实物能证明夏王朝存在吗?包括中华民族的始祖炎黄二帝,他们是神话传说还是确有其人?

21世纪初,中华文明探源工程启动。十多年来,考古人员通过对河南二里头、四川三星堆、浙江良渚、山西陶寺和河南双槐树等都邑性遗址的考古调查和发掘,加上多学科综合研究,证实了夏王朝的存在,证实了炎黄二帝并非神话传说而是确有其人,向世界证实了中华文明具有五千多年的辉煌历史。2020年9月28日,习近平总书记在中央政治局第二十三次集体学习时强调,经过几代考古人接续奋斗,我国考古工作取得了重大成就,延伸了历史轴线,增强了历史信度,丰富了历史内涵,活化了历史场景。概括起来讲,主要有以下几个方面。一是考古发现展示了中华文明起源和发展的历史脉络。二是考古发现展示了中华文明的灿烂成就。三是考古发

---

[1] 李民、王健撰《尚书译注》,上海古籍出版社,2004,第111页。

现展示了中华文明对世界文明的重大贡献。[1]

　　文明是实践的产物，更是历史的产物。在人类长期的生产生活实践中，伴随着幼发拉底河与底格里斯河以及尼罗河、印度河、黄河起伏的涛声，逐渐产生了古巴比伦文明、古埃及文明、古印度文明和中华文明。这是人类最古老的四大文明，它们像四座大厦矗立在人类历史的圣殿，为人类不断进步发展提供了庇护之地。然而，随着人类历史发展，古巴比伦文明、古埃及文明、古印度文明的大厦皆已坍塌，并湮没在历史的尘埃中。同时，随着这些古老文明的衰落，古巴比伦、古埃及、古印度等文明古国，也早已荡然无存。只有中华文明至今仍意气风发，只有古老的中国至今仍生机盎然。英国哲学家罗素这样评价说："与其把中国视为政治实体还不如把它视为文明实体——唯一从古代存留至今的文明。从孔子的时代以来，古埃及、巴比伦、马其顿、罗马帝国都先后灭亡，只有中国通过不断进化依然生存，虽然也受到诸如昔日的佛教、现在的科学这种外来影响，但佛教

---

　　[1] 习近平：《建设中国特色中国风格中国气派的考古学 更好认识源远流长博大精深的中华文明》，《求是》2020年第23期。

并没有使中国人变成印度人，科学也没有使中国人变成欧洲人。"[1]这是中华文明的历史韧性所在。无论是风雨吹打还是雷电撞击，中华文明这座大厦都屹立不倒。

中国历史上曾面临几次大分裂。第一次是春秋战国时期，第二次是南北朝时期，第三次是五代十国时期。其中，持续时间最长的是春秋战国时期，从周平王东迁洛邑到秦始皇统一六国，长达五百多年，诸侯争霸，战火连年不断。而最危险的时期莫过于南北朝的前奏——五胡乱华，塞外匈奴、鲜卑、羯、羌、氐等少数民族，趁着西晋"八王之乱"入主中原，纷纷建立与西晋对峙的政权。为了躲避少数民族政权的侵扰，西晋王朝被迫南迁。随着西晋王朝南迁，中国北方人民也成群结队举家南迁，由此造成了南北朝大分裂。但是，在中华文明发展史上，有一个比较独特的现象，就是无论整个国家当时怎么分裂，到最后都又走向大一统。特别是在分裂与大一统的历史进程中，少数民族一个个都融入了中华民族这个大家庭。

据历史考证，百家姓中有相当一部分姓氏都源于少

---

[1] 罗素：《中国问题》，秦悦译，学林出版社，1996，第164页。

数民族。《魏书》曾记载道，北魏神元皇帝时，自丘穆陵氏至乙弗氏，鲜卑族诸部改为汉姓的达到76个。比如，丘穆陵氏改为穆氏，步六孤氏改为陆氏，贺赖氏改为楼氏，勿忸于氏改为于氏，是连氏改为连氏等。历史告诉我们，文明体在发展中，由于其拥有独特的价值和鲜明的特征，会逐渐形成一种强大的文明融合力，然后把其周围的文明融合到一起，最后形成一个更大的文明体。中华文明就是这样，它从五千多年前的远古时代走来，靠着自身强大的文明融合力，一路上越走越强大，越走越自信，成为人类四大古老文明中唯一没有中断的文明。

我们可以从文字上一睹它的神韵。文字是人类文明的重要象征。因为有了文字，人类文明的发展进步才有了质的飞跃。恩格斯在《家庭、私有制和国家的起源》一文中指出，在野蛮时代高级阶段，人类"从铁矿石的冶炼开始，并由于拼音文字的发明及其应用于文献记录而过渡到文明时代"[1]。三千多年前，商朝人在甲骨上刻下的"人""仁""中""日"等文字，今天的中国人仍

---

[1] 恩格斯：《家庭、私有制和国家的起源》，载中共中央马克思恩格斯列宁斯大林著作编译局编译《马克思恩格斯文集》第四卷，人民出版社，2009，第37页。

在频繁地使用，而且有些文字在历史的锤炼中所形成的文化价值，已成为人类星空的闪烁星辰；在两千多年前，老子写下的《道德经》、孔子的弟子们编写的《论语》、司马迁撰写的《史记》等著作，今天的中国人仍在认真地学习，以便从中汲取能够茁壮成长的营养液；在一千多年前，李白写下的《静夜思》、杜甫写下的《登高》、范仲淹写下的《岳阳楼记》、苏轼写下的《赤壁赋》等文章，今天的中国人仍在大声诵读，包括牙牙学语的孩子仍吟诵不止，以拓展心灵空间和提升精神境界。

数千年来，从文字图画到图画文字，再到甲骨文、金文、大篆、小篆、隶书、草书、行书、楷书，充满人文思想和美学元素的汉字，在千变万化的形体中传承着中华文明最古老的基因，成为中华文明五千多年连绵不断的历史密码。在人类文明史上，历史悠久的几大古老文明，都曾创造了自己的文字，如苏美尔人创造的楔形文字、古埃及人创造的圣书字、古印度人创造的印章文字等。但是，这些文字都同它所代表的文明一起消失了。中国则不一样，由于文字的存在，今天我们要想读懂古老的中国，是一件很容易做到的事。我们完全可以坐下来，然后斟上一杯茶，捧上一本书，与几千年前的古人对话。

我们还可以从民间习俗中一睹它的神韵。文明是有形的，也是无形的。中国人过春节，家家户户都要贴春联；年年如此，百贴不厌。那么，这个民间习俗有什么说头呢？据历史考证，春联在周代就有，那时称作"桃符"，即用两个桃木板悬挂在大门两旁。这两个桃木板有多大呢？根据《后汉书》记载，两个桃木板分别长六寸、宽三寸，上书"神荼""郁垒"二神。据《山海经》记载，在东海有一座度朔山，山上住着各种妖魔鬼怪。神荼、郁垒是两位神将，守在东海度朔山的大桃树下，专门捉拿下山祸害人类的妖魔鬼怪。可见，古人悬挂桃符是为了驱邪避害。五代以来，人们开始在桃符上写比较工整的句子来讨吉利。到了宋代，随着造纸术的广泛应用，桃符逐渐换成了纸张。到了明清时期，人们很少再叫桃符，而普遍叫春联了，其内容也日益丰富。无论是驱邪避害还是讨吉利，都反映了人们对美好生活的向往。千百年来，这一民间习俗不曾更改，而且随着时代变迁，内容也更加富有时代气息。

再有就是婚丧嫁娶，在今天中国的民间习俗里，仍保留着古代中国的文明符号。比如，现在男女结婚仍在遵循的"入洞房"习俗。相传黄帝时期,黄帝在视察百姓居住的洞穴是否安全时,发现人们居住的洞穴前都垒有高墙,仅留一人能够出入的洞口。为了改变人类群婚的陋习,实行一夫一妻制,黄帝要求新人结婚,其家人要为他们准备一处洞穴(房),待举办结婚仪式后将他们送入洞穴,其他人不得打扰。恩格斯在《家庭、私有制和国家的起源》一文中指出,专偶制(即一夫一妻制)家庭"是在野蛮时代的中级阶段和高级阶段交替的时期从对偶制家庭中产生的;它的最后胜利乃是文明时代开始的标志之一"[1]。中华文明为什么五千多年连绵不断?从这些传承了数千年的民间习俗中,我们不难找到答案。这就是中华文明的融合力所在,它所弘扬的价值观直抵人的内心,从而形成了超强的历史韧性。

我们还可以从考古遗址中一睹它的神韵。1935年10月,毛泽东率领中央红军胜利越过六盘山后,不由慷慨激昂道:"不到长城非好汉,屈指行程二万。"长城是中华民族的重要象征,是中华文明的显著标志。毛泽东率

---

[1] 恩格斯:《家庭、私有制和国家的起源》,载中共中央马克思恩格斯列宁斯大林著作编译局编译《马克思恩格斯文集》第四卷,人民出版社,2009,第73页。

领中央红军,一路浴血奋战,从遥远的南国到达北国,当他看到战国和秦时的长城遗址,顿生英雄气概,真切看到了人民的力量。长城始建于战国,成形于秦始皇时代,后历经各个朝代风雨洗礼,像一条长龙纵横万里,集中展现了中华民族不屈不挠的英雄气概。无论是走近仰视它还是远观审视它,都能从中读到中华文明独有的融合性和由此形成的历史韧性。

在河南登封有座观星台,由元朝天文学家郭守敬主持建造。它历经七百多年,依然矗立在中原大地上。登上这座观星台,摘下一颗闪烁的星星,可以听到中国古代先贤与宇宙的对话,从中触摸到中华文明的宏大视野。在观星台旁边,伫立有周公测景台,一圭一表,读不尽的中华文明筋骨。还有如周口店北京人遗址、洛阳龙门石窟、西安兵马俑、敦煌莫高窟、四川都江堰、丽江古城、三星堆遗址、台北孔庙、拉萨布达拉宫等,星罗棋布在中华大地,无不叙说着中华文明的千古神韵。

中华文明之于中国,是中国之幸;中华文明之于世界,是世界之幸。五千多年来,我们听不到它断裂的声音,我们所看到的是它铿锵的前进脚步和播撒在人类文明道路上的青春诗行。

第二节 "和也者,天下之达道也"

1894年7月25日,中日甲午战争爆发。

清政府战败,被迫与日本签订了极不平等的《马关条约》。根据该条约,清政府不仅忍痛将辽东半岛、台湾岛及其附属岛屿、澎湖列岛割让给日本,还无奈赔偿日本2亿两白银。实质上远不止这些。据专家统计,如果加上赎回辽东半岛费、威海日军驻守费,以及日本从中国掠夺的舰船、军械、军需、金银货币等财物,就高达3亿多两白银,相当于日本当时年度财政收入的6.4倍,使日本一夜暴富。日本政府一位外务大臣曾说,一想到有这么多的财富滚滚而来,无论政府和私人都顿觉无比富裕。殊不知这些都是不义之财。正是靠这些不义之财,日本建立了金本位制,为日本资本主义经济发展奠定了基础。而正是因为有了这样的经济基础,日本于1905年取得了对俄战争的胜利。

中日甲午战争和对俄战争的胜利,让日本变得忘乎所以,认为自己天下无敌,野心随之更加膨胀。1931年9月18日,日本狂妄地发动了侵华战争。后经过中国人民14年艰苦抗战,日本被拖进了战争泥淖,无法再与中国人民以及世界反法西斯力量抗衡,不得不于1945年8月15日宣布无条件投降。14年侵华战争,日本给中国人民造成的经济损失无法估量。

中日两国是一衣带水的邻邦,历史上长期和平相处,作为日本一方还曾处处拜中国为师。例如,在日本奈良时期,日本曾向中国派出了大量遣唐使,学习中国先进的政治制度,这使得日本从7世纪后期到8世纪得以迅速发展。据历史记载,从7世纪初到9世纪末,日本向中国派出的遣唐使达到数千名,另有大量的留学生和僧人。其中,有的长期在中国生活,与中国人结下了深厚的友谊。日本遣唐使阿倍仲麻吕(汉名晁衡),在中国生活了50多年,与李白、王维等唐朝著名诗人皆为莫逆之交。唐天宝十二年(753年),晁衡乘船归国途中遇大风,当时误传晁衡遇难,李白挥泪写下了著名诗篇《哭晁卿衡》:"日本晁卿辞帝都,征帆一片绕蓬壶。明月不归沉碧海,白云愁色满苍梧。"[1]所以,为了中日两国人民世代友好相处,1972年9月29日,中日双方签署了《中

---

[1] 李白:《李白集》,山东文艺出版社,2021,第159页。

日联合声明》。在这份声明中,中方宣布放弃对日方的战争赔偿要求。这一决定,充分表明了中国人民爱好和平的最大诚意,体现了中国"和"文化的价值追求。

中国"和"文化源远流长。《周易》是中国最古老的文化经典,被誉为"群经之首"。中国先哲对世界最早的科学认知,就集中体现在《周易》这部典籍的字里行间。《周易·乾卦》道:"乾道变化,各正性命,保合大和,乃利贞。"[1] 从源头上讲,这应该是中国"和"文化最早的一种思想表达。它告诉我们,大自然的运行变化之道,是使宇宙万物都各有其属性和生命,共同构成整个宇宙完美和谐的生命体,这样才更有利于万物的充分发展。中国传统哲学有一个重要概念,就是阴阳之道。"一阴一阳之谓道"[2],万物皆有阴阳,阴阳变化是为了达到和谐,以推动事物不断发展。譬如,大自然昼夜交替,有阳光照耀的白昼,人可以劳作,以求得生活的保障;繁星满天的夜晚,人可以休息,以达到养精蓄锐的目的。由此,日出而作、日落而息成为人类亘古不变的生活法

---

[1] 崔波注译《周易》,中州古籍出版社,2007,第25页。
[2] 崔波注译《周易》,中州古籍出版社,2007,第362页。

则。也正是这样,人类才得以繁衍生息,从茹毛饮血到田园农耕,从工业革命到信息社会。所以,老子亦道:"万物负阴而抱阳,冲气以为和。"[1]

从某种意义上讲,天道就是人道。《礼记》作为中国古代一部重要的典章制度选集,记录了中国古代社会的生活状况,揭示了人类社会发展的一般规律。《礼记·中庸》道:"和也者,天下之达道也。"[2]这句话的意思是说,"和"是天下公认的社会发展之道。这正是儒家追求建立大同世界的理论基础,也是中华文明最根本的思想骨架。什么是大同世界?所谓大同世界,它的首要条件就是社会和谐。没有社会和谐,遑论世界大同。2004年9月19日,党的十六届四中全会提出构建社会主义和谐社会的目标任务,是对中国传统和谐社会思想的继承和发扬。

中国传统和谐社会思想,是中国"和"文化的集中反映。反过来说,中国"和"文化的价值取向,就是要建立一个天、地、人和谐共生的世界。这是中华文化的

---

[1] 王弼注,楼宇烈校释《老子道德经注校释》,中华书局,2008,第117页。

[2] 杨天宇撰《礼记译注》,上海古籍出版社,2004,第691页。

精髓，它热情地流淌在中华民族的血脉里，从而造就了五千多年奔腾不息的中华文明。因此，2014年5月15日，习近平总书记在中国国际友好大会暨中国人民对外友好协会成立60周年纪念活动上深刻指出，中华文化崇尚和谐，中国"和"文化源远流长，蕴含着天人合一的宇宙观、协和万邦的国际观、和而不同的社会观、人心和善的道德观。

可以说，自从人类诞生以来，世界就充满了纷争。人类起初的纷争是为了争夺基本的生存资本。比如，一块兽皮、两三处洞穴或一堆野果等。诸如此类的纷争，规模一般都比较小，彼此造成的伤害也不大。后来，随着氏族、部落、民族和国家等共同体的产生，人类纷争无论是目的、规模还是伤害程度，都越来越大。公元前480年，波斯国王薛西斯率上百万大军远征希腊。在此之前，波斯曾两次远征希腊，但都铩羽而归。为此，薛西斯进行了大规模扩军，意欲一鼓作气征服希腊，从而完成他父亲的遗愿。为了抵抗波斯大军，希腊城邦结成联盟并组建了联军。波斯大军渡过赫勒斯滂海峡后，席卷希腊北部地区，然后兵锋直指温泉关。温泉关位于希腊中部，有一夫当关、万夫莫开之说，是波斯大军征服希腊全境的必经之路。在温泉关战役中,斯巴达300名勇士几乎全部战死,国王列奥尼达一世被枭首,波斯方面则付出了2万名士兵的生命。温泉关战役是世界历史上最悲壮的战役之一,古希腊历史学家希罗多德在其著作《历史》中有较为详细的记载。

　　谁愿意生来就活在刀光剑影之中?谁不希望"黄发垂髫,并怡然自乐"?世界历史证明,实现社会和谐,建设美好社会,始终是人类孜孜以求的一个社会理想,也是人类文明发展进步的本质追求。中华民族在追求实现这一社会理想的征途上,从来没有犹豫徘徊过,也从来没有懈怠过。1405年,根据明成祖朱棣的旨意,郑和率领当时世界上最强大的船队,自苏州刘家河出发,一路浩浩荡荡向西洋驶去。

　　郑和这次率领的船队有多强大呢?据《明史》记载,为了郑和这次西洋行,明政府斥巨资建造了60艘大型船只。船只有多大呢?长44丈、宽18丈。那么,随行人员有多少呢?将士卒27800余人。这样的船队够强大了吧!可以说到哪儿都足以震慑人心。然而,从1405年开始,郑和率队先后7次远航太平洋和西印度洋,到访30多个国家和地区,没有掠夺他人一点财富,没有霸占别国一寸土地，带去的是和平交往的友谊种子，而不是滴血的火与剑，这其实就是儒家和谐社会思想的一种真实映射。

郑和下西洋真正称得上是和平之旅。历史上，马林迪国王曾赠送给明朝皇帝一头长颈鹿作为礼物。南非前总统姆贝基评论说，非洲马林迪国王赠送中国皇帝一头长颈鹿，而不是大象、狮子或豹子，为什么？因为马林迪国王敬仰中国皇帝具有高瞻远瞩的眼光，以及派遣船队长途跋涉、拜访非洲国家并与之礼尚往来的气度。

2018年4月11日，国家主席习近平在集体会见博鳌亚洲论坛现任和候任理事时指出，各国都应当致力于建设一个包容的世界，营造共同和谐的氛围。我们主张包容，反对大小通吃、你输我赢的零和博弈。自己发展得好、生活得舒适，也要让别人同样发展得好、生活得舒适。太平洋足够大，完全容得下太平洋各国。各国即使有竞争，也应当是良性竞争、良性互动；有问题有分歧，大家商量着解决。这正是中国"和"文化所催生的和谐世界思想的真实表达。新中国成立以来，中国坚持和平共处五项原则的外交政策，积极在全球构建和谐世界。

2011年4月，国务院新闻办公室发布了《中国的对外援助》白皮书。据该白皮书统计，截至2009年底，中国累计对外提供援助金额达2 562.9亿元人民币，其中提供无偿援助1062亿元、无息贷款765.4亿元、优惠贷款735.5亿元。而且，据该白皮书披露，20世纪50年代，新中国成立不久，在自身财力十分紧张、物资相当匮乏的情况下，毅然积极对外提供经济技术援助，并逐步扩大援助范围。70年代末中国实行改革开放以来，尽管依然是一个人均国内生产总值不高、贫困人口众多的发展中国家，但是仍量力而行，尽力开展对外援助，帮助受援国增强自主发展能力，丰富和改善人民生活，促进经济发展和社会进步。2014年7月，国务院新闻办公室发布《中国的对外援助（2014）》白皮书显示，2010年至2012年，中国对外援助金额为893.4亿元人民币。其中对外提供无偿援助323.2亿元人民币、无息贷款72.6亿元人民币、优惠贷款497.6亿元人民币。2010年至2012年，中国对外援助金额约占前几十年的三分之一，充分说明了中国对外援助的力度越来越大，有力推动了世界和谐发展。

这就是大国担当！这就是中国"和"文化思想的伟大呈现。

从一定意义上讲，马克思主义最崇高的社会理想——共产主义社会，其实就是对中国儒家和谐社会思想的科学升华。这也是为什么马克思主义能够在中国扎根并中国化的重要原因。因为无论什么样的思想,要想成长为一棵参天大树,都必须有它可以生存和发展的土壤。那么,共产主义社会的基本特征是什么?就是社会高度和谐。恩格斯在《国民经济学批判大纲》一文中提出"两大和解",即"人类与自然的和解以及人类本身的和解"[1]。人类本身的和解,就包括人与社会、人与自身的和解。因此,恩格斯提出的"两大和解",实质上是"三大和谐",即人与自然、人与社会、人与自身之间的矛盾得到有效解决,从而实现每个人乃至一切人的自由发展。所以,马克思、恩格斯在《共产党宣言》中指出:"代替那存在着阶级和阶级对立的资产阶级旧社会的,将是这样一个联合体,在那里,每个人的自由发展是一切人的自由发展的条件。"[2]试问,中国"和"

---

[1] 恩格斯:《国民经济学批判大纲》,载中共中央马克思恩格斯列宁斯大林著作编译局编译《马克思恩格斯文集》第一卷,人民出版社,2009,第63页。

[2] 马克思、恩格斯:《共产党宣言》,载中共中央马克思恩格斯列宁斯大林著作编译局编译《马克思恩格斯文集》第二卷,人民出版社,2009,第53页。

文化催生的和谐社会，不就是人的自由发展的中国式表达吗？

人的自由发展就是人的和谐发展，没有和谐就没有人的自由发展。世界是充满矛盾的，正是因为有矛盾的存在，所以才需要"和"这个溶剂来化解矛盾。从太空看地球，地球也只有一粒粟米大。也就是说，人类生存的空间很小，能够发展的世界也不大，"和"乃是上策也。

《礼记·中庸》道："致中和，天地位焉，万物育焉。""和"是事物发展的终极追求。千百年来，中华民族持守中道，创造了以"和"为思想内核的中华文明之道。这也正是中华文明五千多年不断裂的根本原因所在。

当然了，中华民族重视"和"，也懂得以礼节之。《论语》道："礼之用，和为贵。先王之道，斯为美，小大由之。有所不行。知和而和，不以礼节之，亦不可行也。"[1]就是说礼的运用，贵在能和。先王之道，就美在这里，大事小事都依此而行。但是，也有行不通之处。因为只知道要"和"，不用礼法来限制，肯定行不通。西藏自古以来都是中国不可分割的一部分。但是，近代

---

[1] 钱穆：《论语新解》，生活·读书·新知三联书店，2002，第15-16页。

以来，以英国为首的帝国主义势力制造了所谓的"西藏独立"问题，严重破坏了中国的主权和领土完整。在新中国成立前夕，为了驱逐帝国主义侵略势力，完成祖国领土和主权的统一，中共中央就做出了解放西藏的战略决策。

解放西藏无非有两种方式：一种是武力方式，一种是和平方式。中共中央决定采用和平方式解决西藏问题。可是，新中国成立后，中共中央争取西藏和平解放的一切努力，都遭到国外反华势力和西藏地方反动势力的阻挠与拒绝，他们陈兵金沙江西岸和昌都等地区，妄图以武力阻止解放军进藏。于是，按照中共中央以战促和的战略方针，中国人民解放军发起了昌都战役。昌都战役打破了西藏地方反动势力的黄粱美梦，使西藏地方反动势力自觉回到谈判桌上，与中央人民政府签订了《十七条协议》，实现了西藏和平解放。西藏和平解放，使西藏人民永远摆脱了帝国主义的侵略和羁绊，与全国各族人民一道在祖国大家庭里走上团结、进步、发展的光明大道。

老子道:"不出户,知天下;不窥牖,见天道。"[1]中国古代先贤所看到的世界,不只是眼前的世界,而是整个天下。他们所提出的"和"文化思想,不仅是中华民族的生存和发展之道,也是世界各民族的生存和发展之道,更是全人类共同努力构建和谐世界的秘方。

第三节 天人合一的宇宙观

2001年6月29日,青藏铁路开工典礼在青海格尔木和西藏拉萨同时举行。青藏铁路是连接西藏与祖国内地的大动脉,是中华民族大团结的象征。青藏高原是野生动物的天堂。为保护青藏铁路沿线野生动物栖息地不受破坏,工程师在设计青藏铁路时绕开野生动物集中栖息区域,并且每一段铁路都会修建一座涵洞,专为野生动物迁徙提供绿色通道。现在,当人们乘坐火车通过青藏高原时,可以很好地欣赏到野生动物自由潇洒的身影;洁白的云朵下,一头藏羚羊悠闲地走过,仿佛一首沁人

---

[1] 王孺童讲解《道德经讲义》,中华书局,2013,第79页。

心脾的诗在天空下缓缓流淌。

青藏铁路的设计和运营,深刻体现了中华文明固有的天人合一的宇宙观。天就是大自然,人就是人类;天人合一就是人与大自然要和谐相处,融为一体。2017年1月,中国国家主席习近平在联合国日内瓦总部演讲时指出:"我们不能吃祖宗饭、断子孙路,用破坏性方式搞发展。绿水青山就是金山银山。我们应该遵循天人合一、道法自然的理念,寻求永续发展之路。"[1]

哲学上有一个重要问题:我们从哪里来?对这一问题的回答,在西方有上帝造人之说,在东方有女娲造人的故事,造人用的原材料都是泥土。从这个意义上讲,人离不开自然。19世纪中叶,英国生物学家达尔文提出的进化论思想,用科学证明了人是从自然中不断进化而来的。在积极吸收达尔文的进化论思想的基础上,马克思主义创始人提出了劳动创造了人的科学论断。人来源于自然,是自然的产物。人正是通过一系列简单和复杂的劳动,不断提高认识自然和改造自然的能力,从而逐

---

[1] 习近平:《共同构建人类命运共同体——在联合国日内瓦总部的演讲》,载《习近平谈治国理政》第二卷,外文出版社,2017,第544页。

遥于天地之间而心意自得。

这就需要正确认识自然。可以说，自从人类有意识以后，就开始了认识自然的旅程。西方哲学的鼻祖泰勒斯曾准确预测到了日食，并认为水是世界的本原；古希腊哲学家赫拉克利特著有《论自然》一书，在他看来火是万物的本原，火产生一切，一切又都复归于火。这是早期人类对自然的一种基本认识。尽管这些观点在今天看来是不正确的，但它反映了人类对自然的主动性认识，人类为掌握自身命运做出的努力与追求。中国古代先贤对自然的认识，更是充满了现实主义精神。伏羲受河图启示提出的八卦说，实质上是为人类提供了认识自然的方法论。为此，老子提出了"人法地，地法天，天法道，道法自然"[1]的哲学命题。孔子则发出了"天何言哉！四时行焉，百物生焉，天何言哉"[2]的哲学感慨。从德国哲学家康德开始，西方开启了近代以来关于人与自然关系的探讨。

关于人与自然的关系，黑格尔认为人的整个生活是

---

[1] 王孺童讲解《道德经讲义》，中华书局，2013，第49页。
[2] 齐冲天、齐小平注译《论语》，中州古籍出版社，2008，第262页。

一般的自然生活的一部分，是自然的或物理的特性。在黑格尔看来，人征服了自然，自然也要向人报仇。这也是黑格尔辩证法思想的重要来源。马克思、恩格斯继承了黑格尔的辩证法思想，强调自然界本身是按照规律行事的。这与老子的思想非常相似。马克思在其著作《1844年经济学哲学手稿》中指出："不仅五官感觉，而且连所谓精神感觉、实践感觉（意志、爱等等），一句话，人的感觉、感觉的人性，都是由于它的对象的存在，由于人化的自然界，才产生出来的。五官感觉的形成是迄今为止全部世界历史的产物。"[1]人在自然面前不是被动者，人能够积极认识自然，并能够在认识自然中通过劳动创造财富。恩格斯在其著作《自然辩证法》中指出："劳动和自然界在一起才是一切财富的源泉，自然界为劳动提供材料，劳动把材料转变为财富。"[2]马克思主义自

---

[1] 马克思：《1844年经济学哲学手稿》，载中共中央马克思恩格斯列宁斯大林著作编译局编译《马克思恩格斯文集》第一卷，人民出版社，2009，第191页。

[2] 恩格斯：《自然辩证法》，载中共中央马克思恩格斯列宁斯大林著作编译局编译《马克思恩格斯文集》第九卷，人民出版社，2009，第550页。

然观超越了以往哲学家的自然认识论，同时提出了生产力的科学概念，明确强调生产力在人认识自然中的重要作用，并揭示了资本主义的生产方式只注意最直接的有益效果，造成了自然环境和资源的巨大破坏与浪费，以及自然力对人的报复。

马克思主义的自然观与其历史观是紧密相连的，并从人类文明发展规律上深刻揭示了在资本主义社会，人与自然、人与社会、人与自身之间关系失衡、不协调的重要原因，即生产关系或经济关系与为维持这种关系的上层建筑之间所产生的矛盾，而解决这个问题的主要社会力量是无产阶级。正是基于此，马克思、恩格斯创立了历史唯物主义，从而为人们提供了科学观察社会现象和把握社会历史发展规律的金钥匙。

人类认识自然，目的是改造自然。实践性是马克思主义理论区别于其他理论的显著特征。正是由于实践把马克思主义哲学同一切旧哲学从根本上区分开，马克思主义成为人们改造世界的工具。1937年，毛泽东撰写的《实践论》，进一步论述了实践与认识的关系，即知和行的关系。人类认识自然，并不断改造自然，不是为了征服自然，而是为了使人类与自然更好地和谐共生。

这就如同农民翻耕土地，不是为了破坏土地，而是为了使土地更适合种庄稼，长出更多的粮食供人们享用。在人类思想史上，曾存在着自然中心论、人类中心论等立场。自然中心论使人类屈服于自然，丧失了人类改造自然的信心和能力，使人类在自然界面前就像一个弱小的婴儿；人类中心论强调人类是自然界的主人，主张人类要征服自然，从而导致自然界对人类的报复，给人类造成生存危机。人与自然的关系是人类社会最基本的关系。自然中心论不利于人与自然的发展，人类中心论更不利于人与自然的发展，二者都会造成人与自然关系的失衡。

恩格斯在其著作《自然辩证法》中曾举例说："美索不达米亚、希腊、小亚细亚以及其他各地的居民，为了得到耕地，毁灭了森林，但是他们做梦也想不到，这些地方今天竟因此而成为不毛之地，因为他们使这些地方失去了森林，也就失去了水分的积聚中心和贮藏库。阿尔卑斯山的意大利人，当他们在山南坡把那些在山北坡得到精心保护的枞树林砍光用尽时，没有预料到，这样一来，他们就把本地区的高山畜牧业的根基毁掉了；他们更没有预料到，他们这样做，竟使山泉在一年中的大部分时间内枯竭了，同时在雨季又使更加凶猛的洪水倾泻到平原上。在欧洲推广马铃薯的人，并不知道他们在推广这种含粉块茎的同时也使瘰疬症传播开来了。"[1]人类能够制造使用工具，也能够利用工具征服自然。但是，我们必须明白这样一个道理，自然在人类面前绝不是无能为力的，它有人类意想不到的力量和报复方式。为此，《论语》也告诫我们说："子钓而不纲，弋不射宿。"[2]什么意思呢？就是说孔子不用大网打鱼，不射歇宿之鸟。这深刻反映了孔子对待自然的态度。

人与自然是命运共同体。只有正确认识和运用自然规律，才能确保人与自然在相互作用、相互影响中和谐共生。因此，人类改造自然的过程，其实就是一个实践、认识、再实践、再认识的过程。在这样一个过程中，人类不断加深对自然的认识，不断从自然中获取有利于自身发展的物质基础和精神力量，不断提高改造自然的能力，同时赋予自然以新的生机和活力，进而形成人与自

---

[1] 恩格斯:《自然辩证法》，载中共中央马克思恩格斯列宁斯大林著作编译局编译《马克思恩格斯文集》第九卷，人民出版社，2009，第560页。

[2] 齐冲天、齐小平注译《论语》，中州古籍出版社，2008，第120页。

然和谐共生的良好态势。这就是天人合一，这就是马克思主义实践论的人与自然观。

"天人合一"思想是中华文明对人类最大的智慧贡献。西方文明的基础架构是基督教文明。基督教认为，上帝创造了亚当，并将对自然万物的统治权交给了亚当。这就是西方"人为万物之灵论"的理论基础，也可以说是人类中心论的滥觞。因此，在这种基督教文明的影响下，西方人无形中就把人与自然对立了起来，认为自然是人的仆人，人生来就是为了征服自然的。这也是近代以来西方资本主义国家无情掠夺自然的一个重要原因。美国自然作家理查德·洛夫曾大声问道：自然对人而言，究竟意味着什么？当人类与自然断交、排斥、隔离之后，人类究竟该往何处去？

20世纪，发生在西方国家的"世界八大公害事件"就是典型案例。其中，美国发生的洛杉矶光化学烟雾事件，先后导致数百人死亡、75%以上市民患上红眼病；英国发生的伦敦烟雾事件，在短短的5天时间，丧生者就达4000多人，而在大雾过去之后的两个月内又有8000多人相继死亡。近代以来，西方国家环境污染公害事件层出不穷。美国作家伊丽莎·格里斯沃尔德著有《压裂的底层》一书,并于2019年获得美国纪实最高荣誉普利策非虚构奖。在这本书中,伊丽莎·格里斯沃尔德详细记述了一个美国贫困家庭在环境危机中如何挣扎生存的故事。在漫长的诉讼路上,主人公斯泰茜和她的孩子不仅失去了自己的土地,还耗费了一生中大量的时间。这是人类存在的意义吗?绝对不是。

中国有着自己的创世神话。与西方创世神话不同的是,中国创世之神大都来自自然,并最终又回归于自然,与自然万物化为一体,形成你中有我、我中有你的生命共同体。比如,中国流传最广的创世神话盘古开天地。据传说,盘古将天地分开后,怕它们还会合在一起,就头顶着天,脚蹬着地,独撑于天地之间。若干年过去了,等天和地成形后,盘古也累倒了。盘古倒下后,他的身体发生了巨大变化。他呼出的气息变成了风和云,他发出的声音化作了雷声,他的两只眼睛变为太阳和月亮,闭上眼睛为黑夜。死后,他的身体变成了大地的四级和高山,血液变成了江河,他的皮肤变成了花草树木。受此创世神话的影响,中国人便逐渐产生了天人合一的哲学思想。

《周易》曾道:"夫大人者,与天地合其德;与日月合其明；与四时合其序；与鬼神合其吉凶。先天，而天弗违；后天，而奉天时。"[1]《周易》为群经之首，它这种天人合一的哲学思想，如同一股清澈的流水注入中华民族大地，滋养着一代代中国人的心灵世界。老子提出的哲学概念"道"，以及蕴含其中的"人法地，地法天，天法道，道法自然"思维逻辑，既能使人摆脱宗教、神学的束缚，又能使人从中深刻领悟天人合一的宇宙观。可以说，中华文明历经五千多年而不衰，与中国人在自己的心灵世界高举天人合一的明灯不无关系。天人合一的哲学思想不仅属于中国，更属于世界。

人类离不开自然，自然对人类有着超强的反作用力。遵循天人合一思想，自觉尊重自然、顺应自然、保护自然，与自然和谐共生，是人类文明发展进步的必然选择。

第四节 协和万邦的国际观

从氏族社会走向部落社会，是人类文明史上的重要

---

[1] 胡道静、戚文编著《周易十讲（增补本）》，上海人民出版社，2003，第349页。

一页。

尧帝时代，中华大地部落众多。一个部落就是一个共同体，一个共同体就是一个利益集团。当各部落之间发生利益冲突时，战争的机器便轰鸣起来，并随着冲突的加剧愈发响亮。马克思在其著作《政治经济学批判（1857—1858年手稿）》中指出："一个共同体所遭遇的困难，只能是由其他共同体引起的，后者或是先已占领了土地，或是到这个共同体已占领的土地上来骚扰。因此，战争就或是为了占领生存的客观条件，或是为了保护并永久保持这种占领所要求的巨大的共同任务、巨大的共同工作。"[1]远古时期的人类战争，其惨烈程度虽然不能与现代战争相比，但是它对人类文明的伤害也是极大的。例如，人类历史上著名的特洛伊战争，前前后后打了十年，造成的伤亡不计其数，而且这场战争消耗了迈锡尼人的元气，致使迈锡尼文明走向了灭亡，在人类文明史上只留下了一声叹息。

尧帝是中国上古时期"三皇五帝"之一。面对天下

---

[1] 马克思：《政治经济学批判（1857—1858年手稿）》，载中共中央马克思恩格斯列宁斯大林著作编译局编译《马克思恩格斯文集》第八卷，人民出版社，2009，第126页。

众多的部落及其无休止的纷争,他团结亲族,联合友邦,逐步将各部落统一起来,并被各部落首领推选为部落联盟首领。在统一各部落的过程中,他提出和践行了"百姓昭明,协和万邦"的政治主张。这在中国古代典籍《尚书》中有详细记载。《尚书·尧典》道:"帝尧曰放勋,钦明文思安安,允恭克让,光被四表,格于上下。克明俊德,以亲九族。九族既睦,平章百姓。百姓昭明,协和万邦,黎民于变时雍。"[1]这一段历史记载,是说帝尧名叫放勋,他办事恭敬、明察四方,他经天纬地、深谋远虑,他为人温和且恪尽职守、推贤尚善,他的光辉照耀四方、充盈于天地。他能够发扬美德,让自己的家族和睦。自己的家族和睦了,他又协调各个部落之间的关系,使之和谐相处。各个部落和谐相处,天下也就和平了。追求天下和平,可以说是尧帝的最高理想。因为天下非一人之天下,也非一家族或一部落之天下。所以,要使天下和平,必须做到"协和万邦"。

在中国,关于如何治理天下,自古就有王道和霸道之说。所谓"王道",简要地说就是协和万邦之道。据《尚

---

[1] 李民、王健撰《尚书译注》,上海古籍出版社,2004,第1页。

书》记载，周武王消灭了商朝后，求贤若渴，寻访到箕子后，问箕子商朝为什么会灭亡，他怎样才能治理好天下。箕子乃商朝遗臣，曾官至太师。箕子有亡国之恨，更有天下动乱之痛。他期待天下安定、百姓富足。因此，他坦诚地告诉周武王，要继承先王之道。他说："无偏无陂，遵王之义；无有作好，遵王之道；无有作恶，遵王之路；无偏无党，王道荡荡；无党无偏，王道平平；无反无侧，王道正直。"[1]先王之道即圣贤之道，就是要效法先王主持公平正义，不以个人好恶胡作非为，既不偏向自己的亲人，也不袒护自己的朋友，做到一碗水端平，这样国家就治理好了。

儒家有一个很重要的思想，就是强调为政者要继承先王之道，建立大同世界。《礼记》记载孔子的话道："吾观于乡，而知王道之易易也。"[2]在西周时期，各诸侯国都建有乡学，每三年组织一次毕业考试，从中选取品学兼优者一人，献给天子或诸侯授予官职。为此，乡大夫要举行一次盛大的饮酒礼，即所谓的乡饮酒礼，其目的

---

[1] 李民、王健撰《尚书译注》，上海古籍出版社，2004，第222页。
[2] 杨天宇撰《礼记译注》，上海古籍出版社，2004，第827页。

在于敬老尊贤。孔子通过参观乡饮酒礼,明白推行王道是一件很容易的事。

孔子非常推崇尧、舜、禹、汤、文、武、周公等先王,并给予了他们无数赞美之词。例如,孔子赞美尧帝道:"大哉,尧之为君也!巍巍乎!唯天为大,唯尧则之。荡荡乎!民无能名焉。巍巍乎!其有成功也。焕乎!其有文章。"[1]用今天的话说,那就是:伟大啊,尧作为一个国君!崇高啊!唯有天最伟大,只有尧能够效法它。他的恩德如此广博无边,人民不知道怎样去称赞他。崇高啊!他成就了伟大的功业。光辉啊!他制定了礼仪制度。这是孔子对尧帝发自内心的赞美。因此,孔子周游列国,目的就是为了推行王道。

孟子继承和发扬了孔子的王道思想,以仁为标准阐述了什么是王道和什么是霸道。孟子道:"以力假仁者霸,霸必有大国;以德行仁者王,王不待大。"[2]意思是说,假借仁义之名用武力统一天下的叫作"霸道",这需要有强大的国家做后盾;依靠道德力量推行仁义而拥

---

[1] 齐冲天、齐小乎注译《论语》,中州古籍出版社,2008,第133页。
[2] 万丽华、蓝旭译注《孟子》,中华书局,2006,第65页。

有天下的叫作"王道",而这就不需要凭借强大国力了。这可以说是孟子的仁政思想。在阐述"王道"与"霸道"时,孟子还以商汤和周文王为例进行了论证。

荀子是先秦儒家最后一位大师,他树立起了儒家新的思想高峰。荀子继承了孔孟的王道思想,同时提出了重"王道"兼采"霸道"的政治命题。"王道"主张以德服人,"霸道"则强调以力服人。荀子所倡导的"霸道",其力并非单纯的武力,而是来自严格的法律,当然其中也包含一些爱民、惠民的做法。因此,荀子认为实行"王道"可以得天下,推行"霸道"只能使一国强盛。他批评当时拥有数千里土地的大国不能统一天下,原因就是没有实行"王道"。从孔子、孟子到荀子,先秦儒家"接着讲"王道思想,目的就是为了处理好各诸侯之间的关系,即"协和万邦",以实现天下一统。

中国是一个以汉族为主体的统一多民族国家。历史上中国曾长期处于大一统的文明形态,并缔造了成康之治、文景之治、贞观之治、康乾盛世等。但是,历史上中国也曾经历了春秋战国、魏晋南北朝、五代十国和宋辽金夏对峙等分裂时期,前后长达1200年。但是,无论怎么分裂,无论时间有多长,中国最终都能在各民族融合中进一步走向统一。

欧洲大陆自公元476年西罗马帝国灭亡至今1500多年来，就再也没有统一过。那么，中国为什么有史以来始终能保持大一统的状态呢？有一个重要原因，就是中华民族有一个根深蒂固的协和万邦的思想理念。比如，魏晋南北朝后期，隋文帝代周后，北方面临着突厥强大的攻势。突厥是匈奴的别支，兴起于北魏后期，拥兵数十万，时刻准备南侵。隋文帝一方面采取积极防御的策略，另一方面积极与突厥诸部落交好。他派遣太仆元晖出伊吾道（今新疆哈密），赠西突厥达头可汗狼头纛，获得了西突厥的好感和信任。突厥内部矛盾众多，西突厥与隋朝交好，突厥其他各部纷纷效仿，也开始向隋朝遣使请和。突厥可汗沙钵略曾屡次兴兵侵犯隋朝，后也向隋朝上表称臣。

吐谷浑是活动在隋朝西南部的少数民族政权。隋文帝初立时，吐谷浑首领吕夸乘机侵犯凉州等地，隋文帝派大军前去平定。大军临行前，隋文帝嘱咐行军元帅元谐道："公受朝寄，总兵西下，本欲自宁疆境，保全黎庶，非是贪无用之地，害荒服之民。王者之师，意在仁义。浑贼若至界首者，公宜晓示以德，临之以教，谁敢不服也！"[1]隋文帝所授元谐破敌之策，实为以德服人的"王道"之策。隋朝大军压境，吐谷浑首领吕夸不敌，率其亲兵远遁。随后，吕夸"名王十七人，公侯十三人"各率部投降。到了开皇四年，契丹首领莫贺弗率部归附。对前来归附者，隋文帝都做了妥善安置，解除了后顾之忧，为统一全国奠定了良好基础。

隋文帝统一全国后，继续实行"王道"，不仅创立了三省六部制和科举制，还废除了宫刑、车裂、枭首等残酷刑罚，颁布了"人年五十，免役收庸""战亡之家，给复一年"等仁政措施，开创了历史上有名的"开皇之治"。著名历史学家范文澜评价道，隋文帝主要的功绩，在于统一全国后，实行各种巩固统一的措施，使连续三百年的战事得以停止，全国安宁，南北民众获得休息，社会呈现空前的繁荣。

《周易》道："圣人感人心而天下和平。"[2]中华民族历来倡导和践行的王道思想，就在于"感人心"。1945年6月11日，毛泽东在中国共产党第七次全国代表大会

---

[1] 王保国等：《中华民族分裂时期统一策略研究》，河南人民出版社，2013，第248页。

[2] 崔波注译《周易》，中州古籍出版社，2007，第188页。

上题为《愚公移山》的闭幕词中说:"现在也有两座压在中国人民头上的大山,一座叫做帝国主义,一座叫做封建主义。中国共产党早就下了决心,要挖掉这两座山。我们一定要坚持下去,一定要不断地工作,我们也会感动上帝的。这个上帝不是别人,就是全中国的人民大众。"[1] 实践证明,中国共产党通过卓有成效的工作,确实感动了全中国的人民大众,不仅挖掉了压在中国人民头上的帝国主义和封建主义两座大山,还挖掉了压在中国人民头上的官僚资本主义大山,带领全国人民建立了新中国。

新中国成立后,中国共产党在国际舞台上奉行的独立自主的和平外交方针,实质上就是中华民族传统王道思想的马克思主义政党式表达。1956年9月24日,毛泽东在与参加中国共产党第八次全国代表大会的南斯拉夫共产主义者联盟代表团的谈话中指出:"中国党是个马列主义的政党,中国人民是爱好和平的。我们认为,侵略就是犯罪,我们不侵犯别人一寸土、一根草。我们是

---

[1] 毛泽东:《愚公移山》,载《毛泽东选集》第3卷,第2版,人民出版社,2006,第1102页。

爱好和平的，是马克思主义的。"[1]

中国共产党向来说话算数。新中国成立以来，中国共产党致力于国内各项建设和维护世界和平，从未发动过对外战争，仅有的几次对外战争，都是属于自卫性质的。而且，在有限的几次自卫反击战中，中国都在处于上风的情况下，为了国家之间的和睦相处和维护世界和平，主动停火并将部队全部撤回到国内，推动通过平等对话和谈判协商解决国家间的争端。

核武器是人类有史以来发明的威力最大的武器。1964年10月16日，中国成功进行了首次核试验，成为世界上第五个拥有核武器的国家。中国研制核武器的目的是什么？不是为了侵略他国、称霸世界，而是为了确保国家战略安全。所以，中国首次核试验成功后，就第一时间郑重宣布，中国在任何时候、任何情况下，都不会首先使用核武器。2019年7月24日，国务院新闻办公室发表的《新时代的中国国防》白皮书再次明确提出，中国始终奉行在任何时候和任何情况下都不首先使用核武

---

[1] 毛泽东：《吸取历史教训，反对大国沙文主义》，载中共中央文献研究室编《毛泽东文集》第7卷，人民出版社，1999，第123页。

器、无条件不对无核武器国家和无核武器区使用或威胁使用核武器的核政策，主张最终全面禁止和彻底销毁核武器，不会与任何国家进行核军备竞赛，始终把自身核力量维持在国家安全需要的最低水平。

2020年至2022年，新冠疫情全球大流行把人类历史推向了一个新的重要节点。在这个涉及世界人民生命的重要节点，中国在全面做好自身疫情防控工作的同时，积极支援世界各国。据统计，仅2020年，中国就向世界各国提供了2000多亿只口罩、20亿件防护服、8亿份检测试剂盒，向150多个国家和9个国际组织提供抗疫援助，向有需要的34个国家派出36支医疗专家组。疫苗是抗击疫情的有效武器。疫情防控期间，中国不搞疫苗垄断，积极向世界上多个国家和国际组织提供疫苗援助或出口疫苗，并同世界上多个国家开展疫苗研发和生产合作。2020年9月，在第六届尼山世界文明论坛上，与会者就一致认为，中国秉持协和万邦理念，在国内疫情尚未解除的情况下，积极开展国际合作，共同抗击疫情，向出现疫情的国家提供医疗物资，派出医疗队，为全球抗击疫情贡献智慧和力量，以实际行动践行"人类命运共同体"理念，也让中华优秀传统文化的底色更加闪亮。

这就是中国——一个自古以来遵守王道精神的伟大国家,将会始终践行协和万邦的国际观,为世界谋大同。

第五节 和而不同的社会观

西周末年,天下大乱。

周幽王的叔叔郑伯友,即郑国第一任国君郑桓公,为了远离乱糟糟的都城,请太史伯帮他找一个好的去处。太史伯详细分析了天下形势后,建议郑伯友将郑国迁到黄河、济水、洛水、颖水之间,即今天的河南郑州一带。郑伯友听取了太史伯的意见,于公元前744年完成了迁国大计。太史伯提出了"和实生物,同则不继"的著名论断,并用事实做了论证。

和谐相处是万物生存的法则。从古人造字的角度讲,"和"的本意是指音乐和谐,只有不同音调共存为一体,才能奏出美妙的音乐。从哲学意义上讲,"和"就是将不同事物加以调和,使之达到和谐的统一;"同"则是同类事物之间的简单相加,是没有任何差别的同一。"和"由于是不同事物之间相互作用的创造性过程,故能产生新的事物。反之,"同"则不然。

太史伯提出的"和实生物,同则不继"以及"多样性和谐及创造"的思想,对后世影响非常大。围绕齐国大夫梁丘据与齐景公之间是一种什么样的关系,晏子与齐景公曾有一段对话,探讨"和"与"同"不一样的问题。

齐景公问:"和与同异乎?"即"和"与"同"不一样吗?晏子道:"和如羹焉,水火醯醢盐梅以烹鱼肉,燀之以薪。宰夫和之,齐之以味,济其不及,以泄其过。君子食之,以平其心。君臣亦然。君所谓可而有否焉,臣献其否以成其可。君所谓否而有可焉,臣献其可以去其否。是以政平而不干,民无争心……声亦如味,一气,二体,三类,四物,五声,六律,七音,八风,九歌,以相成也。清浊,大小,短长,疾徐,哀乐,刚柔,迟速,高下,出入,周疏,以相济也。君子听之,以平其心……今据不然。君所谓可,据亦曰可。君所谓否,据亦曰否。若以水济水,谁能食之?若琴瑟之专一,谁能听之?同之不可也如是!"[1]

晏子回答的是什么意思呢?晏子回答说,"和"就

---

[1] 李梦生撰《左传译注》,上海古籍出版社,1998,第1105-1106页。

如同做羹，用水火醋酱盐梅来烹调鱼肉，用柴草烧煮。厨师加以调和，使味道适中，味道不够就加佐料，味道过了加些水。君子吃了，以平静内心。君臣之间也是如此。国君认为可而中间有不可的事情，臣子就指出它不可的地方使国君的认识更加全面。国君认为不可而中间含有可行成分的事情，臣子就指出它可行的地方而除去不可以的地方，因此政事平和而不违背礼制，百姓没有斗争之心……声音也同味道一样，是由一气二体三类四物五声六律七音八风九歌相互组成的，是通过清浊、大小、短长、疾徐、哀乐、刚柔、迟速、高下、出入、周疏相互调和的。君子听了，可以平静自己的心情……现在梁丘据不是这样，国君认为可以的，他也说可以。国君认为不可的，他也认为不可。如果用水来调和水，谁愿意喝它呢？如果琴瑟只弹出一种声调，谁愿意听它呢？不应该相同的道理也是这样。这里晏婴以做羹和奏乐为例，指出了"和"与"同"是不一样的，并将其上升到了君臣如何相处的政治高度，阐明了充满哲学味道的政治伦理。

春秋战国时期，诸侯争霸。以孔子为代表的儒家，从中看到了和谐在整个社会层面的重要性，提出了"君子和而不同，小人同而不和"[1]的社会命题。俗话说："人上一百，形形色色。"人类纷争始于利益，而在利益背后的，则是人们对世界不同的认知。然而，就整个社会来说，和谐是其终极目标。因为对每个人来说，从呱呱坠地来到这个世上，谁都想过上和谐安宁的日子，谁也不想置身于纷争之中。这就需要调和人们对世界不同的认知，以平衡人们之间不同的利益诉求。

"和而不同"是儒家思想的重要内容，响彻中华文明神圣的历史长廊。由于近代中国饱受西方列强的欺凌，香港、澳门、台湾逐渐沦为西方势力的俎上肉。新中国成立后，中国共产党秉持和为贵的思想，始终坚持以和平方式争取香港、澳门、台湾的回归。1982年1月11日，邓小平接见来华访问的美国华人协会主席李耀基时，针对中国香港、澳门、台湾问题，以其卓越的政治智慧提出了"一国两制"的伟大构想。"一国两制"充分考虑了香港、澳门、台湾的历史、现状和未来，充分体现了"和而不同"的儒家思想。

事实证明，"一国两制"是解决历史遗留的香港、

---

[1] 钱穆：《论语新解》，生活·读书·新知三联书店，2002，第250页。

澳门、台湾问题的最佳制度，它不仅能保持香港、澳门、台湾长期繁荣稳定，还能有效维护中国统一，符合海内外中华儿女的意愿。习近平总书记强调，"一国两制"是完全行得通、办得到、得人心的！撒切尔夫人前私人秘书鲍威尔在谈到香港问题时说，"一国两制"以一种"优雅的方式"解决了难题，是一种长期的解决方案。这既是中国创举，也是香港之幸。20世纪90年代初，费孝通将儒家"和而不同"的思想，阐发为"各美其美，美人之美，美美与共，天下大同"的十六字箴言，使其更具有了文明内涵和实践价值。

2008年国际金融危机爆发以来，西方为什么会乱象频发呢？一个不容忽视的原因，就是全社会始终没有形成"和而不同"的思维架构，没有形成良好和谐的社会氛围。譬如，美国实行两党制，从理论上讲能够彼此监督和制约，是一个不错的适合美国社会环境的政治选择。关键问题是，美国两党在政治认同上无法做到"和而不同"，而是非此即彼，势不两立。结果呢？四年一度的无休止的驴象之争，如一把锋利的失去约束的切割刀，使社会越来越分裂。美国皮尤研究中心的民调显示，2020年大选前一个月，由美国两党形成的两大阵营中，大约80%的登记选民表示,他们彼此之间的分歧主要在于"美国的核心价值观";大约90%的选民担心对方一旦获胜,就会对美国造成"持久的伤害"。因此,2020年美国大选也被视为"两条道路""两种哲学"之争。美国两党你死我活的竞争造成的政治分裂,让美国经济和民众成为牺牲品,社会撕裂趋势进一步加剧,从而引发了2021年1月6日的国会山骚乱事件,无情地扯下了罩在美国政治制度身上神圣的民主外衣。

那么,为什么美国两党不能做到"和而不同"呢?因为他们的思维里只有二元对立的逻辑,而没有"和"的概念。"和"是什么?对于一个社会来说,"和"就是全社会共同的利益诉求。譬如,有一座独木桥,只能容一人通过,二人相向而行,如果二人彼此互不相让,就会导致谁也过不了桥。过桥是目的,是双方共同的利益诉求。为了过桥,双方必须以"和"为导向,采取一定(即一先一后)的过桥方式,达到过桥的目的。否则,谁也过不了桥,双方还会因此发生争吵,甚至大打出手。美国两党各自代表的是什么?是各自政党的小团体利益,而不是全社会的利益。换句话说,对于美国两党来说,党派利益高于全社会的利益,上台执政是他们压倒一切的任务。为了能够上台执政，维护党派的小团体利益，各党派会不惜掷重金上演"金钱大战"，使整个美国陷入"两党斗争升级—社会撕裂加剧—两党斗争进一步升级—社会撕裂进一步加剧"的恶性循环之中。所以，他们怎能做到"和而不同"呢？

美国政党是这样，西方国家其他政党同样如此。这就是西方多党制久治不愈的政治顽疾。2017年德国联邦大选后，由默克尔领导的联盟党竟难以独立组阁，使德国处于无政府状态达171天。在西方国家，这还不算是最长的无政府历史纪录。同样是2017年，荷兰大选后，整个国家无政府状态持续了225天；而比利时在2010至2011年，曾经有长达589天没有主事的政府，完全可以申请吉尼斯纪录。由此，整个社会就像失效的混凝土，再加水也凝固不到一起。即使勉强凝固到一起，伸手一捏就会破碎。德国当代哲学家尤尔根·哈贝马斯著有《分裂的西方》一书。他郑重地提醒西方，必须学会修正其政治，而在更为根本的层面上，还要学会修正如何面对其他文化时来呈现自我。这实质上是哈贝马斯对"和而不同"的热切忠告。

人类文明是向好发展的。对于西方来说，只有洗耳恭听"和而不同"的忠告，认真践行"和而不同"的智慧，才能避免深陷政党和社会分裂的漩涡不能自拔，以跟上人类文明发展进步的步伐。否则，就会像一只掉队的羔羊，只能望着人类文明大步前进的背影而哀叫。

第六节　人心和善的道德观

2021年夏天，广东省东莞市大朗镇城管分局收到12345政府服务热线平台转来的一封来信。信是这样写的："我妈妈是清洁工，早上4：40开始清扫马路，5：25路灯熄灭，这时天还很暗，清扫很不方便，申请路灯多亮15分钟。"

大朗镇城管分局值班人员接到信件后，便迅速与来信市民取得了联系。后经过核实，来信市民母亲负责的路段市政路灯因为开关设定，与实际天亮时间存在着偏差，常常在天亮前路灯就已关闭，造成周围环境光线比较暗，从而给环卫工人的作业带来不便。于是，大朗镇城管分局协调市政维护承包方，将该路段路灯亮灯时间调整为19：15到次日早上5：45，并对该道路市政路灯进行了一次常规检查，满足了市民的要求。

这件事看似不大，却体现了人民政府为人民服务的宗旨。更为重要的是，它彰显了中华民族历来推崇的人心和善的道德观。

老子是中华民族的伟大先哲之一。在函谷关，他聆听着黄河的水声写道："上善若水。水善利万物而不争，处众人之所恶，故几于道。"[1]"善"是老子哲学语境中的道德境界，在他看来，最好的"善"，即人生最高的道德境界，就像水一样"善利万物而不争"。水是我们的生命之源。老子以水作比喻，一语道出了道家所追求的道德境界。孔子曾问道于老子，他所创立的儒家思想体系，同样把"善"作为一种最高的道德追求。儒家经典《大学》道："大学之道，在明明德，在亲民，在止于至善。"[2]东汉以前，在中华民族生命实践中，主要有两大思想支柱，即以老子为代表的道家和以孔子为代表的儒家。道家和儒家共同支撑起了东汉以前中华民族的心灵空间。东汉以后，佛教传入中国，并逐渐中国化后，遂

---

[1] 王弼注，楼宇烈校释《老子道德经注校释》，中华书局，2008，第20页。

[2] 杨天宇撰《礼记译注》，上海古籍出版社，2004，第800页。

与儒道两家共同成为中华民族的思想支柱。佛家主张慈悲为怀,实质上追求的也是至善的道德境界。所以,佛家有一句口头禅:善哉!从这个意义上讲,儒、释、道三家所追求的道德境界,归纳为一个字,那便是"善"。由此,中华民族形成了根须壮实的人心和善的道德观。

《尚书》道:"人心惟危,道心惟微。"[1]这是舜帝告诫大禹的话。舜帝告诫大禹,人心因存在贪欲很是危险,而道心又是微妙难察的。既然人心如此危险,怎么才能做到人心和善呢?也就是说,怎么才能把人心调和到"善"的境界呢?儒家开出了一道良方。孔子道:"己所不欲,勿施于人。"[2]简要地说,就是自己不想做的,就不要强求别人做。

据《孔子家语》记载,有一天,孔子将要外出,下雨了,车上却没有车盖。跟随他的弟子说,卜商家有车盖,咱们可借来用一用。孔子说,卜商这个人我了解,他为人比较吝啬,恐怕去了也借不到。凡与人交往,要推重人家的长处,避免触及人家的短处,这样交往才能

---

[1] 李民、王健撰《尚书译注》,上海古籍出版社,2004,第32页。
[2] 钱穆:《论语新解》,生活·读书·新知三联书店,2002,第219页。

长久。卜商即子夏,他之所以比较吝啬,一个重要原因就是他家里比较贫穷。对于孔子来说,卜商又的确是他比较得意的学生,被称为孔门十哲之一。特别是孔子去世后,卜商在传播儒家思想上卓有成效,自成一派,教出了李悝、吴起、魏文侯等优秀学生,后人称其为卜子。孔子宁肯被雨淋,也没有向卜商去借车盖。当然了,孔子也没有因此而迁怒卜商。这正是圣人之道。试想,如果孔子因此迁怒于卜商,从此拒绝与卜商交往,不再教卜商这个学生,卜商还会有后来的成就吗?

人性的底色是什么?是善。孟子道:"人性之善也,犹水之就下也。人无有不善,水无有不下。"[1]从一定程度上讲,孟子继承了老子"上善若水"的思想,认为人的本性是善良的,就像水往低处流一样。同时,孟子从人性的角度提出了"四端"说。孟子道:"恻隐之心,人皆有之;羞恶之心,人皆有之;恭敬之心,人皆有之;是非之心,人皆有之。"[2]孟子的"四端"说,其实说的是人性中"善"的四种表现,把"善"的道德境界更加

---

[1] 杨伯峻译注《孟子译注》,中华书局,1960,第254页。
[2] 杨伯峻译注《孟子译注》,中华书局,1960,第259页。

具体化了。

既然人性的底色是善,为什么世上还有恶人呢?因为在相应的自然环境和社会条件下,人性之善被贪欲蒙蔽了——就像一块金子,蒙上了一层尘土,失去了金子的本色。这就是"人心惟危"的地方。据西汉刘向所著《新序·杂事四》记载,春秋战国时期,梁国和楚国相邻之地都种瓜。梁国人辛勤浇灌,瓜长非常好,楚国人就很嫉妒,夜里跑过去将梁国人的瓜毁了。梁国人见自己的瓜被毁了,气不打一处来,准备报复楚国人。梁国县令宋就听说后,劝梁国人说:"怎能去报复呢?相互结怨就会带来祸患。别人干坏事自己也跟着干坏事,这样做是不对的。今后,你们要夜里悄悄过去帮助楚国人浇瓜,让楚国人的瓜也长得很好。"梁国人一听,明白了宋就的用意,就按照宋就说的去做。楚国人的瓜长得越来越好,发现是梁国人暗中在帮忙,就将此事告诉了楚王。楚王惭愧地问道:"除了毁人家的瓜,咱们还有没有做过其他对不起人家的事啊?"随后,楚王不仅重金酬谢梁国人,还请求与梁王交好。这也是历史典故"梁楚之欢"的由来。梁楚两国交好,宋就功不可没。宋就用了什么高招呢?其实没什么高招,他不过唤醒了人们内心的善良，引导人们与人为善罢了。

中华民族历来重视"人心和善"的教化。中国传统启蒙教材《三字经》开篇便道："人之初，性本善。"据历史记载，北宋时期，苏轼和章惇为同榜进士，并成为很好的朋友。苏轼因乌台诗案受到宰相王珪的打压时，章惇曾为苏轼免于治重罪而仗义执言，并在苏轼落难时写信安慰。章惇是王安石变法的拥趸，是新党的重要人物。宋哲宗当政后，起用章惇等新党人物，大力推行新法。苏轼作为旧党人物，不是很支持新法。于是，章惇为相后，便以"讥刺先朝"的罪名将苏轼降职免官，贬至惠州，后又将苏轼贬为琼州别驾，发配儋县（现为儋州市）。而且，在苏轼被贬儋县的途中，章惇还下令沿途州郡不得为其提供官舍居住，以至于苏轼不得不居于寺庙之中。也就是说，章惇不但在政治上设法打击苏轼，而且在生活上也处处为难苏轼。宋徽宗即位后，苏轼遇赦北归，并传闻他将入朝拜相。这时，章惇已失势。因害怕苏轼报复章惇，章惇的儿子章援特意给苏轼写了一封长信，请求他的宽恕。苏轼回信说，他与章惇交往四十余年，虽中间有些不和，但交情仍在。章惇年纪大了，寄居在偏远的海边，这种心情他是知道的。最后，苏轼说，过去的事都过去了，再说也没有什么益处，他不会计较的。什么是善？这就是善——不是以怨报怨，而是以德报怨。

中国共产党是中华优秀传统文化的忠实传承者和弘扬者，积极践行人心和善的道德观。解放战争时期，中国共产党始终没有放弃用和平方式解放全国。1949年9月19日，国民党绥远省政府主席董其武率部举行起义。一个月后，毛泽东在同绥远负责人的谈话中指出："中国已归人民，一草一木都是人民的，任何事情我们都要负责并且管理好，不能像踢皮球那样送给别人去。国民党的一千万党、政、军人员我们也要包起来，包括绥远的在内，特务也要管好，使所有的人都有出路。没有这一条不行，眼睛里只看到绥东解放区八十万人民就会弄错事情。湖南有十万失业军政人员和广大的孤寡没有人管，如果只管共产党的孤寡就会出乱了，那就不是大禹治水，而是伯鲧治水了。"[1] 著名作家黄济人所著《将军决战岂止在战场》一书，就真实地记述了杜聿明、宋希

---

[1] 毛泽东：《同绥远负责人的谈话》，载中共中央文献研究室编《毛泽东文集》第6卷，人民出版社，1999，第14页。

濂、黄维、王耀武、沈醉、文强等国民党高级将领，在战败后如何在新中国获得新生的经历。过去是敌人，现在放下了武器，愿意站在人民的一边，就要给出路。这样做的话，对其个人及其家庭有好处，对整个国家和社会更有好处。这不是善是什么？这同样是善，而且是"至善"。

  可以说，上至伟人下至普通百姓，人心和善已成为中华民族的集体意识。20世纪20年代，希特勒出版《我的奋斗》这本书，宣称犹太人是全人类的公敌。20世纪30年代，希特勒上台执政后，在德国掀起大规模反犹浪潮，对犹太人实施种族灭绝政策，大量犹太人的生命朝不保夕。特别是二战爆发后，在德国以及德国占领地，犹太人已无立锥之地。于是，犹太人开始向世界各地逃命。由于纳粹德国正高悬屠刀，很多国家怕引火烧身，将犹太人拒之门外。中国是什么态度呢？积极为犹太人建造"挪亚方舟"。据历史记载，时任中国驻维也纳总领事何凤山曾向数千名犹太人发放"救命签证"。从1933年到1941年，上海先后接纳近3万名犹太人。除数千人经上海去其他地方外，约有2.5万名犹太人把上海当作临时家园。2013年，以色列总理内塔尼亚胡在参观上海犹太难民纪念馆时说:"很多年以前,就是在这里,上海为饱受纳粹迫害的犹太人打开大门,提供了一个温暖的避风港。"要知道在犹太人逃难上海期间,上海也正处于日本法西斯的炮火下。然而,上海人不仅接纳了犹太人,还与犹太人和谐相处。

这就是中国人。中国人推崇的人心和善的道德观,如一盏明灯照耀着自己和世界。

第七节 "大道之行也,天下为公"

中华优秀传统文化是中华民族的精神命脉。它有两个主要方面的价值取向:一个是"和为贵",一个是"公天下"。"和为贵"孕育了"和"文化,"公天下"产生了"共同体意识"。

这是中华文明自古生生不息的生命密码。据《礼记》记载,孔子在鲁国参与政事时,有一年参加蜡祭并做了饮酒礼上的贵宾。祭礼结束后,孔子在台榭上浏览时,不禁发出了一声叹息。孔子的叹息是沉重的,他身旁的弟子言偃不由问道:"老师,您为什么叹息呢?"孔子说："我没有赶上大道实行的时代和三代（夏、商、周）英明君主当政的时代，可心里总是很向往啊！"孔子生活的年代，是一个你方唱罢我登场的诸侯争霸年代。特别是鲁国三桓兴起，加剧了鲁国的内乱，使孔子更加向往过去天下大治的年代。天下大治的年代是什么样的呢？孔子说："大道之行也，天下为公。"[1]

"大道"就是人类文明发展进步之道；"天下为公"就是天下不是一人、一家或某一团体的天下，而是全天下人共有的天下。像法国国王路易十四奉行的"朕即天下"，把一切权力都攥在自己的手心，是有悖于人类文明发展进步之道的。因此，虽然他曾使法国称霸欧洲大陆，但是他最终因无限使用权力发动战争而拖垮了法国。不仅仅是法国国王路易十四，凡是奉行"朕即天下"者，最终都会像枯萎的花一样败落在地，留给后人的只有嘲笑而已。

"天下为公"乃大道，它需要以"公"为准绳治国平天下，从而实现天下大同。诗人屈原道："长太息以掩涕兮，哀民生之多艰。"实现天下大同，是儒家最高

---

[1] 杨天宇撰《礼记译注》，上海古籍出版社，2004，第265页。

的政治理想。在《礼记·礼运》中，孔子对此作了精彩描述："大道之行也，天下为公，选贤与能，讲信修睦。故人不独亲其亲，不独子其子。使老有所终，壮有所用，幼有所长，矜寡孤独废疾者，皆有所养。男有分，女有归，货恶其弃于地也，不必藏于己，力恶其不出于身也，不必为己。是故谋闭而不兴，盗窃乱贼而不作。故外户而不闭，是谓大同。"[1]在这一论述中，孔子向我们描述了什么是大同世界。首先，它必须是"公天下"，而非"私天下"。其次，社会公平正义，选贤与能，讲信修睦。第三，人人相亲相爱，各得其所。第四，阳光照亮全世界，家家夜不闭户，天下太平。这就是世代中国人向往的大同世界，而且早已深入中国人的骨髓。儒家关于大同世界的设计，从人民最关心的政治问题、社会问题、经济问题入手，给出了具体的解决方法，在其完善性、具体性和合理性上超越了柏拉图的《理想国》，是当时世界上最完善的中国方案。

马克思在其著作《关于费尔巴哈的提纲》中指出：

---

[1]《十三经注疏》整理委员会整理《十三经注疏·礼记正义》，北京大学出版社，1999，第658-659页。

"人的本质不是单个人所固有的抽象物,在其现实性上,它是一切社会关系的总和。"[1]从哲学意义上讲,人不是单个的生命体,而是社会存在物;只有一定的社会关系所构成的共同体,才能为人的生存和发展提供可靠条件。人一旦脱离相应的共同体,游走于相应的共同体之外,就有可能如同顽童手上的瓦片,忽地漂过水面后,便沉没于孤寂而黑暗的水底。

18世纪,英国作家笛福著有长篇小说《鲁滨孙漂流记》,记述了鲁滨孙航海途中遭遇风暴,只身漂流到一个没有人烟的荒岛上的故事。在与世隔绝28年后,他才有幸离开荒岛返回故乡。从表面上看,鲁滨孙一个人孤独地生活在荒岛上,似乎已远离社会,与社会没有任何瓜葛。实质上并非如此。鲁滨孙之所以能一个人在荒岛上度过28年,一是靠《圣经》给予的强大信仰支撑,二是靠他已有的社会知识所获得的生存能力。没有这两个方面的必要条件,鲁滨孙是无法在荒岛上生存下来的。因此,在马克思看来,"人的本质是人的真正的共同

---

[1] 马克思:《关于费尔巴哈的提纲》,载中共中央马克思恩格斯列宁斯大林著作编译局编译《马克思恩格斯文集》第一卷,人民出版社,2009,第501页。

体"[1]。这就从哲学的高度深刻回答了人与共同体之间的关系。

从社会关系上讲,家庭是人生存和发展的基本命运共同体。儒家所倡导的"修身齐家治国平天下",就是一个从个体到家庭、国家和天下的不同共同体的人生奋斗指向。我们从中可以看出,在家庭、国家和天下这三个不同共同体中,家庭是一个基本命运共同体。而国家,则是所有家庭的命运共同体。那么,天下呢?则是所有家庭和所有国家的命运共同体。所以,《孟子》道:"人恒有言,皆曰'天下国家'。天下之本在国,国之本在家,家之本在身。"[2]这就是中国人历来都有家国情怀的文化基础。匈奴是秦汉时期中国北方地区边患的主要制造者。西汉名将霍去病率军出征,屡次大胜匈奴,汉武帝为他建造府第,他拒绝道:"匈奴未灭,无以家为也。"[3]近代

---

[1] 马克思:《评一个普鲁士人的〈普鲁士国王和社会改革〉》,载中共中央马克思恩格斯列宁斯大林著作编译局编译《马克思恩格斯全集》第三卷,第2版,人民出版社,2002,第394页。

[2] 万丽华、蓝旭译注《孟子》,中华书局,2006,第150页。

[3] 司马迁:《史记全译》第八册,杨燕起注译,贵州人民出版社,2001,第3895页。

民族英雄林则徐在国家存亡之秋，也曾发出了"苟利国家生死以，岂因祸福避趋之？"的铮铮誓言。谚语道："单丝不成线，独木不成林。"家庭、国家和天下这三者，都是人建立在一定社会关系之上的命运共同体，并且都是人的本质的具体体现。

人类历史证明，没有一个和谐稳定的家庭和国家，没有天下大一统，个人的生存和发展就会面临很多问题。诚如马克思、恩格斯在其著作《德意志意识形态》中所说，"只有在共同体中，个人才能获得全面发展其才能的手段，也就是说，只有在共同体中才可能有个人自由"，也只有"在真正的共同体的条件下，各个人在自己的联合中并通过这种联合获得自己的自由"。[1]正是基于这样的思想，马克思、恩格斯通过深刻总结人类社会发展规律，着眼于人类未来社会的发展趋向，提出了自由人联合体思想。所以，为了实现这一崇高的理想，马克思、恩格斯发出了"全世界无产者，联合起来"的号召。

建立共产主义社会这样伟大的自由人联合体，既是

---

[1] 马克思、恩格斯:《德意志意识形态》，载中共中央马克思恩格斯列宁斯大林著作编译局编译《马克思恩格斯文集》第一卷，人民出版社，2009，第571页。

人类社会发展的规律使然,也是全人类的共同理想和文明归宿。党的十八大以来,习近平总书记着眼世界面临百年未有之大变局的客观形势,统筹国内国际两个大局,以马克思主义政治家的宏大视野,提出了推动构建人类命运共同体的重要思想。

习近平总书记强调:"这个世界,各国相互联系、相互依存的程度空前加深,人类生活在同一个地球村里,生活在历史和现实交汇的同一个时空里,越来越成为你中有我、我中有你的命运共同体。"[1]"世界命运握在各国人民手中,人类前途系于各国人民的抉择。中国人民愿同各国人民一道,推动人类命运共同体建设,共同创造人类的美好未来!"[2]习近平总书记关于人类命运共同体的重要思想,深刻体现了中华民族历来倡导的"天下为公"的文化传统,继承和发展了马克思主义共同体思想,为建立真正和谐的全球性世界秩序提供了中国智慧。

---

[1] 习近平:《顺应时代前进潮流,促进世界和平发展》,载《习近平谈治国理政》,外文出版社,2014,第272页。

[2] 习近平:《决胜全面建成小康社会,夺取新时代中国特色社会主义伟大胜利》,载《习近平谈治国理政》第三卷,外文出版社,2020,第47页。

以"天下为公"为理念，推动建立人类命运共同体，是中国参与国际事务的基本原则。中国人做事有一个好的传统，就是战国末期思想家荀子所说的"从道不从君"[1]。在中国，为什么中国共产党会选择马克思列宁主义作为自己的行动指南？一言以蔽之的话，就是因为马克思列宁主义是中国历代先贤所说的"道"。1959年2月14日，毛泽东在同智利《最后一点钟》报社社长阿图罗·马特·阿历山德里谈话时指出："中国的党一贯遵守马列主义的原则，因为它是普遍的真理。"[2]

  由于历史原因，特别是由于近代以来中国饱受外国侵略，中国与周边个别国家还存在一些领土争议。譬如，中国的固有领土南海诸岛。据各种历史文献记载，中国人民在南海的活动已有2000多年历史。中国是最早发现、命名和开发利用南海诸岛及相关海域的国家，也是最早并持续、和平、有效地对南海诸岛及相关海域行使主权

---

[1] 王先谦撰，沈啸寰、王星贤点校《荀子集解》，中华书局，1988，第529页。

[2] 毛泽东：《马列主义基本原理至今未变，个别结论可以改变》，载中共中央文献研究室编《毛泽东文集》第8卷，人民出版社，1999，第5页。

和管辖的国家。无论是历史依据还是法理依据，中国对南海诸岛的主权和在南海的相关权益，都是在漫长的历史过程中确立的。

一句话，南海诸岛是中国的固有领土。然而，2012年中菲黄岩岛事件发生后，时任菲律宾总统的阿基诺三世不顾历史与现实，极力想把南海问题国际化，并在西方反华势力的撑腰下，经日本一个铁杆右翼法官主导，在"山寨组织"海牙临时仲裁庭搞所谓的南海仲裁案。尽管如此，中国极力采取克制的态度，不诉诸武力，坚持通过谈判解决中菲南海相关争议，维护了南海地区和世界的和平稳定，赢得了国内广大民众的坚决拥护和国际社会的广泛支持。据中共中央对外联络部统计，截至2016年7月12日，世界上有90多个国家的230多个政党和政治组织表示公开支持中国在南海问题上的立场。

再如，中国的固有领土钓鱼岛。与南海诸岛一样，无论是从历史、地理还是从法理的角度来看，钓鱼岛都是中国的固有领土，中国对其拥有无可争辩的主权。1895年，日本利用甲午战争非法窃取了钓鱼岛。第二次世界大战后，根据《开罗宣言》和《波茨坦公告》等国际法律文件，钓鱼岛回归中国。这是无可争辩的历史事实。20世纪70年代，为了中日两国人民和平相处，中国领导人在推动中日实现邦交正常化和缔结《中日和平友好条约》时，积极与日本领导人就"钓鱼岛问题放一放，留待以后解决"达成谅解和共识。

可是，近年来日本政府却在国际社会上混淆视听，声称钓鱼岛属于日本领土，并于2012年9月10日由日本政府宣布"购买"钓鱼岛及附属岛屿，实施所谓"国有化"。日本政府需要明白的是，今日之中国，已非晚清时代的中国。今日之中国，已是进入世界舞台中心的中国，已成为全球发展的中坚力量。那么，在钓鱼岛问题上，今日之中国是什么态度呢？不挑事、不怕事，继续遵循中日两国过去达成的谅解和共识，努力通过谈判解决有关争议，为中日两国人民友好往来和世界和平与发展做贡献。

"天下为公"是中华文明的世界贡献。在"天下为公"理念引领下，围绕构建人类命运共同体，世界必然建立更加公正合理的国际秩序，造福全人类。

第八节　坚持人民当家作主

尧帝觉得自己老了,准备让贤。

那么,让给谁呢?他把各部落首领召集起来开会,商量谁能够接替他的帝位。有人推荐尧帝的儿子丹朱,尧帝说丹朱说话不实在又好同人打嘴仗,担当不了大任;有人推荐共工,尧帝说共工嘴上一套、心里一套,难以服众。大家一时推荐不出合适人选。当时正遇洪水泛滥,尧帝便问谁能担起治理洪水的大任。尧帝的意思很明确,谁能治理好洪水,他就让贤给谁。治水如治国,如果治理不好洪水,就很难治理好一个国家。大家推荐鲧,即大禹的父亲,尧帝说鲧不遵守命令,危害同族。大家建议让鲧试试。

鲧辜负了大家的希望,没有治理好洪水。最后,根据大家的意见,尧帝把以孝闻名乡里的舜作为考察对象。舜还是捕鱼和制陶能手,可谓德才兼备。经过考察和试用,尧帝才正式把帝位传给了舜。

这在中国古代典籍《尚书》和《史记》中都有记载,

历史上称之为"禅让制"。禅让制所遵循的正是"天下为公"的思想，它体现了真正的民主所应有的文明理念。这比开启了西方民主制度先河的古希腊民主思想，在时间上早了上千年。因此说，从远古时期开始，民主意识已经深深地铭刻在中华民族的思想圣殿，并付诸具体实践。

老子是一位目光如炬的哲学家，他对禅让制以及三代之英民主政治实践有深刻总结。老子道："江海所以能为百谷王者，以其善下之，故能为百谷王。是以欲上民，必以言下之；欲先民，必以身后之。是以圣人处上而民不重，处前而民不害，是以天下乐推而不厌。"[1]

对于为政者来说，处理好与老百姓的关系最为重要。老子以江海做比喻告诉我们，为政者要像江海一样善于处下，善于和老百姓同坐一条板凳，始终做到让老百姓心安，让老百姓有话愿意同你讲，这样才能得到老百姓持久的衷心拥护。"天下乐推而不厌"，可以说直指民主政治的内心诉求。特别是"乐推"这两个字，道出了老子理想王国中的民主政治境界。为什么要讲民主？因为天下不是一人之天下，而是众人之天下，所以要讲民主，

---

[1] 王弼注，楼宇烈校释《老子道德经注校释》，中华书局，2008，第169页。

以达到以众人之智成众人之事的目的。那么，讲什么样的民主呢？就是讲"天下乐推而不厌"的民主，也就是老百姓不厌其烦地乐意推举你为领导，而不是被迫违心地投你的票。这种"主动式民主"而非"被动式民主"，可以说正是老子思想的伟大之处，他赋予了人类民主政治文明以丰富的理论认知。

近代中国饱受西方列强欺侮，为了获得救国之道，一大批有志之士远渡重洋，前往西方取经。严复就是其中的一位。严复在西方跑了一圈，就民主政治而言，他发现西方民主并非国人想象得那么好，倘要用民主救中国，就要用自己的老祖宗传下来的药方。为此，他写下了《〈老子〉评语》一书，并由衷说道："老子者，民主之治之所用也。"[1]

文明是人类社会发展进步的光明所在。而民主，则是文明之所用也。"众人拾柴火焰高"，没有广泛而普遍的民主，就难以有文明之火高高燃起的火焰。在中华民族发展史上，先秦诸子是一个人数众多而又伟大的思想家群体。道家的无为思想、儒家的仁政思想、墨家的兼

---

[1] 王栻主编《严复集》第四册，中华书局，1986，第1092页。

爱思想和法家的法治思想等，都是中国民主政治发展的哲学基础。因此，在漫长的中国封建社会发展中，尽管由"公天下"变为了"私天下"，但是因受"天下为公"思想和先秦诸子民主思想的滋养，中国封建社会民主政治发展充满了活力。特别是科举制，是民主政治在选人用人上的典范之作。

法国思想家伏尔泰曾对中国的科举制度倍加赞赏，认为中国的科举制度是一种民主和平等的制度。美国学者威尔·杜兰在《世界文明史》中曾以《伏尔泰所赞扬的政府》为题，比照西方社会盛赞中国的科举制度："这些官员是经由人类所发展出的选择公仆的方法中，最奇特、最令人赞赏的方法所选举出来的。"[1]"科举制度有许多优点。在这个制度之下，没有操纵的提名，没有伪君子卑鄙的争夺，没有两党可耻的争霸，没有混乱或腐化的选举，没有仅凭巧言而能登入仕途的现象。在最善的本意之下，它是民主的，因为它给人争取领导和职位的

---

[1] 杜兰：《世界文明史》第一卷，幼狮文化公司译，东方出版社，1998，第544页。

机会是平等的。"[1]

关于中国封建社会民主政治,著名学者南怀瑾在其著作《论语别裁》中以美国为参照物道:"我们过去的政治思想,尽管是君主制度,据我的研究,中国历史政治的精神,是以民主为基础,君主是一个执行的形态。现在'美国式'的民主,老实说是以君主独裁为基础,而以民主为形态。美国是什么民主?所有的领导人,乃至于总统,后面都有老板的。他们被操纵于资本家手中,说穿了,美国的民主就是这样。我们过去的君主,是真正的民主精神。"[2]

关于美国是什么民主,我们看美国著名学者诺姆·乔姆斯基是怎么说的。乔姆斯基直言道:"在任何国家,都有某个群体大权在握。谁在美国执掌权柄,不是什么秘密。美国的权力基本掌握在那些做出投资决策之人的手中。生产什么,如何分配,都由他们决定。总的来说,他们给政府配备职员,选择规划人员,为教条

---

[1] 杜兰:《世界文明史》第一卷,幼狮文化公司译,东方出版社,1998,第546页。

[2] 南怀瑾著述《南怀瑾选集》第一卷,复旦大学出版社,2003,第490-491页。

体系设置一般的条件。"[1]乔姆斯基这一论述，为南怀瑾先生的论断做了很好的注解。

民主不是天生的，它是人类长期社会生活实践的智慧结晶，是随着历史的发展而发展的政治文明宠儿。在奔腾不息的历史长河中，中国古代社会萌动和发展的民主思想，像坚强的浪花激荡于中国古代社会的方方面面，并以其千姿百态丰富了中国古代政治文明。

关于什么是民主，法国社会心理学家古斯塔夫·勒庞在其著作《乌合之众：大众心理研究》中曾这样说："在盎格鲁-撒克逊人眼中，'民主'的意思是个人利益至上，国家要尽可能地为个人服务。在这一点上，美国更甚。国家只在外交、军队和政治上发挥作用，个体的任何事情，包括公共教育，国家不得进行干预。"[2]这正是西方民主的实质。为什么伏尔泰、威尔·杜兰、南怀瑾等有识之士对中国古代民主政治赞誉有加，而对西方民主政治持批评态度呢？就是因为西方民主政治缺乏

---

[1] 乔姆斯基：《世界秩序的秘密：乔姆斯基论美国》，季广茂译，译林出版社，2015，第74页。

[2] 古斯塔夫·勒庞：《乌合之众：大众心理研究》，李阳译，作家出版社，2017，第94页。

"公天下"的思想。中国共产党成立以来，秉承"天下为公"的思想，在马克思主义的指导下，充分继承和发扬中国古代政治文明成果，坚持人民当家作主，走出了一条全过程人民民主的科学道路，极大地丰富和发展了人类政治文明。

全过程人民民主真正体现了人民当家作主。全过程人民民主是相对于西方非全过程民主而言的。西方非全过程民主重视的是不惜重金下注的选举过程，即每隔几年的国家或地方主要领导人的投票选举，至于广大人民群众是否广泛参与了民主选举、民主实施过程是否接受了广大人民群众的监督、选举出来的领导人及其政府是否对广大人民群众负责等，根本不予考虑。马克思、恩格斯曾经揭示过这种西方式投票选举的本质，说资产阶级的这种选举无非是每隔几年在资产阶级内部换个人上台而已，在选举环节之外以及在选举之后，就没有什么民主的过程了。正如习近平总书记所讲："人民只有投票的权利而没有广泛参与的权利，人民只有在投票时被唤醒、投票后就进入休眠期，这样的民主是形式主义的。"[1]

在长期的民主政治实践中，中国共产党非常重视全过程人民民主。抗日战争时期，陕甘宁边区曾多次举行民主选举。由于边区农民大都不识字，没法实行划票选举，为了让人民普遍参与其中，中国共产党采用了苏区时期发明的"豆选"，即用豆子代替选票进行民主投票。而且，为了保证"豆选"公正有效，有的组织人员事先会在碗底放一层棉花，以防投豆时被候选人听到声响；在碗的上面盖一张纸并用烟头烫出个小洞，以防止碗中豆多豆少可能诱导后面选民的选票（投豆）意向。通过这种"豆选"，陕甘宁边区人民群众的民主意识被唤醒了，拥有了选举的权利，实现了有史以来从未有过的民主。所以，当时有民谣唱道："金豆豆，银豆豆，豆豆不能随便投，选好人，办好事，投在好人碗里头。"

在解放战争时期，"豆选"也成为解放区人民参加民主选举的一种重要方式。当代中国版画家彦涵创作的木刻《豆选》，就是作者根据自己的亲身经历所创作的。

---

[1] 习近平：《推进协商民主广泛多层制度化发展》，载《习近平谈治国理政》第二卷，外文出版社，2017，第293页。

木刻中一位妇女弯着腰小心地捡起地上的一颗豆子的细节,深刻反映了解放区人民珍惜自己的民主权利的政治意识。关于"豆选",一些经历过抗日战争和解放战争的西方记者、学者、外交官,诸如王安娜、柯鲁克夫妇、斯特朗、李敦白、韩丁、贝尔登等,他们的笔下都有翔实的记载,并将其传播到了西方世界。美国记者斯特朗曾道:"千百万中国人民用投豆入碗的办法来进行政治上的选择。这些人如果是在欧美制度下,他们就根本不能参加选举。在那里,选举之前要通过文化测试,这在西方人看来是理所当然的事。但如在亚洲进行这种测验,那就要剥夺五分之四人口的选举权。更糟的是,这种方法只能使上层阶级独享选举权。"[1]

我们再看民主监督过程。民主监督是重要民主过程之一,没有民主监督,民主所产生的结果就会大打折扣,就达不到人民的满意。20世纪40年代初,陕甘宁边区和各抗日根据地遇到了前所未有的困难,"三三制"抗日民主政权也面临严重考验。李鼎铭是一位民主人士,曾

---

[1] 安娜·路易丝·斯特朗:《中国人征服中国》,刘维宁、何政安、郑刚译,北京出版社,1984,第88页。

任米脂县参议长和陕甘宁边区参议员、副议长等。1941年11月,在陕甘宁边区第二届参议会上,他提出了"精兵简政"的提案。毛泽东非常重视李鼎铭的提案,还为《解放日报》写了一篇社论,强调精兵简政是抗日根据地人民克服物质困难的一个重要的政策,是粉碎日军"三光"政策的管用的办法。实践证明,陕甘宁边区和各抗日根据地通过精兵简政,一方面提高了政府工作效率,另一方面减轻了广大人民群众的负担,为抗日战争胜利提供了源源不断的人民力量。

加强民主监督,就是对人民负责。1945年9月,英国路透社记者甘贝尔以书面形式提出12个问题,请在重庆参加国共谈判的中共中央主席毛泽东作答。这些问题涉及日本投降后国共双方在政治、军事方面的主要分歧,其中的第10问"中共对'自由民主的中国'的概念及界说为何?"毛泽东回答道:"'自由民主的中国'将是这样一个国家,它的各级政府直至中央政府都由普遍、平等、无记名的选举所产生,并向选举它的人民负责。"[1]这可以说是"毛甘版"的窑洞对,毛泽东清楚地阐明了

---

[1] 毛泽东:《答路透社记者甘贝尔问》,载中共中央文献研究室编《毛泽东文集》第4卷,人民出版社,1996,第27页。

各级政府要向选民负责。这是民主最高的政治目标，或者说最高价值所在。

2020年8月，习近平总书记对"十四五"规划编制工作做出重要指示，特别强调编制和实施国民经济和社会发展五年规划，是我们党治国理政的重要方式。五年规划编制涉及经济和社会发展方方面面，同人民群众生产生活息息相关，要开门问策、集思广益，把加强顶层设计和坚持问计于民统一起来，鼓励广大人民群众和社会各界以各种方式为"十四五"规划建言献策，切实把社会期盼、群众智慧、专家意见、基层经验充分吸收到"十四五"规划编制中来，齐心协力把"十四五"规划编制好。为此，人民日报、新华社等中央媒体开设专栏，累计收到网民建言超过101.8万条。这就是对人民负责。关乎广大人民切身利益的事情，既马虎不得，也不能敷衍了事。充分征求广大人民的意见建议，就是对人民负责。

苏轼道："莫听穿林打叶声，何妨吟啸且徐行。"在中国革命、建设和改革的历史进程中，从萌芽到茁壮成长，全过程人民民主经历了风风雨雨，已成为人类政治文明皇冠上的明珠，它将引领人类政治文明走向更为广阔的发展空间。2021年7月1日，习近平总书记在庆祝中国共产党成立100周年大会上明确提出了"发展全过程人民民主"的时代课题。中国共产党有能力回答好这个时代课题，推动全过程人民民主不断向前发展，切实保证人民当家作主，进一步占据真理和道义的制高点，为人类政治文明做出更大的贡献。

第九节　注重共同富裕问题

北宋太宗淳化四年，王小波、李顺在四川青城发动了惊动朝野的农民起义。他们起义的口号是什么呢？非常简单，就三个字：均贫富。

土地问题是农民的核心利益问题。唐末及五代之时，土地高度集中在地主手上。唐德宗时期的宰相陆贽曾道："富者兼地数万亩，贫者无容足之居。"[1]而且，农民租种地主的田地，一年到头终日劳作，连休息的时间都没有。这种贫富对立的矛盾，到了北宋时期势头不减。

---

[1] 周谷城：《中国通史》下册，上海人民出版社，1957，第22页。

特别是四川，情况尤为明显。北宋太宗淳化四年，恰逢四川大旱，遍地饥荒，于是农民起义的烈火随之燃起。

马克思在第六届莱茵省议会的辩论中指出："人们为之奋斗的一切，都同他们的利益有关。"[1]王小波、李顺率领广大农民揭竿而起，目的只有一个，就是为了穷人能跟地主一样有饭吃、有衣穿。这是一种极为朴素的"天下为公"思想。"天下为公"不是一句空话，它是非常具体而实在的，反映在人们基本的物质利益诉求上，也就是来自社会大众的"均贫富"思想。

中国最早的典籍之一《周易》中就记载了"均贫富"的思想。《周易·谦卦》道："君子以裒多益寡，称物平施。"[2]什么意思呢？就是说君子要善于"抽多补少，抽肥补瘦"，根据物品多少平均分给众人。这样做的好处是什么呢？使万民归服，天下太平。天下是众人的天下，作为一名统治者，要替天下之人着想，谦虚地对待天下之人。这也是谦卦的本义所在。除了谦卦，在《周易》损卦、

---

[1] 马克思：《关于出版自由和公布等级会议记录的辩论》，载中共中央马克思恩格斯列宁斯大林著作编译局编译《马克思恩格斯全集》第一卷，第2版，人民出版社，1995，第187页。

[2] 崔波注译《周易》，中州古籍出版社，2007，第110页。

益卦等卦中也有类似的思想表述。孔子五十岁开始学易，曾韦编三绝。他继承和发扬了《周易》"均贫富"思想，在批评其弟子冉有、季路不阻止季氏攻打颛臾国时道："闻有国有家者，不患寡而患不均，不患贫而患不安。"[1]

实质上追溯至上古时代，人们都已有了"均贫富"思想。据《淮南子》记载，上古时神农氏就教导人们说："不贵难得之货，不器无用之物。是故其耕不强者，无以养生；其织不强者，无以掩形；有余不足，各归其身；衣食饶溢，奸邪不生，安乐无事而天下均平。"[2] 神农氏是中华民族的始祖之一，他通过亲自耕田、妻子织布，教导人们要好好耕田织布。因为这些与人们的生活息息相关，只有丰衣足食，没有了奸邪之气，人们才会安乐无事，天下才能平衡。

从《淮南子》的记载中可以看出，神农氏所倡导的"均平"，不是普遍的贫困，而是大家都丰衣足食，即大家通过自食其力达到共同富裕。可以说，《周易》和孔子等的"均贫富"思想都受到了神农氏的深刻影响。春

---

[1] 钱穆：《论语新解》，生活·读书·新知三联书店，2002，第307页。
[2] 刘安等：《淮南子全译》，许匡一译注，贵州人民出版社，1993，第653页。

秋战国时期,虽然说是百家争鸣的时代,但是在"均贫富"的认识上,诸子百家几乎是一致的。例如,晏子就曾告诫齐景公道:"其取财也,权有无,均贫富,不以养嗜欲。"[1]为此,晏子提出了"先民而后身"的执政理念。我们常说中华文明绵延五千多年而不绝。原因是什么呢?应该说,从炎黄时代开始,一以贯之的"均贫富"思想也为之提供了丰富动能。

1868年,马克思在致路德维希·库格曼的信中指出:"任何一个民族,如果停止劳动,不用说一年,就是几个星期,也要灭亡,这是每一个小孩子都知道的。"[2]从这个意义上讲,人类文明发展史是一部波澜壮阔的人类劳动发展史。人的劳动能力有大小,所获得的物质财富也就不同。但是,每个人来到世上都要生存和发展。怎么办?中国共产党是全心全意为人民服务的政党。新中国成立后,以毛泽东同志为主要代表的中国共产党人,在马克思主义的指导下,继承和发扬中国传统

---

[1] 陈涛译注《晏子春秋》,中华书局,2007,第142页。
[2] 马克思:《马克思致路德维希·库格曼》,载中共中央马克思恩格斯列宁斯大林著作编译局编译《马克思恩格斯文集》第十卷,人民出版社,2009,第289页。

文化中的"均贫富"思想，第一次鲜明地提出了全体人民"共同富裕"的思想观念。

新中国成立后，中国共产党带领人民坚定地走上了社会主义道路。消除贫困、改善民生、实现共同富裕是社会主义的本质要求。这既是社会主义最大的优越性，也是与资本主义最大的区别所在。1992年初，邓小平在南方谈话中非常明确地指出："社会主义的本质，是解放生产力，发展生产力，消灭剥削，消除两极分化，最终达到共同富裕。"[1]从一定意义上讲，以邓小平同志为主要代表的中国共产党人所开辟的中国特色社会主义道路，就是一条以马克思主义和毛泽东思想为指导持续探索实现全体人民共同富裕的道路。在这条道路上，中国共产党人从不敢懈怠，也毫不动摇。

经过几十年的探索与发展，中国特色社会主义进入新时代，促进全体人民共同富裕的问题显得更加突出和重要。因此，党的十八大以来，习近平总书记多次强调共同富裕问题，并提出了新发展理念。2021年1月28日，

---

[1] 邓小平：《在武昌、深圳、珠海、上海等地的谈话要点》，载《邓小平文选》第三卷，人民出版社，1993，第373页。

习近平总书记在中共中央政治局第二十七次集体学习时强调:"进入新发展阶段,完整、准确、全面贯彻新发展理念,必须更加注重共同富裕问题。"[1]

空谈误国,实干兴邦。在探索实现全体人民共同富裕的道路上,中国共产党带领全国人民做出了非凡努力。

一是在社会主义革命和建设时期,首先废除封建土地制度,颁布《中华人民共和国土地改革法》,实现耕者有其田。其次,对生产资料私有制进行社会主义改造,确立以公有制为基础的社会主义经济制度,走共同富裕的社会主义道路。社会主义改造努力通过合作维护好各方面的利益,尤其是对资本主义工商业的社会主义改造,成功实现了马克思、列宁曾设想的对资产阶级的和平赎买。同时,国家还编制了第一个五年计划,确定了经济建设指导方针。一位民族资本家曾说:"五年计划开始了,全国兴建了许多大工厂,各地进行了大规模的建设,一切实现得比梦想还要快,多么令人鼓舞!没有共产党,

---

[1]《习近平在中共中央政治局第二十七次集体学习时强调 完整准确全面贯彻新发展理念 确保"十四五"时期我国发展开好局起好步》,《人民日报》2021年1月30日。

不走社会主义道路，那能有今天？"[1]第三，提出了"四个现代化"的奋斗目标，并确定了"两步走"的战略构想。

二是在改革开放和社会主义现代化建设新时期，首先明确了社会主义初级阶段的历史定位，并从农村实行家庭联产承包责任制开始，兴起了改革开放大潮，逐步建立了社会主义市场经济体制。其次，围绕社会主义现代化建设，确立了"三步走"发展战略。其中，突出了两个关键词：一个是温饱，一个是小康。从解决温饱问题到实现小康，目的都是为了促进全体人民共同富裕。

三是中国特色社会主义进入新时代，首先明确了在中国共产党成立一百年时全面建成小康社会的奋斗目标，并吹响了打赢脱贫攻坚战的进军号。其次，明确了新时代"两步走"发展战略，坚持把共同富裕作为现代化建设的重要目标提出明确要求：第一步，到2035年"全体人民共同富裕迈出坚实步伐"；第二步，到21世纪中叶"全体人民共同富裕基本实现"。

---

[1] 中共中央党史研究室：《中国共产党的九十年》，中共党史出版社、党建读物出版社，2016，第458页。

从上我们不难看出，中国共产党在探索实现全体人民共同富裕的道路上，目标非常明确，是一步一个脚印向前走出来的。特别是为了实现阶段性目标，以五年为一个周期，制定和实施国民经济和社会发展计划（规划），可谓行得稳走得远。这就是一种实干精神，是实实在在对人民负责。2020年，中国国内生产总值达101.6万亿元，占世界经济比重预计达到17%左右，稳居世界第二位；人均国民总收入突破1万美元，按照世界银行标准，达到中高收入国家水平。消灭贫困与实现共同富裕，是人类社会发展的两大共同主题。历史证明，中国共产党带领人民一步步走来，不仅把蛋糕做得越来越大，还把蛋糕分得越来越好，既成功解决了全体人民的温饱问题，又历史性消灭了绝对贫困，防止了两极分化，并且于2020年如期全面建成小康社会。特别是新中国成立后一些"一步跨千年"进入社会主义社会的"直过民族"，又实现了从贫穷落后到全面小康的第二次历史性跨越。

　　此外，制约人类文明快速发展的城乡对立问题，在中国已逐步走向城乡融合发展。据统计，自2008年以来，全国城乡居民人均可支配收入比值连续13年平稳下降；昔日在城市满大街跑的小汽车，早已飞入农村寻常百姓家；全国行政村基本实现4G全覆盖，5G正向农村进军，电商已成为农村新产业。可以说，现在中国很多农村，不再是城里人嫌弃的"穷窝窝"，而是城里人羡慕的"富窝窝"、流连忘返的"金窝窝"。什么是"天下为公"？这就是天下为公；什么是"共同富裕"？这就是共同富裕。正如习近平总书记在中共十九届中央政治局常委同中外记者见面时所说："全面建成小康社会，一个也不能少；共同富裕路上，一个也不能掉队！"[1]

——这不仅是一个大国领袖和政党的庄严承诺，更是中华民族走向伟大复兴的历史证明。毛泽东曾豪迈地写道："雄关漫道真如铁，而今迈步从头越。"实现全体人民共同富裕是中华民族几千年来的理想追求，更是新时代中国共产党的政治责任。实现全体人民共同富裕不是梦，它在中国正一步步变成现实，丰富更加绚丽的中华文明篇章，为人类文明发展提供中国色彩。

---

[1] 习近平：《新时代要有新气象，更要有新作为》，载《习近平谈治国理政》第三卷，外文出版社，2020，第66页。

第五章
人类文明的壮丽曙光

第一节 马克思：为人类而工作

18世纪法国启蒙思想家卢梭说过这样一句话："人是生而自由的，但却无往不在枷锁之中。"[1]

这是卢梭在其著作《社会契约论》开篇中写下的话。他认为每个人都生而自由，自由是人性的产物。同时，他认为人性的首要法则，是要维护自身的生存；人性的首要关怀，是对于其自身所应有的关怀。那么，这种生存和关怀的前提是什么呢？无疑是自由。18世纪美国政

---

[1] 卢梭：《社会契约论》，3版（修订本），何兆武译，商务印书馆，2003，第4页。

治家帕特里克·亨利在弗吉尼亚州议会上的演讲中更是大声说：不自由，毋宁死！

然而，正如卢梭所说的那样，人是不自由的。那么，现实是不是这样呢？从一定的社会形态上讲，可以这样说。在原始社会，因生产力水平比较低，人类活着很不自由，要么没有吃的，要么葬身虎口，或者说在洪水中沉浮，至今人类对远古时期的大洪水仍记忆犹新，挪亚方舟、大禹治水等远古时代的传说，都寄托着人类对自由的向往；在奴隶社会，因出现了私有制，阶级随之产生，广大奴隶们过着不自由的生活，奴隶们为了自由同奴隶主展开斗争，斯巴达克起义便是奴隶们为自由而战；在封建社会，因土地所有制和束缚于土地所有制的农奴劳动，以及拥有少量资本并支配着帮工劳动的自身劳动，使大量普通劳动者同样不能呼吸自由的空气；在资本主义社会，因私有制的怪胎注入了资本的兴奋剂，使人纯粹变成了物的奴隶，广大劳动人民更加不自由，处处受到羁绊。那么，从原始社会到资本主义社会，人类戴着无形的生命枷锁一路走来，难道注定就没有自由吗？

不！人类并非注定没有自由。那么，人类怎样才能从无形的生命枷锁中解放出来而获得自由呢？谁又能够回答这个问题呢？

马克思能够回答这个问题。

为什么呢？因为马克思的理想不同于一般人的理想，他的理想不是为个人而活，而是为人类而工作，以帮助人类从无形的枷锁中解放出来，并使每个人都能够实现全面发展，从而过上自由幸福的生活。这是马克思在17岁时就立下的铮铮誓言，闪烁着金子般的光芒和穿透历史的伟大力量。为此，马克思矢志不渝奋斗了一生，自觉站在真理和道义的制高点上，在批判地继承前人思想的基础上，深入研究人类社会发展规律，以及资本主义社会及其运动规律，为人类指明实现自由和解放的道路。

马克思一生所奋斗的正是人类全部生活的目的所在，也是人类最高的幸福追求——摆脱人对人的依赖、人对物的依赖而达到人的全面发展，即从必然王国走向自由王国，构建出一个没有压迫、没有剥削、人人平等、人人自由的共产主义社会。这也正是人类文明发展进步的最高价值追求。或者说，人类文明所要攀登的高峰，就是共产主义的自由王国。从这个意义上讲，一部人类文明发展史，就是一部人类从必然王国走向自由王国的奋斗史。

自从文明的曙光照耀人类以来，没有哪一个人，也没有哪一个民族和国家不心存自由的理想。人类为之进行了不懈奋斗，一代代人在黑暗的洞穴中摸索前进，有的人倒下了，倒在了泥泞和血泊中；有的人摔倒了，摔倒在沟壑和深渊里；有的人匍匐前行，寻找通往光明的足迹；有的人仰望苍穹，发出大道何在的天问。千万年过去了，人类依然摸索在黑暗的洞穴中，依然在彷徨中徘徊前行。马克思自从立下为人类而工作的志向后，开始了他不辞辛苦的劳动。

1859年11月24日，这本是英国伦敦一个很平凡的日子。但是，因为一个人它变得不平凡了。在这一天，英国生物学家达尔文首版的1250册《物种起源》一书，在伦敦一上市便销售一空。在这本书中，达尔文揭示了有机界的发展规律——进化论，否定了禁锢人们思想许多个世纪的神创论，向人类打开了一扇通往科学的大门。这是达尔文对人类做出的杰出贡献。因为有了达尔文，人类知道了自己从哪里来。那么，人类要到哪里去呢？达尔文没有给出科学的答案。与达尔文同时代的马克思，通过深入研究总结人类历史的发展规律做出了科学回答，即人类将经过原始社会、奴隶社会、封建社会和资本主义社会等社会形态的演进，最终走向共产主义社会。

试问，马克思为人类指明的发展方向是否正确呢？

答案毫无疑问是正确的。因为马克思通过大量科学研究和亲身社会实践，科学地发现了人类历史的发展规律——"即历来为繁芜丛杂的意识形态所掩盖着的一个简单事实：人们首先必须吃、喝、住、穿，然后才能从事政治、科学、艺术、宗教等等，所以，直接的物质的生活资料的生产，从而一个民族或一个时代的一定的经济发展阶段，便构成基础，人们的国家设施、法的观点、艺术以至宗教观念，就是从这个基础上发展起来的，因而，也必须由这个基础来解释，而不是像过去那样做得相反"[1]。老子道："孔德之容，惟道是从。"[2]任何事物都有其自身的发展规律，它不以人的意志为转移。人类历史的发展同样是这样。也就是说，马克思为人类指明的

---

[1] 恩格斯：《在马克思墓前的讲话》，载中共中央马克思恩格斯列宁斯大林著作编译局编译《马克思恩格斯文集》第三卷，人民出版社，2009，第601页。

[2] 王弼注，楼宇烈校释《老子道德经注校释》，中华书局，2008，第52页。

发展方向，不是马克思个人意志的体现，而是由人类历史的发展规律所决定的。在此基础上，马克思创立了唯物史观。这正是马克思的伟大之处。

马克思的伟大之处还在于，他发现了现代资本主义生产方式和它所产生的资产阶级社会的特殊的运动规律。马克思所处的时代，正是世界资本主义野蛮生长的阶段。资本主义是私有制的王国，而私有制是一切罪恶的根源。因此，在世界资本主义野蛮生长的阶段，资本家无情地剥削工人，使广大工人缺吃少穿、流离失所，在贫困和悲惨的境地越陷越深。我们不禁要问，为什么工人付出的劳动越多获得的报酬越少，而资本家不仅不劳而获，还能获取超过工人上百倍甚至上千倍的巨额财富呢？马克思通过对资本主义生产方式的研究，以及通过对资产阶级社会的深入观察，发现了资本家剥削工人的秘密武器——靠榨取工人创造的剩余价值，并在劳动价值论的基础上，科学地揭示了剩余价值的来源、本质及其运动规律，创立了剩余价值学说。

马克思是全心全意为人类而工作的一代旷世伟人。他本可以过上无忧无虑的生活——他在大学读的是法律专业，大学毕业后本可以轻松地成为犹太拉比或普鲁士知名律师,进而实现名利双收,但他毅然违背家族意愿,走上了为人类而工作的布满荆棘之路;他的姨父是腰缠万贯的飞利浦公司创始人,他的妻兄是普鲁士政府的大臣,他本可以借此谋个肥差,衣食无忧,但他四处流亡,过着饥一顿饱一顿的日子;他整天研究资本,只要出手就能在股市捞到大把银子,但他甘于清贫,把大量的时间用来同人类的命运对话。他实在是太辛苦了,为了写好《资本论》,彻底批判资本主义,他争分夺秒,努力去完成他的著作;为了写好《资本论》,他牺牲了健康、幸福和家庭——他患有肺结核、肝病和恶性脓疮,尤其是晚年还患上了化脓性的汗腺炎和胸膜硬化;他欠了一屁股债,以致连最必需的东西都送进了当铺;他的七个孩子,先后夭折了四个。在这日复一日的艰难困苦中,马克思创作了被誉为"工人阶级的圣经"的巨著《资本论》。

他还以百倍的热情积极投入并指导席卷欧洲的资产阶级民主革命。在他的思想指导下,"第一国际"等国际工人组织相继创立和发展,在不同时期指导和推动了国际工人运动的联合和斗争。1847年11月,共产主义者同盟第二次代表大会即将召开,他受大会委托同恩格斯一起起草了共产主义者同盟纲领——《共产党宣言》,第一次全面系统阐述科学社会主义理论,指出共产主义运动将成为不可抗拒的历史潮流,为无产阶级和全人类打开了通向未来的大门,为人的解放和全面发展指明了正确道路。迄今为止,《共产党宣言》已被译成200多种文字,出版数千个版本,成为世界上发行量最大的书籍之一。1920年春,曾于后来参与发起组建中国共产党的陈望道,因痴迷于翻译《共产党宣言》,竟将他母亲送来的粽子蘸着墨汁吃了。

马克思不仅是为解释世界而活着,而且是为改变世界而战斗着。他创立了马克思主义,用蕴含着辩证唯物主义和历史唯物主义的科学的世界观和方法论,清楚地告诉人们怎样科学地解释世界和改变世界。他以科学的论证和严密的逻辑推理,揭示了资本主义必然灭亡和共产主义必然胜利的历史规律。同时,他又清醒地告诉人们:"无论哪一个社会形态,在它所能容纳的全部生产力发挥出来以前,是决不会灭亡的;而新的更高的生产关系,在它的物质存在条件在旧社会的胎胞里成熟以前,是决不会出现的。"[1]他进一步明确地告诉人们,共产主义革命要想成功,一方面要同传统的所有制(资本主义私有制)关系实行最彻底的决裂,另一方面要在自己的发展进程中同传统的观念实行最彻底的决裂。他还进一步明确地告诉人们,共产主义革命要想成功,要由无产者组织成为阶级,然后组织成为政党,由其领导无产者进行共产主义革命,用暴力推翻全部现存的社会制度。他用睿智的眼光引导人们认识到:"无产者在这个革命中失去的只是锁链。他们获得的将是整个世界。"[2]

历史证明,马克思是靠谱的,马克思主义是管用的。希腊神话说,普罗米修斯不畏宙斯的暴戾,盗天火照亮了尘世。马克思说,我就是普罗米修斯。马克思是真正的普罗米修斯,他把自己化作了一团永不熄灭的火,照亮了人类探索历史规律和寻求自身解放的道路,照亮了

---

[1] 马克思:《〈政治经济学批判〉序言》,载中共中央马克思恩格斯列宁斯大林著作编译局编译《马克思恩格斯文集》第二卷,人民出版社,2009,第592页。

[2] 马克思、恩格斯:《共产党宣言》,载中共中央马克思恩格斯列宁斯大林著作编译局编译《马克思恩格斯文集》第二卷,人民出版社,2009,第66页。

人类通往自由而全面发展的共产主义道路。

人类因文明而脱离蒙昧和野蛮，人类文明因有马克思主义而充满无限希望。这是人类之幸，更是人类文明之福！

第二节　马克思主义在中国

在有着五千多年文明史的中国，人们常传颂这样一句话："俄国十月革命一声炮响，给中国送来了马克思列宁主义。"[1]

五千多年来，中华民族以其自强不息的精神和与时俱进的勇气，创造了悠久灿烂的中华文明，在人类文明发展史上写下了辉煌诗篇。然而，自从1840年鸦片战争以后，在西方列强坚船利炮的蹂躏下，加上腐败的封建专制统治，中国逐渐沦为半殖民地半封建社会，山河支离破碎，人民流离失所，中华民族遭受了前所未有的苦难。

据历史记载，1900年7月，俄国以莫须有的罪名，派

---

[1]《中国共产党简史》编写组编著《中国共产党简史》，人民出版社、中共党史出版社，2021，第6页。

出17万军队侵入东北,不仅纵火焚烧了瑷珲城,造成数千人被活活烧死,还在海兰泡屠杀了5000余中国人,在江东六十四屯将2000多名中国人推入江中淹死,制造了骇人听闻的"海兰泡惨案"和"江东六十四屯惨案"。随后,俄国又联合英、日、德、法、美、意、奥等列强侵入北京,同时拉上比利时、西班牙、荷兰三国,向中国提出《议和大纲》,而且十二条内容一个字都不能更改。

为此,列宁在《对华战争》一文中痛批道:"它们盗窃中国,就像盗窃死人的财物一样,一旦这个假死人试图反抗,它们就像野兽一样猛扑到他身上。它们把一座座村庄烧光,把老百姓赶进黑龙江中活活淹死,枪杀和刺死手无寸铁的居民和他们的妻子儿女。"[1]中国在西方列强眼中是什么呢?正像列宁所说就是一个死人,可以肆意踩躏。而在西方列强看来,这一切都是值得它们欢呼的,"欢呼英勇的军队的新战功,欢呼欧洲的文化击败了中国的野蛮,欢呼俄罗斯'文明使者'在远东的

---

[1] 列宁:《对华战争》,载中共中央马克思恩格斯列宁斯大林著作编译局编译《列宁全集》第四卷,人民出版社,1984,第320-321页。

新成就"[1]。

中华民族何去何从？难道就这样忍气吞声、任人蹂躏吗？不！从那时起，实现中华民族伟大复兴成为全民族的梦想。为实现这一伟大梦想，一代代中国人前赴后继、鞠躬尽瘁。可是，由于没有找到科学的理论武器、正确的复兴道路和可靠的社会力量，从太平天国运动到洋务运动，再到戊戌变法、义和团运动，一个个都先后痛苦地走向了失败。1911年10月爆发的辛亥革命，虽然推翻了腐败的清王朝统治，并建立了资产阶级性质的政权，但是由于其革命的不彻底性，民众没有被真正唤醒，加之以袁世凯为首的北洋军阀窃取了辛亥革命的成果，使中国陷入了四分五裂的军阀割据和军阀混战之中。

俄国呢？ 19世纪末20世纪初，自由资本主义蜕变成了帝国主义。俄国踩着鼓点蜕变为帝国主义后，它既穿戴起了帝国的花衣裳，又拖着长长的农奴制尾巴，上层统治者与下层人民之间的矛盾非常尖锐。特别是占全国人口77%的下层人民，饥饿和瘟疫像两条毒蛇，一前一

---

[1] 列宁：《对华战争》，载中共中央马克思恩格斯列宁斯大林著作编译局编译《列宁全集》第四卷，人民出版社，1984，第319页。

后紧紧地缠绕在他们的头上。在俄国，工人同农民的境遇一样悲惨。工人大多是农奴出身，农奴的身份烙印永远除不掉。工厂主百般奴役他们，将他们视作会说话的工具，工人没有生活和人权保障。在这个时期，俄国民族矛盾也非常尖锐。俄国是靠向中亚和巴尔干地区的扩张起家的，先后有130多个民族和部族成为它奴役的对象。这些部落和民族稍微有点儿反抗，沙皇就高举皮鞭，强力推行俄国少数民族俄罗斯化。愈是这样，民族之间的矛盾愈深。

据记载，1903年，俄国政府剥夺了亚美尼亚教会的财产后，亚美尼亚人便开始了群众性的消极抵抗运动。20世纪初前后，俄国有大量犹太人。俄国政府对犹太人是什么态度呢？时任圣公会监管人和沙皇顾问的波别多诺斯采夫就希望"1/3犹太人会迁徙，1/3会被同化，1/3会死光"[1]。因此，从1881年开始，俄国多次发生针对犹太人的大屠杀，致使很多犹太人走向了反抗道路。这一时期，俄国与其他帝国主义国家之间的利益矛盾也非常深，并于1904年爆发了日俄战争。

---

[1] 莫斯：《俄国史》，张冰译，海南出版社，2008，第85页。

这是一场在中国东北地区、朝鲜半岛、黄海和日本海进行的肮脏战争。在这场战争中,俄国最终举起了白旗,从而削弱了沙皇专制统治。这一切都促成了俄国革命力量的崛起。俄国革命学习和践行了马克思主义,组织成立了马克思主义政党——布尔什维克。1918年,在列宁等布尔什维克人的领导下,俄国十月革命取得胜利,建立了世界上第一个社会主义国家,并形成了列宁主义。

俄国十月革命的胜利,极大地鼓舞了中国人,为中国人指明了革命的道路。毛泽东在《唯心历史观的破产》一文中深刻指出:"自从中国人学会了马克思列宁主义以后,中国人在精神上就由被动转入主动。从这时起,近代世界历史上那种看不起中国人,看不起中国文化的时代应当完结了。伟大的胜利的中国人民解放战争和人民大革命,已经复兴了并正在复兴着伟大的中国人民的文化。"[1] 人是要有一点精神的,一个民族和国家同样是这样。没有一点精神,无论是人还是民族和国家,都会丧失意志和前进的力量,从而陷入无底深渊。正如毛泽

---

[1] 毛泽东:《唯心历史观的破产》,载《毛泽东选集》第4卷,第2版,人民出版社,2006,第1516页。

东所说，自从中国人学会了马克思列宁主义以后，中国人在精神上就由被动转入主动，与时俱进推动马克思主义中国化，先后创立或形成了毛泽东思想、邓小平理论、"三个代表"重要思想、科学发展观和习近平新时代中国特色社会主义思想，成功取得了中国革命、建设和改革的胜利，成功推动中国特色社会主义进入新时代，迎来了中华民族伟大复兴的光明前景。

毛泽东思想是中国革命和建设的强大思想武器和精神旗帜。马克思主义传入中国后，经历了如何消化的问题。就像人们吃饭，饭再好，如果消化不好，也无法促进人们的身体健康。以毛泽东同志为主要代表的中国共产党人，经过大革命失败和血与火的考验，在马克思列宁主义的指导下，从中国的实际出发，推动马克思主义第一次中国化，创立了毛泽东思想，以实事求是的精神，彻底唤醒了沉睡中的中国人，第一次使中国人获得了精神上的主动，走出了一条以农村包围城市最后武装夺取政权的革命道路，取得了新民主主义革命的胜利，让中国人的腰杆挺立了起来。特别是关乎中华民族生死存亡的抗日战争，如果没有毛泽东思想的正确指导，没有中国共产党的中流砥柱作用，抗日战争就无法取得最后胜利。

1941年3月,美国著名战地记者、作家海明威来到了中国。他此行的目的,主要是考察中国抗战情况。在中国,海明威亲临粤北前线采访中国抗日将士,后来他又来到重庆,先是拜见了蒋介石,接着秘密会见了中共方面的代表周恩来。三个月后,海明威回到美国撰写发表了多篇关于中国抗战的报道,并为美国政府撰写了相关报告,又到华盛顿接受关于中国问题的咨询。在这些报道和相关报告、咨询中,海明威预言说:这场战争之后,共产党一定会接管中国。同时,他认为,"在那个国家里,最优秀的人是共产党人"[1]。海明威的预言不是主观臆测,而是客观观察和科学分析的结果。抗日战争是中华民族走向伟大复兴的一声惊雷,显示了毛泽东思想的真理力量。

新中国成立后,在毛泽东思想的指导下,中国开展了轰轰烈烈的社会主义革命和建设。这是一条中华民族从未走过的道路,世界上也只有苏联有社会主义建设经验。但是,关于社会主义道路到底怎么走,马克思主义

---

[1] 邓琼、张文、陈垚:《海明威的粤北战地之路》,《文摘报》2022年1月8日。

没有给出现成答案，苏联社会主义建设经验也不是标准答案。中国怎么办？只能高举社会主义旗帜进行艰难探索。经过29年的艰难探索，中国共产党人取得了丰富的社会主义建设经验，从物质和精神上为中国进一步建设和发展社会主义奠定了坚实基础。历史证明，没有艰苦卓绝的社会主义革命和建设，就没有中国特色社会主义道路。

邓小平是忠实的马克思主义者，更是毛泽东思想的坚定拥护者。社会主义的本质是什么？这是共产党人需要回答的一个重大问题。以邓小平同志为主要代表的中国共产党人，认真总结新中国成立以来正反两方面的经验，围绕回答社会主义的本质是什么这个重大问题，从推动社会主义发展的实际出发，坚持解放思想、实事求是，坚持改革开放，成功开辟了中国特色社会主义道路，并创立了邓小平理论。邓小平理论是马克思主义中国化的第二次飞跃性成果，它的伟大之处在于确立了社会主义初级阶段的基本路线，让中国共产党人明白了什么是社会主义、怎样建设社会主义。社会主义建设不是一蹴而就的事情，它有一个从初级到高级的发展历程。只有深刻认识到这一点，才能不断把社会主义建设好。如果不顾实际拔苗助长，就会葬送社会主义事业。一位加拿大人曾这样评价道，邓小平通过让中国经济向外部开放，让中国人脱贫，发展国内经济，使中国人重新看到了一个伟大国家。

世上的路有千万条。要走出一条新路，而且持续走下去，就需要一代接一代人接续努力。何况这条新路关乎十几亿人的命运，关乎一个伟大民族的未来。因此，为推动中国特色社会主义深入发展，以江泽民同志和胡锦涛同志为主要代表的中国共产党人，高举马克思列宁主义、毛泽东思想、邓小平理论伟大旗帜，着眼中国特色社会主义发展实际和人民的期盼，形成了"三个代表"重要思想和科学发展观。"三个代表"重要思想进一步回答了什么是社会主义、怎样建设社会主义问题，创造性地回答了建设什么样的党、怎样建设党的问题；科学发展观继续回答了什么是社会主义、怎样建设社会主义以及建设什么样的党、怎样建设党的问题，创造性回答了实现什么样的发展、怎样发展的问题，巩固和发展了中国特色社会主义事业。特别是全面建设小康社会的铿锵步伐，让中国人在富裕的道路上越走越自信。

中国人的腰杆要挺立起来，中国人的腰包要鼓起来，中国人的身心还要强起来,为世界做出更大贡献。于是,以习近平同志为主要代表的中国共产党人,坚持继承和发展马克思列宁主义、毛泽东思想、邓小平理论、"三个代表"重要思想和科学发展观,坚持把马克思主义基本原理同中国具体实际相结合,同中华优秀传统文化相结合,从理论和实践结合上科学回答了新时代坚持和发展什么样的中国特色社会主义、怎样坚持和发展中国特色社会主义这个重大时代课题,创立了习近平新时代中国特色社会主义思想,推动中国特色社会主义进入新时代。这是一个什么样的新时代呢?这是一个中国人强起来的时代,这是一个中华民族伟大复兴的时代,这是一个中华文明为人类文明发展提供强大向心力的时代。在这个时代,中国人将更加自信,也更加自豪;在这个时代,世界会因中国而变得更美丽。

毛泽东诗曰:"喜看稻菽千重浪,遍地英雄下夕烟。"这就是中国!因为有了马克思主义及其中国化创新理论做指导,中国人得以在精神上由被动转入主动,中华文明在人类文明前进的大道上洒下绚烂曙光。坚定马克思主义信仰,坚持中国共产党的领导,构建新时代更加辉煌的中华文明,必定为人类文明发展进步提供更加强劲的推动力。

第三节　中国式现代化：当惊世界殊

2021年7月6日，来自160多个国家500多个政党和组织逾万名代表在线出席中国共产党与世界政党领导人峰会，围绕"为人民谋幸福：政党的责任"这一主题进行对话交流。此外，世界上100多个国家的政党在本国共设置了近200个集体会场，组织本党代表集体参加此次峰会。习近平总书记在此次峰会上的主旨讲话中指出："中国共产党将团结带领中国人民深入推进中国式现代化，为人类对现代化道路的探索作出新贡献。"[1]

这是继庆祝中国共产党成立100周年大会后，习近平总书记在不到一周时间内第二次提及"中国式现代化"概念，彰显了中国共产党对于中国式现代化建设的高度重视。在党的二十大报告中，习近平总书记进一步向全党提出了以中国式现代化全面推进中华民族伟大复兴的

---

[1] 习近平：《加强政党合作　共谋人民幸福——在中国共产党与世界政党领导人峰会上的主旨讲话》，《人民日报》2021年7月7日。

使命任务。

现代化是人类文明发展进步的显著标志之一,是近代以来世界各国人民共同追求的目标。马克思在其著作《资本论》中指出:"现代生产方式,在它的最初时期,即工场手工业时期,只是在它的各种条件在中世纪内已经形成的地方,才得到了发展。"[1]这里所说的现代生产方式,即资本主义生产方式,它第一次使自然科学为直接的生产过程服务,并逐步推动产生了以机器取代人力、以机器大工业取代工场手工业的生产与科技革命。这是资本主义生产方式的魔力所在。人类现代化历史诞生于资本主义生产方式的母腹中,在资本主义生产方式的指挥棒下又经历了野蛮性成长和爆炸式发展。也可以说,资本主义生产方式是人类现代化运动最初的动力和根源,它魔法般地造就了现代化世界市场和现代化大工业城市,从而造就了资本主义现代化这一人类文明发展史上的重要成果。

但是,我们必须明白这样一个道理:资本主义现代

---

[1] 马克思:《资本论》第三卷,载中共中央马克思恩格斯列宁斯大林著作编译局编译《马克思恩格斯文集》第七卷,人民出版社,2009,第371页。

化，它是以资本为本，而不是以人为本的；它无情地让所有的人都成了资本的奴仆，一天到晚围着资本转。因此，它在创造巨大物质财富的同时，促使人和劳动发生了异化，结果是"工人生产的财富越多，他的生产的影响和规模越大，他就越贫穷。工人创造的商品越多，他就越变成廉价的商品"[1]。这样一来，就难以避免地在社会上造成贫富两极分化，而且这种两极分化会越来越严重。

法国经济学家托马斯·皮凯蒂在其名著《21世纪资本论》中曾明确提出，全球性的贫富两极分化正在日趋严重。一方面，资本正在战胜劳动力。另一方面，资本主义现代化对自然界的破坏也是巨大的。特别是它所造成的环境污染，需要几代人甚至几十代人付出代价，加剧了人与自然的矛盾。近一个多世纪以来，人类所面临的人口爆炸、资源枯竭、气候变化、环境破坏、精神失落等问题，都可以说是资本主义现代化所结的恶果。概而言之，资本主义现代化所催生的文明及其所形成的价

---

[1] 马克思：《1844年经济学哲学手稿》，载中共中央马克思恩格斯列宁斯大林著作编译局编译《马克思恩格斯文集》第一卷，人民出版社，2009，第156页。

值观，在很大程度上是与人类、自然和社会互为矛盾的，它造成了人与人、人与自然的分离以及人的身心分离，使人变得越来越孤独和痛苦，并在迷惘中一步步滑向悬崖。这是人类文明发展的方向吗？不是！这绝对不是。

马克思主义认为，现代化的前提是彻底变革生产关系，并扫除一切阻碍生产力发展的制度或文化因素。因此，通过历史望远镜和现实显微镜的科学观察分析，马克思和恩格斯非常明确地提出，不消灭资本主义，建立社会主义和共产主义，就无法解放全人类，实现人的全面发展。人类文明的发展过程是一个螺旋式上升的过程。在人类文明发展史上，资本主义黯然失色，社会主义闪亮登场，必然也要走向现代化。这既是社会主义发展的迫切性需要，也是人类文明发展进步的历史性要求。社会主义现代化不同于资本主义现代化，而且因其真正登上人类舞台的时间比较短，也没有成熟的经验可供借鉴，只能摸着石头过河。

中国式现代化就是这样。新中国成立后，中国共产党就确定要走社会主义现代化道路。1953年6月15日，毛泽东在中共中央政治局扩大会议上提出了要逐步实现国家社会主义工业化的奋斗目标。1954年，毛泽东提出，要实现社会主义工业化和实现农业的社会主义化、机械化。同年9月，周恩来在一届全国人大第一次会议《政府工作报告》中首次提出了"四个现代化"概念，即现代化工业、现代化农业、现代化交通运输业和现代化国防。1956年党的八大通过的党章将"四个现代化"写进了总纲。

这不是中国人脑袋一拍想出来的应急措施，而是从历史和现实出发做出的重大决策。因为，对于近代以来饱受屈辱的中国人来说，如果不从工业、农业、交通运输业和国防等关键领域实现现代化，就不能摆脱落后和贫困，就不能在世界上站稳脚跟，当然也就谈不上为世界做贡献了。比如说抗美援朝战争，如果中国人民志愿军有现代化的工业、农业、交通运输业和国防做后盾，就不会在战场上打得那么苦，胜利就会来得更快些。后来根据对现代化的进一步认识和国内形势发展需要，中国共产党将"四个现代化"进一步表述为农业现代化、工业现代化、国防现代化、科学技术现代化。这是中国共产党第一次对社会主义现代化做出的科学完整的表述。

1979年12月6日，邓小平在会见日本首相大平正芳时强调，我们要实现的四个现代化，是中国式的四个现代化。什么是中国式的四个现代化呢？按照邓小平的说法，中国式的四个现代化就是"小康之家"，就是让全体人民过上小康生活。这也是中华民族几千年来的梦想。

随后，中国共产党又提出了"两个一百年"奋斗目标。第一个百年奋斗目标，就是全面建成小康社会，实现邓小平提出的中国式的现代化。第二个百年奋斗目标，就是在全面建成小康社会的基础上，到新中国成立一百年时把中国建成富强民主文明和谐的社会主义现代化国家。这是21世纪中国式现代化的宣言，它从富强、民主、文明、和谐四个维度，进一步明确了社会主义现代化建设所要达到的目标要求。

中国特色社会主义进入新时代，以习近平同志为核心的党中央审时度势，不仅科学地提出了新时代"两步走"的现代化路线图，还着眼于中华民族和世界所有民族永续发展，从"美丽"的维度进一步丰富了中国式现代化的科学内涵，即到2035年基本实现社会主义现代化，到21世纪中叶把中国建成富强民主文明和谐美丽的社会主义现代化强国。

习近平总书记在庆祝中国共产党成立100周年大会

上指出:"以史为鉴、开创未来,必须坚持和发展中国特色社会主义。走自己的路,是党的全部理论和实践立足点,更是党百年奋斗得出的历史结论。"[1] 20世纪中叶,亚非拉殖民地半殖民地国家逐步实现国家独立后,共同面对的一个最大问题,就是走什么样的发展道路。道路关乎人民的幸福,更关系到一个国家和民族的命运。以美国为首的西方资本主义国家,非常希望这些新兴的发展中国家跟在他们的屁股后走,看他们的眼色行事。

1960年,美国经济史学家罗斯托结集出版了名为《经济增长的阶段》一书。在这本书中,罗斯托提出经济发展分为六个阶段:传统社会阶段、准备起飞阶段、起飞阶段、走向成熟阶段、大众消费阶段、超越大众消费阶段。因此,他告诉这些新兴的发展中国家,要想发展本国经济,没有必要改变社会生产方式,只需要提高生产性投资占国家收入的比重就足够了。因为按照他的计算,一个国家的生产性投资,只要占到其国民收入的10%以上,这个国家就能够实现经济"起飞"。这也是

---

[1] 习近平:《在庆祝中国共产党成立100周年大会上的讲话》,《人民日报》2021年7月2日。

西方资本主义国家给发展中国家开出的药方，目的是让发展中国家成为其经济上的附庸。

发展中国家的家底薄，为了加大生产性投资，只有扩大本国自然资源的出口，并通过大规模举借外债等方式引进西方资本主义国家的资本。而一旦西方资本主义国家大量的资本进入发展中国家，这个国家的经济大权就会被西方国家所掌握。这正是西方资本主义国家挖的一个坑。为此，西方资本主义国家宣传机器开足了马力，不惜花费大量人力物力，在世界上四处兜售罗斯托经济发展阶段理论。事实证明，一个国家一旦走这样一条西方指引的道路，其结局都不会很好，会被摔得头破血流，只能依附于西方资本主义国家，乞求西方资本主义国家的施舍。

中国共产党人有着清醒的认识，引领中国摸着石头过河，毫不动摇地走自己的路，经过千辛万苦，成功走出了一条符合人间正道的中国式现代化道路，让站起来的中国人从富起来走向了强起来。

2021年11月11日，党的十九届六中全会审议通过《中共中央关于党的百年奋斗重大成就和历史经验的决议》指出："一百年来，党既为中国人民谋幸福、为中华民族谋复兴,也为人类谋进步、为世界谋大同,以自强不息的奋斗深刻改变了世界发展的趋势和格局。党领导人民成功走出中国式现代化道路,创造了人类文明新形态,拓展了发展中国家走向现代化的途径,给世界上那些既希望加快发展又希望保持自身独立性的国家和民族提供了全新选择。"[1] 2022年10月16日,党的二十大报告全面论述了中国式现代化的中国特色和本质要求等重大问题,明确提出推进中国式现代化,必须坚持和加强党的全面领导、坚持中国特色社会主义道路、坚持以人民为中心的发展思想、坚持深化改革开放、坚持发扬斗争精神。可以说,中国式现代化道路是一条修筑在社会主义基石上的现代化道路,是中国共产党带领中国人民在长期探索和实践中历经千辛万苦、付出巨大代价取得的重大成果,人口规模巨大、全体人民共同富裕、物质文明和精神文明相协调、人与自然和谐共生、走和平发展道路的现代化,都切合中国实际和世界现代化发展要求,体现了社会主义建设规律和人类社会发展规

---

[1]《中共中央关于党的百年奋斗重大成就和历史经验的决议》,《人民日报》2021年11月17日。

律，具有广泛的世界意义和广阔的发展前景，彻底打破了"现代化就是西方化"的迷思，从理论和实践上展现了不同于西方现代化的新图景，为人类实现现代化提供了新的选择。

和平与发展是时代永恒的主题，世界上没有哪一个国家的人民愿意生活在别人的奴役下，全人类都希望生活在一个充满和平、发展、公平、正义、民主、自由的美好世界。中国式现代化道路注定了中国是一只"和平的、可亲的、文明的狮子"。因此，到21世纪中叶，中国全面建成社会主义现代化强国后，必将改写现代化的世界版图，为人类走向广阔的世界现代化道路树立更加醒目的路标。

第四节　大河上下，"不"失滔滔

1936年2月，在陕西省清涧县袁家沟，毛泽东率红军准备东渡黄河出征山西。

九一八事变后，中国共产党及其所领导的工农红军便发出了北上抗日的政治主张。在中华民族危亡之秋，中央红军突破国民党军队的重重包围，经过二万五千里长征到达陕北后，仍坚持以民族大义为重，继续擎起中华民族的抗日大旗，以舍我其谁的勇气，东渡黄河向日本侵略者亮剑。

陕北的冬天冰天雪地，大雪纷纷。在袁家沟的黄河岸边，面对白皑皑的冰雪世界和隐没于冰雪之中的黄河，毛泽东的胸中荡起历史与现实的交响曲，便挥笔写下了雄视千古、心系苍生的不朽词作《沁园春·雪》。1945年抗日战争胜利后，毛泽东赴重庆谈判期间，该诗甫一发表便如惊雷般响彻重庆，引来无数英雄竞折腰。在这首词作中，毛泽东用如椽的大笔写道："大河上下，顿失滔滔。"

这是冰雪覆盖下的黄河的真实写照。1952年10月，毛泽东同志离京考察黄河。河南是黄河文明的核心区域。就是在这次视察中，毛泽东提出了"要把黄河的事情办好"的伟大号召。

黄河是中华民族的母亲河。在世界四大文明中，黄河所孕育的中华文明，是至今唯一仍生生不息的文明。在冰雪覆盖之下，黄河失去了波涛滚滚的气势，这是一种自然奇观，给人一种豪迈之感。

倘若在冰雪覆盖的时间之外，黄河"顿失滔滔"，那便是中华民族甚至是整个人类的不幸。历史上的黄河曾多次因断流而"顿失滔滔"。据《今本竹书纪年》记载，周贞定王六年（公元前463年），黄河曾经在今河南原阳县西一带断流。黄河断流的原因，一般是天气干旱或黄河决口改道。特别是黄河决口改道，不仅会造成黄河下游断流，还会带来极其严重的水灾。据统计，自先秦时期到民国年间，2500多年的时间里，黄河决口超过1500次，改道26次之多，水灾涉及的范围北达津沽、南至江淮，给中华民族带来了巨大伤痛。黄河距今最近的一次大改道，就发生在今天的河南兰考。这次大改道，滔滔洪水北泄，殃及山东、河南、直隶（今河北）三省。其中，山东受灾最为严重，难民超过700万人，结果导致咸丰、同治年间山东民变不断，并进而诱发了义和团运动。因此，治理黄河水患，驯服黄河这条桀骜不驯的河流，成为历代统治者的治国之大事。

然而，由于自然环境变化和人们过度开发利用黄河水资源，20世纪70年代初，黄河再次出现断流现象。此后26年间，又有21年发生断流。1990年至1998年，则是年年断流。最严重的是1997年，一年中黄河断流7次226

天，断流河段长达704公里，海河300多天无水入海。最令人揪心的是，在黄河源头地区最大的一对"姊妹湖"扎陵湖和鄂陵湖之间，也数次产生断流现象。黄河就像因营养不良而瘦弱的母亲，干瘪的乳房已无更多的奶汁可供婴儿吮吸。

中华民族是一个极具忧患意识的民族。面对黄河断流，无论身处庙堂之上还是乡野民间，人们都认识到了这个问题的严重性——绝不能让黄河奔流不到海。继毛泽东之后，邓小平、江泽民、胡锦涛等党和国家领导人也曾多次考察黄河，并就黄河治理与开发做出重要指示。1998年，经国务院批准，水利部等部门联合颁布实施《黄河水量调度管理办法》，授权黄河水利委员会实行黄河水量统一调度。在严格的水量统一调度下，黄河非汛期下游的流水滔滔不竭，黄河下游河流的生态系统得以修复，过去万里长河频繁断流的局面得以彻底改变。

大河是人类文明的摇篮，人类离不开河流，就像人体离不开血管一样。人类文明因河流而兴，也必将因河流而盛。治理好大江大河，是推动人类文明向前发展的必然选项。

中国特色社会主义进入新时代，以习近平同志为核心的党中央把保护和治理黄河上升到了国家战略的高度。2019年9月18日,习近平总书记在河南郑州主持召开黄河流域生态保护和高质量发展座谈会,强调要共同抓好大保护,协同推进大治理,让黄河成为造福人民的幸福河。这是新时代中国最强的音符之一,它开启了中华民族大江大河的"大治时代"。

2021年10月8日,中共中央、国务院正式印发《黄河流域生态保护和高质量发展规划纲要》,为新时代保护和治理好黄河提供了"路线图"。也就在同一天,国务院常务会议通过了《中华人民共和国黄河保护法(草案)》,为保护和治理好黄河提供了"护身符"。一张"路线图",一个"护身符",让保护和治理黄河的路走得更为坚实。时隔两个星期,即10月22日,习近平总书记在山东济南主持召开深入推动黄河流域生态保护和高质量发展座谈会,进一步夯实了新时代保护和治理好黄河的基石。习近平总书记强调,要科学分析当前黄河流域生态保护和高质量发展形势,把握好推动黄河流域生态保护和高质量发展的重大问题,咬定目标、脚踏实地,埋头苦干、久久为功,确保"十四五"时期黄河流域生态保护和高质量发展取得明显成效,为黄河永远造福中华民族而不懈奋斗。

2021年6月16日,英国《自然》杂志发表的一项环境学报告显示,在地球上数千万公里的河流中,有接近51%~60%的河流每年会出现至少一天的断流,44%~53%的河流每年至少有一个月处于干涸状态。世界上多条大河断流,结果是什么呢?一是加剧水资源危机,严重影响沿岸居民生活和工业生产;二是破坏河流环境,使本来已脆弱的生态系统发生严重变化——生物减少,地下水位下降,风沙加剧,最终又进一步引起气候异常,从而威胁人类文明发展。而在中国,大江大河得到了有效治理。

自1998年以来,黄河长达20多年不再断流,重新焕发出了勃勃生机,就像一个饱经风霜的老人走上返老还童之路。据水利部黄河水利委员会最新数据,截至2021年,黄河流域完成了初步治理水土流失面积25.96万平方千米;黄河流域水土保持率从1990年的41.49%提高到2021年的67.37%,黄土高原地区水土保持率达63.89%。同时,黄河干流和9条重要跨省支流20个控制断面生态流量均达标,流域水资源保障能力进一步提高。特别是黄河源头的玛曲草原,更是旧貌换新颜,其所在的甘南藏族自治州黑土滩退化草地植被覆盖度，由以前的65%增加到现在的85%以上。

曾经满目疮痍的沿黄沙化带，如今放眼望去，蓝天下花草遍地，蝴蝶纷飞，与清风白云构成了诗意盎然的世界。在豫西重镇三门峡，黄河岸边的湖泊早已成了天鹅的故乡。每年冬天，从西伯利亚到三门峡栖息越冬的天鹅有成千上万只，有的像白色的闪电从水面掠过，有的像绅士一样悠闲地在水中觅食，引来无数游人和摄影爱好者。三门峡也因此有了"天鹅之城"的美誉。

与此同时，以共抓大保护、不搞大开发为导向的《长江经济带发展规划纲要》稳步实施，让长江这条横贯中国东西的大江重现了昔日的荣耀。一条条支流，一个个湖泊，清澈见底。

唐代诗人李白与黄河有缘，也与长江有缘。在他如椽的笔下，有"黄河万里触山动，盘涡毂转秦地雷"的雄壮诗篇，也有"孤帆远影碧空尽，唯见长江天际流"的由衷感慨。倘若李白生活在今天，他会为黄河与长江写下怎样的诗篇和怎样的感慨呢？那一定是更加雄壮的诗篇，以及更加由衷的感慨。

大江大河哺育了人类文明。在中国，大江大河得到大治，必将为中华文明注入更加强劲的前进动力，同时也将为人类文明大发展提供气势磅礴的"中国力量"。

第五节　构建人类命运共同体

圣诞节是西方最重要的传统节日。数据显示，全球圣诞用品约80%来自中国义乌。试想，如果中国圣诞用品供应链出了问题，西方人能过一个快乐的圣诞节吗？显然不能。对西方来说，如果没有圣诞节，就好比中国没有春节一样。

2021年，随着圣诞节逼近，在海运仍然受阻的情况下，中欧班列承担起运送圣诞用品的使命。一列列中欧班列装满圣诞用品，从义乌西站出发，沿着中欧陆路通道，驶向欧洲。除了圣诞用品，还有大量其他货物通过中欧班列来运输。据统计，截至2011年6月，中欧班列已累计开行突破4万列，合计货值超过2000亿美元，打通73条运行线路，通达欧洲22个国家的160多个城市。

从古老的丝绸之路诞生那一天起，人类就已经紧密地联系在一起了。在这个世界上，哪个国家或民族都无法做到独善其身。特别是在经济全球化大发展的今天，人类命运更加休戚与共，越来越成为你中有我、我中有你的命运共同体。中欧班列作为新丝绸之路上的"钢铁驼队"，以及连接"一带一路"的重要纽带，奏响了人类命运共同体的最美和声。

人是世界的主体，倘若没有人，世界就会显得异常寂静。正如王阳明所说："你未看此花时，此花与汝同归于寂；你来看此花时，则此花颜色一时明白起来。"马克思一生最关心的，就是人在世界上如何发展的问题，即人怎么摆脱人对人的依赖、人对物的依赖，而能够自由幸福地生活在这个世界上。因此，根据人类社会历史发展的逻辑，马克思将人类共同体形式分为自然共同体、虚假共同体和真实共同体。

从自然共同体到虚假共同体，再到真实共同体，是人类文明发展进步的必然趋势。特别是从虚假共同体到真实共同体，马克思、恩格斯在其著作《德意志意识形态》中指出："从前各个人联合而成的虚假的共同体，总是相对于各个人而独立的；由于这种共同体是一个阶级反对另一个阶级的联合，因此对于被统治的阶级来说，它不仅是完全虚幻的共同体，而且是新的桎梏。在真正的共同体的条件下,各个人在自己的联合中并通过这种联合获得自己的自由。"[1]

也就是说,真实共同体是人类社会发展的根本选择,随着人类社会生产力的高度发展,它必然代替虚假共同体,为人类创造自由幸福的生活。可以这样说,世界历史发展到今天,正是人类由虚假共同体向真实共同体迈进的历史阶段。在这样的历史阶段,人类共同体就是一个在经济、政治、文化、社会和生态文明等各个方面牵一发而动全身的命运共同体;在这样的历史阶段,世界上所有的国家和民族,如果不把自身的命运同世界上其他国家和民族的命运联系在一起,就会在世界历史发展的大潮中落伍,陷入向隅而泣的境地。

正是在这个意义上,通过对"世界怎么了、我们怎么办""建设一个什么样的世界、如何建设这个世界"等重大理论和现实问题的深刻思考,习近平总书记继承和发扬马克思主义人类共同体思想,鲜明地提出了"构建人类命运共同体"的重大命题,弘扬和平、发展、公

---

[1] 马克思、恩格斯:《德意志意识形态》,载中共中央马克思恩格斯列宁斯大林著作编译局编译《马克思恩格斯文集》第一卷,人民出版社,2009,第571页。

平、正义、民主、自由的全人类共同价值,全面阐述了打造人类命运共同体"五位一体"的总布局和总路径,即:建立平等相待、互商互谅的伙伴关系,营造公道正义、共建共享的安全格局,谋求开放创新、包容互惠的发展前景,促进和而不同、兼容并蓄的文明交流,构筑尊崇自然、绿色发展的生态体系。

这是一种新型全球文明观,它为人类文明发展进步指明了方向。同时,由于它深刻回答了"人类社会应该向何处去"这一时代之问,在世界上引起了强烈的共鸣。2017年2月10日,联合国社会发展委员会第55届会议协商一致通过"非洲发展新伙伴关系的社会层面"决议,呼吁国际社会本着合作共赢和构建人类命运共同体的精神,加强对非洲经济社会发展的支持,同时欢迎并敦促各方进一步促进非洲区域经济合作进程,推进共建"丝绸之路经济带"和"21世纪海上丝绸之路"倡议等便利区域互联互通的举措。这是联合国决议首次写入中国倡导的"构建人类命运共同体"理念。同年3月17日,联合国安理会一致通过关于阿富汗问题的第2344号决议,呼吁国际社会凝聚援助阿富汗共识,通过"一带一路"建设等加强区域经济合作,敦促各方为"一带一路"建设提供安全保障环境、加强发展政策战略对接、推进互联互通务实合作等。决议强调，应本着合作共赢精神推进地区合作，以有效促进阿富汗及地区安全、稳定和发展，构建人类命运共同体。几天后，3月23日，联合国人权理事会第34次会议通过关于"经济、社会、文化权利"和"粮食权"的两个决议，明确表示要"构建人类命运共同体"。

"构建人类命运共同体"写进联合国决议等国际文件，用事实证明了这种新型全球文明观已成为国际共识。第71届联合国大会主席彼得·汤姆森称："对我而言，这是人类在这个星球上的唯一未来。"英国剑桥大学政治与国际关系学院资深研究员马丁·雅克说："中国提供了一种'新的可能'，这就是摒弃丛林法则，不搞强权独霸，超越零和博弈，开辟一条合作共赢、共建共享的文明发展新道路。这是前无古人的伟大创举，也是改变世界的伟大创造。"法国巴黎第八大学国际问题专家弗里德里克·杜泽称赞道："中国倡导要树立命运共同体意识和合作共赢理念，向世界传递了力量和信心，为我们共同应对挑战提供了关键方案。"为此，联合国秘书长古特雷斯也曾指出："中国已成为多边主义的重要支柱，而我们践行多边主义的目的，就是要建立人类命运共同体。"

知行合一是中国式实践观，是中华优秀传统文化的精髓。自从习近平总书记提出"构建人类命运共同体"的重大命题以来，中国坚持知行合一的实践观，在推动构建人类命运共同体的道路上走得极其稳健。

首先，中国携手世界各国高质量共建"一带一路"。人类命运共同体不是虚假的政治概念，而是实实在在地超越种族、国界和意识形态的为全人类谋福祉的全球治理方案。"一带一路"作为构建人类命运共同体的重要实践抓手，在中国的积极倡议和推动下，已成为各国实现互利共赢、共同发展的世界大舞台，在全球五大洲绘制出一幅共同追求和平、发展、合作、共赢的壮美画卷。据统计，目前世界上已有2/3的国家和1/3的国际组织同中国达成合作共识，共同展开了2000多个合作项目，解决了成千上万人的就业。据测算，共建"一带一路"将使"发展中的东亚及太平洋国家"的国内生产总值平均增加2.6%至3.9%。世界银行有关报告认为，到2030年，共建"一带一路"有望帮助全球760万人摆脱极端贫困、3200万人摆脱中度贫困。世界知名未来学家奈斯比特夫妇在《世界新趋势："一带一路"重塑全球化新格局》一书中评价道，"一带一路"倡议将会使中国和世界各国合作共赢，是创造和引领世界趋势的决定性力量。塞尔维亚总统武契奇评价说，"一带一路"倡议从精神层面和物质层面将不同的国家、文化和人民连接在一起，促进世界稳定。

其次，中国创办了亚洲基础设施投资银行。在中国，有一句妇孺皆知的"致富经"，即"要想富，先修路"。这也是中国改革开放以来实现快速发展的重要经验之一。而这个"路"，实际上就是各种基础设施的代称。亚洲大多数国家都属于发展中国家，各种基础设施比较落后。要推进基础设施建设，修筑一条富裕之路，就需要投入大量资金。这对亚洲很多发展中国家来说，是一个老大难问题。尽管某些国际金融机构可能会提供援助，但要求相对苛刻，不易达成合作。而且，由于基础设施建设投资大、回报周期长且回报率相对较低，也很难吸引到热情的投资者。中国成功发起创办亚投行，解了亚洲包括世界上很多国家的燃眉之急。目前，亚投行已从最初57个创始成员，发展为如今拥有来自亚洲、欧洲、非洲、北美洲、南美洲、大洋洲六大洲的104个成员。

世界知名未来学家奈斯比特夫妇感慨地说："历史上从来没有谁尝试通过一系列政策的实施，在经济领域将那么多国家和大洲连接起来。"

再次，中国积极参加联合国维和行动。和平是世界人民的共同愿望，也是推动构建人类命运共同体的主旨。中国作为构建人类命运共同体的倡议者，积极参加联合国维和行动，以实际行动维护世界和平。2015年9月28日，国家主席习近平在纽约联合国总部出席第七十届联合国大会一般性辩论时，决定设立为期10年、总额10亿美元的中国–联合国和平与发展基金。截至2021年，中国向该基金供资1.2亿美元，启动开展112个合作项目，惠及100多个国家和地区。中国共组建了8000人规模维和待命部队和300人规模常备维和警队，成为联合国维和待命部队中数量最多、分队种类最齐全的国家。2016年7月，南苏丹首都朱巴爆发武装冲突。面对枪林弹雨，中国维和官兵用血肉之躯构筑"生命防线"，阻止武装分子接近平民保护区，守护了9000多名平民的生命安全。

最后，中国与世界人民携手共克疫情。新冠疫情是近年人类社会面临的一场大考，联合国秘书长古特雷斯曾沉重地说道，若任由新冠病毒像野火一样蔓延，数以百万计的民众仍将面临威胁。病毒传播越广，出现的变种就越多，也更易传播，更加致命，更有可能削弱现有疫苗的有效性。而且，美国大搞"疫苗民族主义"，将一些不发达国家和地区推入"无苗可种"的绝望境地，制造了一个又一个人间悲剧。在疫情大考面前，中国开展了新中国历史上规模最大一次的全球紧急人道行动。新冠疫情暴发后，中国向全球捐赠了超过23亿剂新冠疫苗。摩尔多瓦驻华大使贝拉基什评价道："中国是防疫期间为摩尔多瓦提供援助最多的国家之一。中国的帮助迅速、热情、真挚，不附加任何条件，我们深表感谢。"

在推动构建人类命运共同体的道路上，中国还成功搭建了中国国际进口博览会、中国国际服务贸易交易会、中国进出口商品交易会、中国国际消费品博览会等一系列合作平台，为世界各国搭乘中国发展快车提供机遇；超越"零和博弈"和"文明冲突"，积极举办"一带一路"国际合作高峰论坛、亚洲文明对话大会、中国共产党与世界政党高层对话会等一系列思想盛宴，促进世界各国人民进行平等对话。

推动构建人类命运共同体，不是以一种制度代替另一种制度，不是以一种文明代替另一种文明，而是不同社会制度、不同意识形态、不同历史文化、不同发展水平的国家在国际事务中利益共生、权利共享、责任共担，形成共建美好世界的最大公约数。

2018年，习近平《论坚持推动构建人类命运共同体》一书出版，并先后被译成阿拉伯文、英文、法文、日文、俄文和德文等多国语言走向世界。拿破仑曾说，世上有两种力量：利剑和思想；从长而论，利剑总是败在思想手下。构建人类命运共同体是照亮人类文明前行道路上的思想之灯，它所蕴含的思想能量，必将开辟人类文明发展新境界，创造人类文明新形态。

第六节 "星星之火，可以燎原"

1930年1月5日，为掩护红四军转移，毛泽东指挥红四军第二纵队开往龙岩县（现为龙岩市）小池，打击前来"会剿"的国民党刘和鼎部的先头部队。战斗间隙，毛泽东顾不上休息，秉烛夜书，给林彪写下了一封长信，即后来收录于《毛泽东选集》的文章《星星之火，可以燎原》。

1927年大革命失败后,不仅中国革命命悬一线,而且一些共产党人不知道前途在哪里,甚至有人提出了"红旗到底能打多久"的疑问。1930年元旦,时任红四军第一纵队纵队长林彪致信毛泽东,说大敌当前,红四军应分散去打游击,各自找出路。林彪的信中,到处弥漫着悲观主义。在他看来,红军力量太弱,打不过强大的敌人。

在写给林彪的长信中,毛泽东批评了当时林彪及党内一些同志在对时局估量上所产生的悲观主义,科学地提出了农村包围城市、武装夺取政权的思想。在信的结尾,毛泽东自信而浪漫地指出:"马克思主义者不是算命先生,未来的发展和变化,只应该也只能说出个大的方向,不应该也不可能机械地规定时日。但我所说的中国革命高潮快要到来,决不是如有些人所谓'有到来之可能'那样完全没有行动意义的、可望而不可即的一种空的东西。它是站在海岸遥望海中已经看得见桅杆尖头了的一只航船,它是立于高山之巅远看东方已见光芒四射喷薄欲出的一轮朝日,它是躁动于母腹中的快要成熟了的一个婴儿。"[1]

历史和事实证明,毛泽东的分析和判断是正确的。经过艰苦卓绝的革命斗争,中国共产党不仅迎来了中国革命高潮,还建立了人民当家作主的新中国,带领人民走上了社会主义道路。

社会主义是人类社会发展的必然选择,代表了人类文明发展进步的方向。马克思并非天生的社会主义者。少年时代,由于受家庭环境影响,马克思曾是一名虔诚的基督教徒。他在《青年在选择职业时的考虑》的文章中写道:"宗教本身也教诲我们,人人敬仰的典范,就曾为人类而牺牲自己——有谁敢否定这类教诲呢?"[2]

在大学时代,马克思非常崇拜他的老师黑格尔,并加入了青年黑格尔派的组织——博士俱乐部,且迅速成为其中一颗最耀眼的新星。他在写给父亲的一封信中道:"帷幕降下来了,我最神圣的东西被毁掉了,必须

---

[1] 毛泽东:《星星之火,可以燎原》,载《毛泽东选集》第1卷,第2版,人民出版社,2006,第106页。

[2] 马克思:《青年在选择职业时的考虑》,载中共中央马克思恩格斯列宁斯大林著作编译局编译《马克思恩格斯全集》第一卷,第2版,人民出版社,1995,第459页。

把新的神安置进去。我从理想主义……转而向现实本身去寻求观念。"[1]这里所谓"新的神"指的就是黑格尔。那么,马克思后来是如何摆脱对黑格尔这位"新的神"的崇拜,而确立了科学社会主义理想呢?

正如马克思在《青年在选择职业时的考虑》的文章中写道:"如果我们选择了最能为人类而工作的职业,那么,重担就不能把我们压倒,因为这是为大家作出的牺牲;那时我们所享受的就不是可怜的、有限的、自私的乐趣,我们的幸福将属于千百万人,我们的事业将悄然无声地存在下去,但是它会永远发挥作用,而面对我们的骨灰,高尚的人们将洒下热泪。"[2]这是马克思17岁时的思想状态,他的理想是选择"最能为人类而工作的职业"。但是,当他从学校走向社会,现实世界告诉他,黑格尔的思想无法保证他为人类而工作。

---

[1] 马克思:《马克思致亨利希·马克思》,载中共中央马克思恩格斯列宁斯大林著作编译局编译《马克思恩格斯全集》第四十七卷,第2版,人民出版社,2004,第12-13页。

[2] 马克思:《青年在选择职业时的考虑》,载中共中央马克思恩格斯列宁斯大林著作编译局编译《马克思恩格斯全集》第一卷,第2版,人民出版社,1995,第459-460页。

马克思刚参加工作时,莱茵省议会正在讨论一项名叫《林木盗窃法》的新法案,目的是要惩罚那些到森林里捡拾枯枝的老百姓。因为在林木所有者看来,未经允许私自到森林里捡拾枯枝就是盗窃,就要受到惩罚。由德国演员奥古斯特·迪赫主演的电影《青年马克思》就讲述了这样的内容:一群老百姓在森林里捡拾枯枝,以用来生火做饭。其中一位老人告诫孩子不要折树上的树枝,孩子非常听话,只捡拾森林里的枯枝。突然,一队执法者骑着高头大马、挥舞着马刀棍棒朝他们冲来,见人就砍就打。人们四散奔逃,有的撞死在树上,有的死在马刀棍棒下。

在黑格尔看来,国家及其法律在本质上是一种理性的东西。他甚至从哲学的角度论证道:"凡是合乎理性的东西都是现实的;凡是现实的东西都是合乎理性的。"[1]从这个意义上讲,普鲁士政府提出的《林木盗窃法》是合乎理性的现实规定,而并非权力、利益或感情、私见等非理性的决定,人们应该无条件地执行。人们不

---

[1] 黑格尔:《法哲学原理》,范扬、张企泰译,商务印书馆,1961,序言第11页。

禁要问，这对吗？

这显然是不对的。马克思根据1841年第六届莱茵省议会会议记录，于次年10月写下《关于林木盗窃法的辩论》一文，谴责立法机关偏袒林木所有者的利益，剥夺穷苦人到森林里捡拾枯枝等习惯权利，并系统提出自己的森林立法观。

近代西方社会，在工业革命的助力下，资本主义经济高速发展，"蛋糕"越做越大。可是呢？"蛋糕"做得越大，广大老百姓分到得越少，尤其是很多农民因破产而沦为半无产者，不得不成为受资本家和工厂压榨的雇佣工人，过上了毫无尊严的生活。在电影《青年马克思》中，恩格斯的父亲办的纺纱厂，一名女工因连续三天都没有休息，打瞌睡时被机器切掉了手指。作为资本家的恩格斯的父亲，不但不帮助其疗伤，还要克扣为其鸣不平的女工们的工钱以维修机器。因为在恩格斯的父亲看来，机器远比女工们的命值钱。这就是资本主义社会罪恶的一面。

通过老百姓到森林里捡拾树枝而受到惩罚这件事，马克思深刻认识到资本主义国家及其法律充满了谎言，为了自身的一丁点利益，不惜把很多无辜的老百姓"从活生生的道德之树上砍下来,把他们当作枯树抛入犯罪、耻辱和贫困的地狱"[1],从而使他们成为"合法谎言的牺牲品"[2]。

后来,通过对摩泽尔河地区葡萄种植者的贫困状况调查,马克思更加深刻地认识到,当国家和法律的原则同物质利益发生冲突的时候,物质利益总是占上风,国家和法律沦为物质利益操纵的工具,进而把广大人民群众推向贫困的深渊,使广大人民群众成为被侮辱、被奴役、被遗弃和被蔑视的东西——"对于工人来说,甚至对新鲜空气的需要也不再成其为需要了。人又退回到洞穴中居住,不过这洞穴现在已被文明的污浊毒气所污染……光、空气等等,甚至动物的最简单的爱清洁习性,都不再是人的需要了。肮脏,人的这种堕落、腐化,文明的阴沟(就这个词的本义而言),成了工人的生活要

---

[1] 马克思:《关于林木盗窃法的辩论》,载中共中央马克思恩格斯列宁斯大林著作编译局编译《马克思恩格斯全集》第一卷,第2版,人民出版社,1995,第243页。

[2] 马克思:《关于林木盗窃法的辩论》,载中共中央马克思恩格斯列宁斯大林著作编译局编译《马克思恩格斯全集》第一卷,第2版,人民出版社,1995,第244页。

素。"[1]因此,马克思得出这样一个结论:必须彻底改变这个制度,否则不可能真正解决人民的贫困。

那么,怎么彻底改变这个制度呢?马克思开始认真研究各种社会主义和共产主义理论,参加各种关于社会主义问题的讨论会,逐步确立了科学社会主义思想。马克思曾多次对恩格斯说,正是他对《林木盗窃法》和摩泽尔河地区农民处境的研究,推动他由纯政治转向研究经济关系,从而走向社会主义。

社会主义是走向共产主义的必由之路。新中国成立初期,毛泽东就曾指出:"现在我们实行这么一种制度,这么一种计划,是可以一年一年走向更富更强的,一年一年可以看到更富更强些。而这个富,是共同的富,这个强,是共同的强,大家都有份。"[2]20世纪80年代末,邓小平在一次会见外宾时的谈话中也曾指出:"坚持社

---

[1] 马克思:《1844年经济学哲学手稿》,载中共中央马克思恩格斯列宁斯大林著作编译局编译《马克思恩格斯文集》第一卷,人民出版社,2009,第225页。

[2] 毛泽东:《在资本主义工商业社会主义改造问题座谈会上的讲话》,载中共中央文献研究室编《毛泽东文集》第6卷,人民出版社,1999,第495页。

会主义的发展方向，就要肯定社会主义的根本任务是发展生产力，逐步摆脱贫穷，使国家富强起来，使人民生活得到改善。没有贫穷的社会主义。社会主义的特点不是穷，而是富，但这种富是人民共同富裕。"[1]中国特色社会主义进入新时代，习近平总书记就实现共同富裕发表了一系列重要论述。他指出："共同富裕是社会主义的本质要求，是中国式现代化的重要特征。"[2]从文明的角度讲，社会主义无疑是比资本主义更高级的文明形态。

在马克思之前，社会主义处于空想阶段。空想社会主义产生于资本主义发展的初期。资本主义取代封建主义是人类文明发展进步的表现，它创造了以往人类历史不曾有过的物质财富和精神财富。但是，资本主义的发展是建立在对内残酷剥削劳动人民、对外疯狂殖民掠夺基础之上的，它所造成的阶级对立、贫富对立以及民族对立等社会矛盾，严重阻碍了人类文明的发展进步，人们期盼建立一个比资本主义社会优越的理想社会。由于

---

[1] 邓小平：《思想更解放一些，改革的步子更快一些》，载《邓小平文选》第三卷，人民出版社，1993，第264-265页。

[2] 习近平：《扎实推动共同富裕》，《求是》2021年第20期。

空想社会主义没有找到变革资本主义制度的革命力量，加上资本主义的基本矛盾还没有充分暴露，所以尽管空想社会主义有着长达400多年的发展史，但是它依然属于空中楼阁。

是珍珠就要经过长时间的磨砺，是美酒就需要长时间的酿造。空想社会主义发展到马克思时代，实现了从空想到科学的转变。马克思和恩格斯通过对资本主义社会的深刻观察，通过创立唯物史观和剩余价值学说，科学地证明了社会主义绝不是空中楼阁，而是资本主义矛盾运动发展的必然结果，是人类文明皇冠上的璀璨珍珠。

1917年，在马克思主义指导下，列宁领导的俄国十月革命取得胜利，建立了世界上第一个社会主义国家，使科学社会主义由理论变为现实，并逐步由一国实践发展为多国实践。在俄国以及后来的苏联，社会主义显示出蓬勃的生命力。以工业为例，20世纪30年代是世界经济大危机时期，在这个大家都勒紧裤腰带过日子的时期，苏联的工业产值却全线飘红，1937年其工业总产值比1913年增加了7倍，苏联由此成为仅次于美国的欧洲第一、世界第二的工业强国。也就是说，苏联用十几年时间走完了一般资本主义国家几十年要走的路，基本实现了社会主义工业化。这也为苏联在二战中赢得反法西斯战争的胜利创造了物质条件。正是在俄国十月革命和苏联社会主义的影响下，世界社会主义运动进入活跃期，从欧洲到亚洲，再到拉丁美洲，先后有15个国家建立社会主义制度，带领广大人民走上了社会主义道路。

然而，由于社会主义没有现成的道路可走，需要在没有人走过的地方开辟一条新路，而且它的实践经验也不足百年，再加上西方资本主义国家的无情打压，20世纪80年代末90年代初伴随着东欧剧变、苏联解体，世界社会主义事业遭受严重挫折，一大批社会主义国家纷纷改旗易帜，历史似乎真如西方人士所幻想的那样终结了。

事实上并非如此。1992年，邓小平到中国南方考察。在考察中，他坚定地指出："我坚信，世界上赞成马克思主义的人会多起来的，因为马克思主义是科学。它运用历史唯物主义揭示了人类社会发展的规律，封建社会代替奴隶社会，资本主义代替封建主义，社会主义经历一个长过程发展后必然代替资本主义，这是社会历史发展不可逆转的总趋势，但道路是曲折的。资本主义代替封建主义的几百年间，发生过多少次王朝复辟？所以，从一定意义上说，某种暂时复辟也是难以完全避免的规律性现象。一些国家出现严重曲折,社会主义好像被削弱了,但人民经受锻炼,从中吸取教训,将促使社会主义向着更加健康的方向发展。因此,不要惊慌失措,不要认为马克思主义就消失了,没用了,失败了。哪有这回事!"[1]

邓小平的判断无疑是正确的。人类挥手告别20世纪,走在21世纪的大道上,欣喜地看到一个充满自信的愈来愈富强的社会主义中国矗立在世界东方,活跃在世界舞台。在世界社会主义遭受严重挫折的形势下,中国坚持马克思主义不动摇,不断推进马克思主义中国化,成功走出了一条中国特色社会主义道路,用几十年时间走完了西方发达国家几百年的工业化历程,稳步成为世界第二大经济体,并成为世界上最安全的国家之一,断然打破了西方所谓的"历史终结论",用事实证明了马克思主义是科学,社会主义具有广阔的发展前景。

中国没有辜负社会主义。中国特色社会主义道路越走越宽广,使世界上赞成马克思主义的人多了起来,推

---

[1] 邓小平:《在武昌、深圳、珠海、上海等地的谈话要点》,载《邓小平文选》第三卷,人民出版社,1993,第382-383页。

动了世界社会主义走向复兴。据统计，目前全世界共有130多个政党仍保持共产党名称或坚持马克思主义性质，总人数逾一个亿。特别是在印度喀拉拉邦，共产党执政历史可以上溯到20世纪50年代。据《环球时报》2019年报道，在共产党的执政下，喀拉拉邦人均GDP达到3300美元，高于整个印度的人均GDP1300美元。根据《中国青年报》报道，喀拉拉邦的人类发展指数（HDI）相当高，可以与欧美发达国家媲美。以教育程度为例，在喀拉拉邦，全邦约95%的人口拥有读写能力，高于印度总识字率的21%。可以这样说，共产党执政的喀拉拉邦，俨然是印度最幸福的"红色家园"。

"星星之火，可以燎原。"中国共产党是当今世界所有无产阶级政党中最亮的星火，它一定能带头燃起世界社会主义复兴的火焰。正如中国共产党的先驱李大钊所说：试看将来的环球，必是赤旗的世界！——不为别的，只为普天下人都能得到解放，过上共同富裕的美好生活！

第七节　文明：从交流互鉴走向和谐

有朋自远方来，不亦乐乎！在2014年上海亚信峰会和博鳌亚洲论坛2015年年会上，习近平主席先后两次倡议召开亚洲文明对话大会，加强亚洲文明交流互鉴，共同创造亚洲文明和世界文明的美好未来，得到了与会国家的积极响应。

2019年5月15日，中国在北京组织举办了亚洲文明对话大会。会议期间，来自亚洲全部47个国家和世界其他国家及国际组织的1352位会议代表出席大会，并以"亚洲文明交流互鉴与命运共同体"为主题进行对话。在这次大会上，中国国家主席习近平发表了题为《深化文明交流互鉴，共建亚洲命运共同体》的主旨演讲，并深刻指出："一切生命有机体都需要新陈代谢，否则生命就会停止。文明也是一样，如果长期自我封闭，必将走向衰落。交流互鉴是文明发展的本质要求。只有同其他文明交流互鉴、取长补短，才能保持旺盛生命活力。"[1]

自16世纪以来,西方列强挥舞着所谓文明的大棒,靠对外殖民掠夺发家致富后,自认为站在了人类文明的高地上,形成了一套以西方主观意识为主的文明话语权,进而排斥其他国家和民族的文明,甚至不惜动用武力,置之死地而后快。近代中国就深受其害。

马克思、恩格斯曾援引大量文献资料,列举各种统计数据,以铁的事实揭露了英国的鸦片贸易给中国造成的严重危害,指出"这种触目惊心的贸易""无论就可以说是构成其轴心的那些悲惨冲突而言,还是就其对东西方之间一切关系所发生的影响而言,在人类历史记录上都是绝无仅有的"[2],并将英国发动的两次鸦片战争称作"无比残忍的蹂躏屠杀",将战争的发动者称作"把炽热的炮弹射向毫无防御的城市、杀人又强奸妇女的文

---

[1] 习近平:《深化文明交流互鉴,共建亚洲命运共同体》,载《习近平谈治国理政》第三卷,外文出版社,2020,第469页。

[2] 中共中央马克思恩格斯列宁斯大林著作编译局编译《马克思恩格斯论中国》,人民出版社,2018,第69页。

明贩子"[1]。马克思在《印度起义》一文中更是愤怒地写道："我们只需看看第一次对华战争,看看可以说是昨天发生的事件。当时英国军人只是为了取乐而犯下滔天罪行;他们的狂暴既不是被宗教狂热所驱使,也不是由对专横暴虐的征服者的仇恨所激起,也不是因英勇的敌方的顽强抵抗而引起。他们强奸妇女,枪挑儿童,焚烧整个整个的村庄,完全是卑劣的寻欢作乐,记录下这些暴行的不是中国官吏,而是那些英国军官自己。"[2]

在西方国家的眼里,中国就是文明的弃儿。在西方有一张图是这样描绘中国人的:一张邪恶的面孔,拖着长长的辫子,留着长长的指甲,恶意地监视着他的"食物"——一只欧洲人的茶壶正在火上烤着。从1840年到1949年,西方列强发动了一系列侵华战争。特别是八国联军通过侵华战争,逼迫清政府签订的《辛丑条约》,像一条结实的绳索紧紧勒在中国人的脖子上,使中国完全沦为半殖民地半封建社会,极大地摧残了中华文明,

---

[1] 中共中央马克思恩格斯列宁斯大林著作编译局编译《马克思恩格斯论中国》,人民出版社,2018,第64页。

[2] 中共中央马克思恩格斯列宁斯大林著作编译局编译《马克思恩格斯论中国》,人民出版社,2018,第142页。

挫伤了一些中国人的自信。九一八事变后,以蒋介石为首的国民党政府之所以放弃抵抗,冠冕堂皇奉行"攘外必先安内"的国策,很大程度上就是因为没有自信,陷入了自甘为奴的心理泥沼。

1937年6月22日,毛泽东在延安接受美国学者托马斯·亚瑟·毕森的采访时曾清晰地指出:"九一八事变之后,国民党毫无条件地就放弃了东北三省。在1932年的淞沪战役中,中国的资产阶级也很害怕日本帝国主义。在沿海省份,国民党没有做任何国防工事上的战备工作,他们是随时打算把这些沿海省份拱手相让,送给日本人的。在淞沪战役中,国民党原本打算临时迁都到洛阳去,如果必要的话,再进一步撤退到西安去。"[1] 在这最后的一句话里,毛泽东用词是比较客气的。国民党哪里是撤退?分明是逃跑。为此,鲁迅写下了惊世文章《中国人失掉自信力了吗》,并在开篇描绘了国民党官僚和社会名流的所作所为:"从公开的文字上看起来:两年以前,我们总自夸着'地大物博',是事实;不久就不再自夸

---

[1] 托马斯·毕森:《1937,延安对话》,李彦译,人民文学出版社,2021,第100-101页。

了,只希望着国联,也是事实;现在是既不夸自己,也不信国联,改为一味求神拜佛,怀古伤今了——却也是事实。"[1]

这是以蒋介石为首的国民党政府的形象。在中国,以中国共产党人为代表的广大人民从来没有失掉自信力。在中国共产党的努力推动下,中国人民从一盘散沙凝固成钢铁长城,经过14年浴血奋战,最终赢得了抗日战争的胜利。新中国成立后,中国共产党带领广大人民从站起来到富起来,再到强起来,迎来了实现中华民族伟大复兴的光明前景。

然而,以美国为盟主的西方国家是不愿意看到中国强大起来的,更不愿意看到中华民族走向伟大复兴。面对日益强大的中国,他们不断地抛出中国威胁论、中国崩溃论等论调,妄图在意识形态上混淆视听,孤立中国,从而阻碍中国进一步强大,扼杀中华民族伟大复兴的梦想。

在冷战结束30周年之际,美国披着"民主"外衣,

---

[1] 鲁迅:《中国人失掉自信力了吗》,载人民文学出版社《鲁迅全集》第六卷,2005,第121页。

纠集一些国家领导人举办所谓的"民主峰会",其狼子野心,昭然若揭。可是,结果是什么呢?美国搬起石头砸了自己的脚,会议不但草草收场,还引起国际舆论的不满与批评。德国媒体称,拜登借"民主峰会"分裂世界。日本媒体称,此次峰会,美希望确立所谓"普世民主价值",但实际上是有选择地"围堵"。新加坡媒体称,大家都知道"民主峰会"主要是对付中国的工具,与当今世界发展大势相悖,也难以引起各国真正的共鸣。澳大利亚共产党总书记安德鲁·欧文道,美国举办这种所谓的"民主峰会"是非常浅薄的行为。这个"峰会"具有非常强烈的排他性,由美国来规定谁可以参加这样的"峰会",谁不能参加。这就好比说由美国来决定哪些是顺应它的国家,哪些是与它作对的国家。美国就是要分裂这个世界,就是要组建一个它自己的俱乐部,并且由它来规定谁可以加入这个俱乐部,谁不可以加入。

世界历史的长河奔流到21世纪,随着日益加深的全球资本主义危机不断推动社会主义力量在全世界发展,以资本主义为主导的世界历史,将逐渐让位于以社会主义为主导的世界历史。这是世界历史正在发生的第三次大转弯,是谁也无法阻挡的历史潮流。马克思在其著作《哲学的贫困》中指出:"当文明一开始的时候,生产就开始建立在级别、等级和阶级的对抗上,最后建立在积累的劳动和直接的劳动的对抗上。没有对抗就没有进步。这是文明直到今天所遵循的规律。"[1]

人类文明是怎样形成和发展的呢?也就是说,人类文明形成和发展的主要动力是什么?答案就是生产。人类由于从事生产活动而改变了整个社会,从而推动了文明的形成和发展。这是唯物主义历史观的文明性体现。像瑞士人类学家巴霍芬的宗教观念决定论、德国哲学家杜林的暴力论和美国政治学家亨廷顿的"文明冲突论"等,都是基于唯心主义历史观得出的不正确结论,是不符合人类文明发展规律的。因此,在人类进入文明时代后,一直到资本主义社会,整个社会的生产关系和由此决定的社会基本矛盾具有对抗性质,人类文明是在对抗中进步的。

恩格斯在其著作《家庭、私有制和国家的起源》中把文明时代分为三大时期,即"奴隶制是古希腊罗马时

---

[1] 马克思:《哲学的贫困》,载中共中央马克思恩格斯列宁斯大林著作编译局编译《马克思恩格斯全集》第四卷,人民出版社,1958,第104页。

代世界所固有的第一个剥削形式；继之而来的是中世纪的农奴制和近代的雇佣劳动制。这就是文明时代的三大时期所特有的三大奴役形式"[1]。社会主义制度的建立，使科学社会主义从理想变成了现实，也使文明发展跨入了一个新的历史时期。在这个新的历史时期，由于社会主义生产关系和由此决定的社会基本矛盾不再具有对抗性，文明不再是通过对抗，而是通过交流互鉴实现和谐发展的，所以可以称之为"文明和谐论"。

因此，文明在对抗中进步是文明从产生一直到资产阶级社会的规律，并不是文明时代的永恒规律。文明时代是不断发展的，社会主义赋予了文明时代新的发展内涵，并将大踏步地前进。由此，文明时代进入和谐发展的新时代。当然，和谐并不是说没有了矛盾，而是说矛盾在交流互鉴中得到有效化解，不会形成血与火的激烈对抗，以保证每个人都得到全面发展，保证人类的共同幸福。这是人类文明发展的根本目的，也是全人类的共同追求。

---

[1] 恩格斯：《家庭、私有制和国家的起源》，载中共中央马克思恩格斯列宁斯大林著作编译局编译《马克思恩格斯文集》第四卷，人民出版社，2009，第195页。

世界潮流，浩浩荡荡，顺之则昌，逆之则亡。在世界历史第三次大转弯的重要时刻，加强文明之间的对话和协商，推进文明交流互鉴，实现文明和谐发展，是世界各国人民的共同愿望，也是人类文明发展的规律使然。人类文明是发展进步的，尤其是进入21世纪，世界各国人民无不希望天下太平，无不希望过上更加美好的生活。2021年，在中国共产党成立100周年之际，世界上170多个国家的600多个政党和政治组织等发来1500多封贺电贺信，表达对中国共产党的友好情谊和美好祝愿。这就是文明交流互鉴的报春鸟。

站在新的时空坐标，在中国共产党的领导和中国人民的共同奋斗下，中国特色社会主义将迸发出新的活力，推进世界社会主义发展，为人类创造更加美好的未来！

第六章
重塑中华文明

第一节　讲好中国共产党的故事

历史证明，在重要历史关口，一个人是否有功于国家和民族，往往取决于这个人是否顺势而为。北伐战争时期，蒋介石作为北伐军总司令，之所以能横戈跃马，带领北伐军所向披靡，席卷大半个中国，就是因为他能做到顺势而为，采取了同中国共产党合作的态度，得到中国共产党领导的广大工农群众的支援。然而，1943年，在世界反法西斯战争和中国抗日战争发生重大转折的历史关口，蒋介石似乎忘记了北伐战争时期的成功经验，偏偏来个逆势而行，公然破坏中国抗日民族统一战线，妄图发动第三次反共高潮，开历史倒车。

为此，蒋介石在其出版的书中歪曲事实、伪造历史，抛出他的假三民主义说，鼓吹封建法西斯理论，宣称没有国民党，就没有今天的中国；国民党的失败，将意味着整个中华民族的失败。同时，他以莫须有的罪名，大肆污蔑中国共产党及其领导下的抗日根据地是"变相的军阀和新式的封建"，并抓住共产国际解散的时机制造舆论，疯狂叫嚣要"解散共产党"和"取消陕北特区"。美国记者斯诺评价说，蒋介石这本书对中国历史做了一番很不准确的解释，"实际上，委员长的意思就是不惜一切代价地维护现有的政治制度"[1]。

中国共产党决定积极应对蒋介石的"舆论战"。1943年秋天，晋察冀边区群众剧社曹火星同他的战友们，从河北阜平出发，跋山涉水来到平西霞云岭堂上村。他们此行的任务，就是遵照中共中央的指示，拿起文艺武器，深入群众，广泛宣传党的抗日主张，巩固抗日民族统一战线，迎接抗日战争胜利的到来。在堂上村，曹火星深深地被根据地人民高涨的抗日热情所感染，他想起了前些日子读过的《解放日报》社论《没有共产党，就

---

[1] 埃德加·斯诺：《斯诺文集》第三卷，新华出版社，1984，第396页。

没有中国》，便以当地流行的民歌曲调为蓝本，奋笔疾书创作了歌曲《没有共产党就没有中国》。

1950年的一天，毛泽东在散步中听到女儿李讷哼唱《没有共产党就没有中国》时，提出应该在中国前面加上一个"新"字。后来，毛泽东又把这个问题正式提到中央会议上，从此，这首歌的名字就改成了《没有共产党就没有新中国》。

——没有共产党，就没有新中国。这既是历史的选择，也是人民的选择。《中共中央关于党的百年奋斗重大成就和历史经验的决议》明确指出："实践充分说明，历史和人民选择了中国共产党，没有中国共产党领导，民族独立、人民解放是不可能实现的。中国共产党和中国人民以英勇顽强的奋斗向世界庄严宣告，中国人民从此站起来了，中华民族任人宰割、饱受欺凌的时代一去不复返了，中国发展从此开启了新纪元。"[1]

一百多年来，中国共产党领导人民不仅建立了新中国，还领导人民成功走出中国式现代化道路，创造了人

---

[1]《中共中央关于党的百年奋斗重大成就和历史经验的决议》，《人民日报》2021年11月17日。

类文明新形态，拓展了发展中国家走向现代化的途径，给世界上那些既希望加快发展又希望保持自身独立性的国家和民族提供了全新选择。这是一个大国大党的初心和使命，也是一个大国大党的责任和担当。毋庸讳言，中国共产党是中华优秀传统文化的忠实传承者和弘扬者，是人类文明发展进步的重要推动者和贡献者。因此，重塑中华文明，谱写21世纪中华文明的绚丽篇章，为人类文明发展进步增添更丰富的中国色彩，必须坚持中国共产党坚强领导，讲好中国共产党的故事，巩固好中国共产党长期执政的地位，巩固好中国长治久安的根基。

打铁必须自身硬。历史经验告诉我们，判断一个政党是不是伟大，有一个重要的衡量标准，就是看这个政党对自身是否有一个清醒的认识，能否从"自知"走向"自胜"。

中国共产党对自身始终有着清醒的认识，并能从"自知"走向"自胜"。从八七会议、古田会议到遵义会议，从延安整风到党的七届二中全会提出"两个务必"，从新中国成立初期的"三反"运动到党的十一届三中全会重新确立党的实事求是的思想路线，从党的十二届二中全会通过的《中共中央关于整党的决定》到新时代全面从严治党、开展一系列集中性学习教育等，中国共产党通过不断自我革命，保持了党的先进性和纯洁性，保持了党的青春活力。这是中华文明之幸，也是人类文明之福。

从政党性质来看，中国共产党本身就是文明型政党，昭示着人类文明发展进步的方向。但是，我们要清醒地看到，中国共产党在新时代带领人民要走的路，是一条新的"长征路"，依然充满了各种风险和挑战。这就要求中国共产党必须不断强化自我革命精神，面向广大党员讲好中国共产党的故事，教育引导广大党员牢记中国共产党是什么、要干什么这个根本问题，回答好如何永远得到人民的衷心拥护和坚定支持，如何实现中国共产党长期执政和国家长治久安等重大现实问题，切实带领人民走好新时代的"长征路"。

江山就是人民，人民就是江山。2019年6月，习近平总书记在主持中央政治局第十五次集体学习时指出："回顾党的历史，为什么我们党在那么弱小的情况下能够逐步发展壮大起来，在腥风血雨中能够一次次绝境重生，在攻坚克难中能够不断从胜利走向胜利，根本原因就在于不管是处于顺境还是逆境，我们党始终坚守为中国人民谋幸福、为中华民族谋复兴这个初心和使命,义无反顾向着这个目标前进,从而赢得了人民衷心拥护和坚定支持。"[1]这一重要论述,深刻揭示了中国共产党极其重要的一个成功秘诀。

马克思主义唯物史观认为,人民是历史的创造者,是真正的英雄。而且,在一切生产工具中,最强大的一种生产力是革命阶级本身。因此,从人类文明发展进步的角度讲,没有广大人民群众汇聚起来的磅礴力量,人类文明这条航船很难从远古行驶到今天,继续背负着历史使命破浪前行。俗话说:"鱼儿离不开水,瓜儿离不开秧。"在新时代,中国共产党要想团结带领人民全面建设好社会主义现代化强国,为中国和世界创造更多的文明成果,就必须结合中国共产党的百年奋斗史,向广大人民群众讲好中国共产党的故事,让广大人民群众始终明白中国共产党全心全意为人民服务的宗旨,明白中国共产党坚持以人民为中心的发展思想,在实践中教育引导广大人民群众自觉听党话、感党恩、跟党走,志愿

---

[1] 习近平:《牢记初心使命,推进自我革命》,载《习近平谈治国理政》第三卷,外文出版社,2020,第530页。

做中国共产党不竭的溪水和强壮的瓜秧,并不断以新的伟大成就向人民汇报,真正赢得广大人民群众的衷心拥护和坚定支持。

2015年深秋,中共中央总书记、国家主席习近平在北京会见第二届"读懂中国"国际会议外方代表时,现场有人问了这样一个问题:一个不断发展的中国怎样处理同外部世界的关系?这应该说是很多外方代表共同关心一个问题。中国在发展,而且发展得越来越快,中国发展起来后会不会像西方那样恃强凌弱,或者向西方报百年屈辱之仇呢?习近平睿智地回答道:"我们从哪里来?我们走向何方?中国到了今天,我无时无刻不提醒自己,要有这样一种历史感。"[1]

中国共产党从成立那天起,就与世界紧密联系在一起。在艰苦卓绝的百年奋斗历程中,也得到了世界人民的支持。中国的发展离不开世界,世界的繁荣也需要中国。中国的发展不会对任何国家构成威胁,只会给世界带来更多发展机遇。中国发展得越好,世界就越繁荣。

---

[1] 杜尚泽:《阔步走在中华民族伟大复兴的历史征程上——记以习近平同志为总书记的党中央推进全方位外交的成功实践》,《人民日报》2016年1月5日。

这是中华优秀传统文化所赋予的道德品行,也是中国共产党的性质所决定的政治格局。中国共产党不仅要为中国人民谋幸福,为中华民族谋复兴,还要为世界谋大同。

中国像一头已经醒来的狮子,以中国共产党百年奋斗目标为前进方向,聚焦百年未有之变局的中国与世界,聚焦新时代中国特色社会主义的伟大实践,坚持以中国式现代化全面推进中华民族伟大复兴,用无可争辩的事实,自信地站到世界舞台中央,向国际社会讲好中国共产党的故事,科学解答好"我们从哪里来?我们向何处去?"这个根本性历史命题,让世界人民正确认识中国共产党和她所从事的伟大事业,自觉为中国共产党喝彩。什么是世界公理的核心理念?那就是正义。中国共产党带领人民所走的道路是正义的道路,所从事的事业是正义的事业,中国会越来越好,世界亦会越来越繁荣。

第二节　不断谱写马克思主义中国化时代化新篇章

1898年2月15日,停泊在古巴哈瓦那港的美国军舰缅因号,随着一声巨响,神秘地爆炸沉没,这就是美国历史上有名的缅因号事件,它引起了当时美国朝野的强烈震动。那么,凶手是谁?

美国怀疑是西班牙。

1890年,美国海军军官马汉在其著作《海上实力对历史的影响》中提出了"海权论"。他说:"即使不能说是全部至少也是在很大程度上,我们可以认为,海权的历史乃是国家之间的竞争,相互间的敌意以及那种频繁地在战争过程中达到顶峰的暴力的一种叙述……为了使本国民众所获得的好处超过寻常的份额,有必要竭尽全力排斥掉其他竞争者,要么通过垄断或强制性条令的和平立法手段,要么在这些手段不奏效时诉诸直接的暴力方式。"[1] 马汉的"海权论"问世后,立即受到了美国政界、军方和舆论的追捧,并成为美国海外扩张的路标。美国在马汉"海权论"的蛊惑下,加快了海外扩张的步伐,并遇到了海上霸主西班牙。

西班牙是老牌殖民帝国,拥有大量海外殖民地。其中,大西洋上的古巴和太平洋上的菲律宾是其重要的两个殖民地,也是美国海外扩张的必争之地。19世纪末,

---

[1] 何顺果:《美国历史十五讲》,北京大学出版社,2007,第175页。

古巴人民掀起了反对西班牙殖民者的起义。于是，美国以保护在古巴的美国公民为由，派缅因号军舰抵达古巴哈瓦那港，向西班牙施加压力。西班牙不吃美国那一套，让美国非常不爽。1898年4月25日，美国以缅因号事件为借口，向西班牙宣战，拉开了美西战争的序幕。美国是美西战争的胜利者。通过美西战争，美国获得了分别向南美洲和亚洲扩张的战略基地——古巴岛和菲律宾群岛。

美西战争是美国自由资本主义进入垄断资本主义（也叫帝国主义）阶段的重要标志。自由资本主义是资本主义发展的第一个阶段，它的主要特征就是自由竞争，政府基本上不干涉整个社会的经济活动，主要靠市场机制的指挥棒进行调节。资本的本性是贪婪和逐利的，随着自由竞争的加剧，资本越来越集中到少数大资本家的手上，于是便产生了垄断。特别是随着资产阶级民主革命的胜利，国家机器成为资产阶级进行垄断的工具，垄断资本主义即帝国主义随之降临人世。由于资本主义国家的经济发展不平衡，帝国主义者为了垄断海外市场，也就不得不诉诸武力。于是，第一次世界大战爆发了。

无产阶级是资本主义的掘墓人。在自由资本主义阶段，关于无产阶级如何取得社会主义革命的胜利，马克思、恩格斯提出了"共同胜利论"的思想，即社会主义革命不可能在任何一个国家单独取得胜利，"无论是法国人、德国人，还是英国人，都不能单独赢得消灭资本主义的光荣"[1]，"共产主义革命将不是仅仅一个国家的革命，而是将在一切文明国家里，至少在英国、美国、法国、德国同时发生的革命"[2]。

那么，在帝国主义阶段，随着资产阶级及其国家机器的进一步强大，无产阶级何去何从？社会主义革命还有未来吗？

1916年，正当两大帝国主义集团在欧洲进行大规模战争的时候，列宁撰写了其重要著作《帝国主义是资本主义的最高阶段》，深刻分析了帝国主义的特征及其发

---

[1] 马克思:《恩格斯致保尔·拉法格》，载中共中央马克思恩格斯列宁斯大林著作编译局编译《马克思恩格斯文集》第十卷，人民出版社，2009，第655页。

[2] 恩格斯:《共产主义原理》，载中共中央马克思恩格斯列宁斯大林著作编译局编译《马克思恩格斯文集》第一卷，人民出版社，2009，第687页。

展趋势。之后,列宁又撰写了他的另一部重要著作《无产阶级革命的军事纲领》。在这部著作中,列宁第一次明确了"一国胜利论",即"资本主义的发展在各个国家是极不平衡的。而且在商品生产下也只能是这样。由此得出一个必然的结论:社会主义不能在所有国家内同时获得胜利。它将首先在一个或者几个国家内获得胜利,而其余的国家在一段时间内将仍然是资产阶级的或资产阶级以前的国家"[1]。这是列宁对马克思主义的丰富和发展,为俄国十月革命的胜利做了充分的理论准备。

马克思主义是真理。这是谁也无法否认的,也是被历史所证明的。但是,马克思主义作为真理,它不是教条,而是行动的指南,只有与具体实际相结合,才能产生真理的力量。1872年,马克思、恩格斯在为《共产党宣言》撰写的德文版序言中明确指出:"不管最近25年来的情况发生了多大的变化,这个《宣言》中所阐述的一般原理整个说来直到现在还是完全正确的。这些原理的实际运用,正如《宣言》中所说的,随时随地都要以

---

[1] 列宁:《无产阶级革命的军事纲领》,载中共中央马克思恩格斯列宁斯大林著作编译局编《列宁选集》第二卷,第3版,人民出版社,1995,第722页。

当时的历史条件为转移……"[1]1895年,恩格斯在致德国社会学家韦尔纳·桑巴特的信中进一步指出:"马克思的整个世界观不是教义,而是方法。它提供的不是现成的教条,而是进一步研究的出发点和供这种研究使用的方法。"[2]

列宁丰富和发展了马克思主义,领导俄国人民取得了十月革命的胜利。俄国十月革命的胜利,极大地鼓舞了中国人民,并在中国共产党的领导下取得新民主主义革命胜利的基础上,建立了社会主义国家。新民主主义革命的胜利,同样是中国共产党丰富和发展马克思主义的结果。

列宁领导的俄国十月革命,走的是中心城市暴动、武装夺取政权的道路。中国共产党成立后,决定走俄国十月革命的道路,把主要精力放在了上海、广州、武汉

---

[1] 马克思、恩格斯:《共产党宣言》,载中共中央马克思恩格斯列宁斯大林著作编译局编译《马克思恩格斯文集》第二卷,人民出版社,2009,第5页。

[2] 恩格斯:《恩格斯致韦尔纳·桑巴特》,载中共中央马克思恩格斯列宁斯大林著作编译局编译《马克思恩格斯文集》第十卷,人民出版社,2009,第691页。

等中心城市，领导工人开展了一系列罢工和游行活动，并发动了广州起义。1930年，李立三等人更是提出了以武汉为中心的全国总暴动和集中红军进攻中心城市的计划。根据这项计划，中共中央领导机关先后命令红军攻打南昌、长沙、武汉等城市，希望能够会师武汉，饮马长江。虽然李立三等人的雄心可嘉，政治热情也很可贵，但是因脱离中国实际，结果只能是失败。

实践证明，俄国十月革命的道路在中国走不通。因为与俄国相比，中国工人阶级力量还比较弱，而且中国反动力量主要集中在中心城市，双方力量悬殊。血淋淋的现实教育了中国共产党，以毛泽东为主要代表的中国共产党人，坚持把马克思主义基本原理与中国具体实际相结合，提出了农村包围城市、武装夺取政权的道路。历史证明，这条道路是正确的，是符合中国具体实际的革命道路。

坚持把马克思主义基本原理与中国具体实际相结合，不断推进马克思主义中国化，是中国共产党取得革命、建设和改革胜利的重要法宝。早在1938年10月，毛泽东在党的六届六中全会的政治报告《论新阶段》中就提出了马克思主义中国化的时代命题。他指出："没有抽象的马克思主义,只有具体的马克思主义。所谓具体的马克思主义,就是通过民族形式的马克思主义,就是把马克思主义应用到中国具体环境的具体斗争中去,而不是抽象地应用它。成为伟大中华民族之一部分而与这个民族血肉相连的共产党员,离开中国特点来谈马克思主义,只是抽象的空洞的马克思主义。因此,马克思主义的中国化,使之在其每一表现中带着中国的特性,即是说,按照中国的特点去应用它,成为全党亟待了解并亟须解决的问题。"[1]

马克思主义是与时俱进的科学理论。中国共产党在推进马克思主义中国化的同时,也始终在推进马克思主义时代化。也就是说,马克思主义时代化贯穿于马克思主义中国化的全过程,马克思主义中国化蕴含着马克思主义时代化,二者统一于马克思主义在中国的伟大实践。

一百年来的峥嵘岁月,马克思主义中国化时代化硕果累累。从毛泽东思想到邓小平理论、"三个代表"

---

[1] 毛泽东:《论新阶段》,载中共中央文献研究室、中央档案馆编《建党以来重要文献选编(1921—1949)》第十五册,中央文献出版社,2011,第651页。

重要思想、科学发展观，再到习近平新时代中国特色社会主义思想，指引中国这条航船乘风破浪，载着中国人民从站起来、富起来走向了强起来，迎来了中华民族伟大复兴的光明前景，推动中华文明不断闪烁出灿烂的光芒。

中国特色社会主义进入新时代，意味着中华文明如一轮喷薄而出的朝日，必将以其瑰丽的光芒普照21世纪的中国与世界。但是，我们必须清醒地看到，面对中华民族伟大复兴的战略全局和世界百年未有之大变局，21世纪注定是一个不平凡的世纪，尤其是世界各国围绕世界秩序的重构和世界话语权的重塑进行的斗争将更加激烈，甚至会发生人们意想不到的战争，从而在经济、政治和社会等方面造成全球性震荡。为此，习近平总书记在党的二十大报告中做出了"中国共产党为什么能，中国特色社会主义为什么好，归根到底是马克思主义行，是中国化时代化的马克思主义行"[1]的新论断，并强调不断谱写马克思主义中国化时代化新篇章，是当代中国共

---

[1] 习近平：《高举中国特色社会主义伟大旗帜 为全面建设社会主义现代化国家而团结奋斗——在中国共产党第二十次全国代表大会上的报告》，《人民日报》2022年10月26日。

产党人的庄严历史责任。也可以说，勇于推进实践基础上的理论创新，不断谱写马克思主义中国化时代化新篇章，是重塑中华文明的必然要求。

我们必须毫不动摇地坚持和发展马克思主义，根据新的时代特征和斗争需要，围绕如何实现中国共产党长期执政，如何实现中国长治久安和中华民族伟大复兴，如何确保中国为世界做出更大贡献，把马克思主义中国化时代化新篇章这幅巨画作好，让马克思主义理论之树常青，为中华文明注入更加强劲的理论动力，构筑21世纪中华文明的雄伟大厦。

当今，中国要做好"接着讲"的文章。习近平新时代中国特色社会主义思想是当代中国马克思主义、21世纪马克思主义，是中华文化和中国精神的时代精华。要认真汲取百年中国共产党推进马克思主义中国化时代化的历史经验，从中国特色社会主义进入新时代这个最大实际出发，坚持以人民为中心，坚持以实践为课堂，充分运用群众语言和群众舞台，"接着讲"好习近平新时代中国特色社会主义思想，把握好习近平新时代中国特色社会主义思想的世界观和方法论，坚持好、运用好贯穿其中的立场观点方法，正确回答时代和实践提出的重大问题，展现当代中国马克思主义、21世纪马克思主义的实践伟力，不断丰富和发展马克思主义，用最鲜活的马克思主义理论掌握群众，进而变成强大的物质力量，成就新时代中国特色社会主义的伟大事业，让世界人民从中更好地认识中国、了解中国，更加理解中国、支持中国。

中国要做好不忘记"自己的祖宗"的文章。1941年5月19日，毛泽东在延安干部会上指出："许多马克思列宁主义的学者也是言必称希腊，对于自己的祖宗，则对不住，忘记了。"[1]这里毛泽东所说的"自己的祖宗"，指的就是中华优秀传统文化。毛泽东提出的"实事求是"思想，就是马克思主义与中华优秀传统文化相结合的产物。包括邓小平提出的"小康社会"构想，同样是马克思主义与中华优秀传统文化相结合的产物。中华优秀传统文化是中华民族的"根"和"魂"，与马克思主义基本原理是融通的。要让马克思主义理论之树常青，必须坚持"两个结合"，即坚持把马克思主义基本原理同中

---

[1] 毛泽东：《改造我们的学习》，载《毛泽东选集》第3卷，第2版，人民出版社，2006，第797页。

国具体实际相结合、同中华优秀传统文化相结合，用马克思主义的立场、观点和方法认识中华优秀传统文化，用中华优秀传统文化为马克思主义注入中国精神、中国力量，不断激活马克思主义中国化时代化的生命密码。

中国要做好"面向世界"的文章。习近平总书记指出："我们从来认为，马克思主义基本原理必须同中国具体实际紧密结合起来，应该科学对待民族传统文化，科学对待世界各国文化，用人类创造的一切优秀思想文化成果武装自己。"[1]马克思主义是建立在德国古典哲学、英国古典政治经济学和法国空想社会主义之上的，本身就是大胆吸取世界文明成果的典范。不断谱写马克思主义中国化时代化新篇章，在不忘记"自己的祖宗"的同时，也要进一步打开国门、面向世界，科学对待世界各国文化，从人类创造的一切优秀思想文化成果中汲取营养，使马克思主义中国化时代化更具有世界价值和世界意义，更能为世界人民所信服。

宋代诗人杨万里道："接天莲叶无穷碧，映日荷花

---

[1] 习近平：《在纪念孔子诞辰2565周年国际学术研讨会暨国际儒学联合会第五届会员大会开幕会上的讲话》，《人民日报》2014年9月25日。

别样红。"马克思主义是人类文明发展史上最科学最先进的思想体系。在用马克思主义指导中国革命、建设、改革的伟大历史进程中，中国共产党人探索出了"两个结合"的制胜法宝，谱写了马克思主义中国化新时代的光辉篇章。因此，要牢牢把握"两个结合"，在新时代新征程上不断推进马克思主义中国化时代化，让马克思主义理论之树常青。

第三节　建设强大而又可亲的现代化中国

对人类来说，第二次世界大战是继第一次世界大战之后，人类经历的又一场巨大灾难，它就像一场暴风雨，无情地摧残了正在盛开的人类文明之花。然而，对美国来说，第二次世界大战则是其登上世界霸主宝座的阶梯。

在第二次世界大战爆发的前几年，美国继续弹奏孤立主义政策的老调，并接连通过几个"中立法案"，承诺不向交战国提供贷款、出售军火等，甚至为了明哲保身，不惜放弃传统的海外贸易权利。后来，德国和日本法西斯主义者的胃口越来越大，危及了美国自身的利益，美国才开始逐渐转变中立态度。直到日本偷袭其珍珠港，美国才正式向日德两国宣战。第二次世界大战即将结束时，美国聪明地下了两步"先手棋"：第一，主导建立以美元为中心的国际货币体系（即布雷顿森林体系）；第二，主导组建联合国组织，并拥有一票否决权。这两步"先手棋"，使美国掌握了世界金融霸权和世界话语霸权。由此，美国成为世界上名副其实的强大国家，并在第二次世界大战后同苏联开始了近半个世纪的"冷战"。

在冷战之初，美国战略家乔治·凯南曾用一句话来分析当时苏联的行为特征：一部停不下来的战车，除非遇到强大阻力。实质上，美国更是一部停不下来的战车。美国历史学家保罗·阿特伍德指出，美国的历史是充满战争和扩张的历史，战争是美国人的生活方式。远的不说，就说21世纪吧。据美国《史密森学会杂志》统计，2001年以来，美国以"反恐"之名发动的战争和开展的军事行动涉及世界上约40%的国家。美国布朗大学"战争代价"项目数据显示，这些所谓的"反恐"战争已经夺去超过80万人的生命，令超过3800万人流离失所。这就是美国，越强大越开足战争的马力在世界上横冲直撞，欠下累累血债。

　　这是人类新的文明时代的强国形象吗？绝对不是。什么是文明？文明就是光明之所在，它代表着人类社会发展进步的状态。特别是对一个国家和民族来说，应该越是强大越不称霸，越是强大越是文明。近代以来，以美国为首的西方国家自诩为文明国家，不断在世界各地挑起争端，给人类社会带来了前所未有的灾难。第二次世界大战结束后，作为世界上一个举足轻重的强国，美国本应吸取战争的教训，致力于人类和平事业，多做好事、善事，与世界人民一道谋发展。可是，美国自认为天下无敌，一方面与苏联打"冷战"，一方面发动了朝鲜战争、越南战争、海湾战争等违背人类文明之道的战争。特别是朝鲜战争刚打起来时，美国不可一世，曾叫嚣在圣诞节前结束战争，让美国大兵回家过圣诞节，结果美国越打越怕，越怕越不敢打，最后只能"赢得仓皇北顾"。

　　据汉代刘向《说苑·敬慎》记述，商纣王时的贤者常摐生病了，老子去看望他。他问了老子几个问题后，张开嘴问老子：我的舌头还在吗？老子回答说在。常摐又问老子：我的牙齿还有吗？老子回答说没有了。常摐又问老子：你明白这个道理吗？老子道："夫舌之存也，岂非以其柔耶？齿之亡也，岂非以其刚耶？"[1]意思是说，舌头之所以存在，是因为它柔软；牙齿之所以掉落，是因为它坚硬。

毛泽东深谙中华文化之道，一生致力于将中国建成一个强大的社会主义国家，为天下劳苦大众谋幸福。在毛泽东的眼里，强大的社会主义中国是一个什么样子呢？1957年3月，毛泽东在一篇讲话提纲中写道："采取现在的方针，文学艺术、科学技术会繁荣发达，党会经常保持活力，人民事业会欣欣向荣，中国会变成一个大强国而又使人可亲。"[2]"强大而又使人可亲"，这就是毛泽东眼里强大的社会主义中国。

毛泽东胸怀天下，曾提出了"三个世界"理论。1974年4月，邓小平在联合国大会特别会议上全面阐述了毛泽东关于"三个世界"划分的理论和中国永不称霸的主张。1978年5月，邓小平在一次会见外宾时再次强调，

---

[1] 刘向：《说苑全译》，王锳、王天海译注，贵州人民出版社，1992，第421页。

[2] 毛泽东：《在南京、上海党员干部会议上讲话的提纲》，载中共中央文献研究室编《毛泽东文集》第7卷，人民出版社，1999，第291页。

作为一个社会主义国家，中国永远属于第三世界，永远不能称霸。继毛泽东、邓小平之后，江泽民、胡锦涛、习近平等党和国家领导人，在国内外很多重要场合，也曾多次重申中国永远不称霸的主张，强调中国坚持走和平发展道路，努力维护世界和平与发展。

近代以来，中国饱受西方列强欺侮，被称为"东亚病夫"。中国有着五千多年的文明，在人类文明史上留下了光辉的册页。中国需要强大起来，世界也需要中国强大起来。世界上倘若没有一个强大的中国，就好比一艘远行的航船少了一块大的压舱石。中国需要为世界做出更大贡献，中国需要为人类文明增添更多绚丽的色彩。

社会主义中国建立后，中国走上了通往强国之路。客观地讲，世界上每一个国家的人民，都希望自己的国家强大；也只有世界上所有国家都强大起来，人类文明才能获得更大的发展空间，从而缔造共产主义文明。我们需要清楚的是，一个国家强大起来，如果不坚守道义，而是习惯于称霸和扩张，必定会失去平衡，进而由强到弱，最后像人的牙齿一样脱落消亡。这是事物发展的规律，也是国家存亡之道。

在通往强国之路上，中国一直坚守道义。20世纪50

年代，新中国成立后不久，作为一个世界性大国，中国在自身的财力和物力都严重匮乏的情况下，依然向世界伸出援助之手，尽己所能，帮人所难，并于1964年向世界宣布了以平等互利、不附带任何条件为核心的对外经济技术援助八项原则。据统计，过去60年来，中国累计对外派遣医疗队员3万人次，诊治患者达2.9亿人次。

特别是党的十八大以来，随着国家综合实力越来越强，中国显得更加"使人可亲"。2021年中宣部发布的《中国共产党的历史使命与行动价值》显示，2013年至2018年，中国累计对外提供援助2702亿元人民币，实施成套项目423个，提供物资援助890批，完成技术合作项目414个，举办人力资源开发合作项目7000余期，共约20万名人员受益。中国积极开展抗击新冠疫情全球合作，力所能及为国际组织和其他国家提供援助，截至2021年6月，共为受疫情影响的发展中国家抗疫以及恢复经济社会发展提供了20亿美元援助，向150多个国家和13个国际组织提供了抗疫物资援助，为全球供应了2900多亿只口罩、35亿多件防护服、46亿多份检测试剂盒，向100多个国家和国际组织提供5.2亿多剂疫苗，累计组派33批抗疫医疗专家组赴31个国家协助抗疫。

邓小平指出："中国发展得越强大，世界和平越靠得住。"[1] 在人类文明发展史上，社会主义中国强大而"可亲"，不仅仅体现在努力开展对外援助上，还体现在积极维护世界和平上。新中国成立以来，中国没有主动挑起过任何一场战争和冲突，没有侵略过别国一寸土地。中国从拥有核武器的第一天起，就积极倡导全面禁止和彻底销毁核武器，始终恪守在任何时候和任何情况下都不首先使用核武器。中国无条件地承诺不对无核武器国家和无核武器区使用或威胁使用核武器。这正是一个强大国家塑造和展示的文明大国形象。

2014年3月27日，中国国家主席习近平在法国巴黎召开的中法建交五十周年纪念大会上指出："拿破仑说过，中国是一头沉睡的狮子，当这头睡狮醒来时，世界都会为之发抖。中国这头狮子已经醒了，但这是一只和平的、可亲的、文明的狮子。"[2]

中国这头狮子的确已经醒了，正意气风发迈上全面

---

[1] 邓小平：《和平和发展是当代世界的两大问题》，载《邓小平文选》第三卷，人民出版社，1993，第104页。

[2] 习近平：《在中法建交五十周年纪念大会上的讲话》，《人民日报》2014年3月29日。

建设社会主义现代化国家新征程，向第二个百年奋斗目标进军，以中国式现代化全面推进中华民族伟大复兴。这是一个并不遥远的梦想，它的枝叶已经染绿了中国长城内外。

中国这头狮子的确已经醒了，正自信地凝望着世界。但是，世界不必为之发抖。因为她是一只和平的、可亲的、文明的狮子，她永远不会把自身曾经历过的悲惨遭遇强加给其他国家，也永远不会把自己的幸福建立在其他国家的痛苦之上。她所追求的是让社会主义实践在人类文明进程中有更大作为，同一切爱好和平的国家和人民一道建设更加美好的世界。

第四节　欢迎各国搭乘中国发展的列车

在自然界，当一株植物单独长在某一个地方时，往往显得矮小、单调。但是，当众多植物并立长在一个地方时，一个个都枝繁叶茂，努力向上伸展着自己的枝丫，充满了无限的生机和活力。自然界这种相互影响、相互促进的现象，人们称之为"共生效应"。

自然界是这样，人类社会也是这样。战国时期，齐宣王求贤若渴，不仅大兴稷下学宫，还号召天下举荐各类人才。齐国大夫淳于髡一次就向齐宣王推荐了七个人。人才往往是稀缺的，齐宣王问淳于髡从哪儿一下找来那么多人才。淳于髡回答说，他向来与贤士为伍，大王找他寻求贤士，就像在河里舀水、在火石上取火一样轻而易得。

诸葛亮是三国名相，被后人视为智慧的化身。那么，在诸葛亮追随刘备入仕之前，他生活在一个什么样的社会环境里呢？他生活在一个贤士众多的社会环境里。三国隐士司马徽在向刘备介绍诸葛亮时就说，博陵崔州平、颍川石广元、汝南孟公威与徐元直等四人都是诸葛亮的密友。在东汉末年，博陵崔州平等四人皆非平庸之辈，都有着一定的社会声望。比如说徐元直，即徐庶，有王佐之才，曹操为了得到他，竟将他的母亲抢到许昌，以逼其就范。后来正是这个徐庶，在赴许昌救母的路上，向刘备推荐了诸葛亮。

人类文明发展进步的过程，也存在着一定的"共生效应"。世界上无论哪一个国家和民族，要想走在人类文明发展进步的前列，就必须积极融入整个人类社会，在与其他国家和民族相互影响、相互促进中获取自身发展进步的营养和动力。随着人类历史的发展变化，人类由于普遍交往而告别地域性的民族历史，走向全球性的世界历史，这是人类文明发展进步的历史性转变。人类从地域性的民族历史到全球性的世界历史的发展过程，就是人类文明发展进步的裂变过程。

马克思、恩格斯在其著作《德意志意识形态》中指出："各民族之间的相互关系取决于每一个民族的生产力、分工和内部交往的发展程度。这个原理是公认的。然而不仅一个民族与其他民族的关系，而且这个民族本身的整个内部结构也取决于自己的生产以及自己内部和外部的交往的发展程度。"[1]从这个意义上讲，中华文明之所以绵延至今而不绝，很大程度上得益于中华民族重视对外交往，能够与世界紧密联系在一起，成为世界的中国。

从西汉到明朝，无论是陆地还是海上，贯通亚欧大陆的丝绸之路，如同一座高大的历史雕像，见证了中华

---

[1] 马克思、恩格斯：《德意志意识形态》，载中共中央马克思恩格斯列宁斯大林著作编译局编译《马克思恩格斯文集》第一卷，人民出版社，2009，第520页。

民族的对外交往史。清朝奉行闭关锁国政策，此时的中国像一株孤零零的植物长在世界一隅，待康乾盛世的繁华过后，清朝就逐渐丧失了往日的生机和活力。如果说19世纪末到20世纪中叶，中国在世界上无足轻重，那么20世纪中叶以来，中国在世界上则举足轻重，并且需要通过强大起来，为世界发展做出较大贡献。

1956年11月12日，毛泽东在《纪念孙中山先生》一文中明确指出："一九一一年的革命，即辛亥革命，到今年，不过四十五年，中国的面目完全变了。再过四十五年，就是二千零一年，也就是进到二十一世纪的时候，中国的面目更要大变。中国将变为一个强大的社会主义工业国。中国应当这样。因为中国是一个具有九百六十万平方公里土地和六万万人口的国家，中国应当对于人类有较大的贡献。而这种贡献，在过去一个长时期内，则是太少了。这使我们感到惭愧。"[1]这既是一个大国领袖的广阔胸襟使然，也是中华民族的历史使命所在。

中华民族历来都是有世界眼光的，也是追求和平、

---

[1] 毛泽东：《纪念孙中山先生》，载中共中央文献研究室编《毛泽东文集》第7卷，人民出版社，1999，第156-157页。

向往世界大同的伟大民族。因此，在新时代要重塑中华文明，就要欢迎世界各国搭乘中国发展的列车，使全世界各国产生"共生效应"。

2014年8月22日，中国国家主席习近平在蒙古国国家大呼拉尔发表演讲时指出："中国愿意为包括蒙古国在内的周边国家提供共同发展的机遇和空间，欢迎大家搭乘中国发展的列车，搭快车也好，搭便车也好，我们都欢迎，正所谓'独行快，众行远'。"[1] 2017年1月17日，习近平主席在世界经济论坛2017年年会开幕式上的主旨演讲中再次指出："中国人民深知实现国家繁荣富强的艰辛，对各国人民取得的发展成就都点赞，都为他们祝福，都希望他们的日子越过越好，不会犯'红眼病'，不会抱怨他人从中国发展中得到了巨大机遇和丰厚回报。中国人民张开双臂欢迎各国人民搭乘中国发展的'快车'、'便车'。"[2] 中国是这样说，也是努力这样做的。以"一带一路"为例，据美国某咨询公司预测，到2050

---

[1] 习近平:《守望相助，共创中蒙关系发展新时代——在蒙古国国家大呼拉尔的演讲》，《人民日报》2014年8月23日。

[2] 习近平:《共担时代责任，共促全球发展》，载《习近平谈治国理政》第二卷，外文出版社，2017，第484页。

年,"一带一路"建设将贡献80%的世界经济增长,新增30亿中产阶级;未来10年,新增2.5万亿美元的贸易量。

"十四五"开局之年,中国高铁运营里程突破4万公里,可以环绕地球一圈,而且安全运送旅客达到上百亿人次。在中国,高铁已成为人们出行的首选交通工具。从北京到广州,过去乘火车需要20多个小时,现在乘坐高铁大约8小时就够了,整整节省了十几个小时。因此,中国高铁已成为中国速度的代名词。中国是世界的中国,是21世纪人类文明发展进步的火炬手。欢迎各国搭乘中国发展的列车,中国首先就要像发展高铁一样发展好自己,特别是要进一步筑好在开放中谋求共同发展的路基,让各国更放心、更有信心搭乘中国的"快车""便车",自觉与中国共同创造人类和平与发展的世界速度,写好21世纪人类文明发展进步的史诗。

中国有句俗话叫"打错了算盘"。2021年11月,立陶宛政府公然违背一个中国原则,批准台湾当局设立所谓"驻立陶宛台湾代表处",挑战中国人的底线。对立陶宛政府来说,真可谓打错了算盘,最后不得不吞下自己所酿的苦果。据外媒报道,立陶宛工业家联盟主席亚努利亚维丘斯2021年时曾预测,立陶宛企业2022年或因中国采取的限制措施损失约3亿欧元。立陶宛外交部副部长曼塔斯·阿多梅纳斯颇为后悔地说，他们没有想到，设立"驻立陶宛台湾代表处"一事会造成如此大的经济损失。中国人爱好和平，但是，中国人也是有底线的。重塑中华文明，绝不是以牺牲自己的核心利益为代价换取所谓的"文明"，更不是在无原则的谦让和退让中虚构所谓的"文明"。因此，面对那些在与中国交往中打错了算盘的国家，中国要敢于亮出自己的剑，维护中华民族的根本利益，维护国际公平正义，推动21世纪人类文明行稳致远。

宋朝诗人卢梅坡有一首诗写道："梅雪争春未肯降，骚人阁笔费评章。梅须逊雪三分白，雪却输梅一段香。"[1]交流互鉴是文明发展的本质。不同的文明有各自不同的特点，如同冬天的梅花与雪，需要在交流互鉴中互相欣赏、共同发展。

2023年3月15日，在中国共产党与世界政党高层对话会上，习近平总书记面向世界提出了全球文明倡议，

---

[1] 徐应佩主编《历代哲理诗鉴赏辞典》，湖北教育出版社，1994，第58页。

即共同倡导尊重世界文明多样性，共同倡导弘扬全人类共同价值，共同倡导重视文明传承和创新，共同倡导加强国际人文交流合作，展现了新时代中国的世界文明观。中华文明同世界上其他文明是平等的，在与世界各国交往中，中国不允许外国干涉中国的内政，对中国指手画脚，也不会干涉他国内政，将自己的意志强加于他国。重塑中华文明，中国要着眼世界之变、时代之变、历史之变，坚持和平共处五项原则，围绕践行习近平总书记提出的"全球文明倡议"，以高质量推进"一带一路"建设为基础，不断开创与世界各国合作共赢的新模式，积极发展同世界各国的友好合作关系，打破地缘博弈的老套路，不搞尔虞我诈，不搞厚此薄彼，不断促进世界和平与发展，推动构建人类命运共同体。

第五节　为新时代的孔子画像

日本在历史上曾拜过两个老师：一个是中国，一个是西方。早在公元6世纪，通过学习和模仿中国唐朝的经济和政治制度，日本实施了自上而下的大化改新，从奴隶社会走向了封建社会，并始有日本之称，开创了日本文明崭新的时代。但是，自从日本拜师西方后，逐渐看不起中国这位老师，认为中国落伍了，不适合再当他们的老师，并同西方一样以轻蔑的态度对待中国，无所顾忌地欺负中国。

无论是日本还是西方，都犯了相同错误，即他们都看轻了中国，特别是看轻了中华文化。日本对西方顶礼膜拜，以西方为师，通过明治维新走上了富国强兵的道路。然而，由于对中华文化的轻视，移植来的西方文化又问题百出，并错误地走上了军国主义道路，日本最终在世界反法西斯战争中遭到痛击，同德国一样成为向隅而泣的战败国。

20世纪70年代初，围绕人类社会和当代世界问题，英国历史学家汤因比与日本社会活动家池田大作进行了一场对话。在这声对话中，汤因比直言不讳地对池田大作说："将来统一世界的大概不是西欧国家，也不是西欧化的国家，而是中国。"[1]在汤因比看来，世界将来一定会在政治上实现统一，而只有中国才能担此重任。因

---

[1] 汤因比、池田大作：《展望21世纪：汤因比与池田大作对话录》，苟春生等译，国际文化出版公司，1997，第278页。

为中国的历史是一部在政治上富有成功经验的历史，具有鲜明的世界精神，而且中华民族有几千年来积淀下的美德，这是西方政治和社会所不能比拟的。汤因比深刻指出："罗马帝国崩溃后，西欧世界再也没有能够挽回原来的政治统一。当然西欧世界在人们活动的所有领域，都发出了巨大的能量。过去五百年间，在经济和技术方面而且一定程度上在文化方面，把全世界统一成为一个整体了。然而在罗马帝国解体后，西方本身或在世界其他地区，都没有实现过政治上的统一。不仅如此，西方对政治上的影响是使世界分裂。"[1]

我们认真翻开中国历史，可以发现贯穿其中的一个重要政治理念，就是孔子首倡的"大一统"思想。孔子生活在东周王朝衰微的年代，他一生追求的理想是终结你征我伐的诸侯争霸，使中国获得政治上的统一，这便是孔子的"天下观"——天下一统、国泰民安。孔子的"大一统"思想，植根于中华民族的文化血脉中，在实践中成就了千百年来生生不息的中华民族，是中华文明

---

[1] 汤因比、池田大作：《展望21世纪：汤因比与池田大作对话录》，荀春生等译，国际文化出版公司，1997，第278页。

的核心要义所在。由此,孔子成为中华文化的代表人物。

近代以来,中华民族遭受了空前劫难,无数仁人志士为追求中华民族伟大复兴前赴后继。1921年,中国共产党登上历史舞台,为中华民族伟大复兴带来了希望。2021年7月1日,习近平总书记在庆祝中国共产党成立100周年大会上的讲话中指出:"中国共产党和中国人民以英勇顽强的奋斗向世界庄严宣告,中华民族迎来了从站起来、富起来到强起来的伟大飞跃,实现中华民族伟大复兴进入了不可逆转的历史进程!"[1]

文化是一个国家、一个民族的灵魂。历史告诉我们,人类文明每一次攀上高峰,都与文化的重塑有关。从大历史观看,中华文化经历了五次比较大的重塑,而且每一次都使中华文明站上了新高度。

第一次是春秋战国时期。以孔子为代表的诸子百家,对中国有史以来的文化进行了重塑,形成了百家争鸣的局面。特别是孔子,不仅编纂了《诗》《书》《礼》《易》《乐》《春秋》等"六经",让中华文化有了源头活

---

[1] 习近平:《在庆祝中国共产党成立100周年大会上的讲话》,《人民日报》2021年7月2日。

水，还在集夏商周三代礼文化之大成的基础上，把传统意义的"仁"理论化，创立了人类文明史上一盏重要的思想明灯——"仁学"，为中华文化指明了人本主义的发展方向。

第二次是秦汉时期。从焚书坑儒到罢黜百家、独尊儒术，儒家思想经历了过山车式的生命历程，最终成为中国封建王朝的官方意识形态。这一次文化重塑，不仅推动中国进入"大一统"时代，还奠定了中华文明多元一体的发展格局，进而成就了汉武盛世。

第三次是唐宋时期。这个时期是中华文化的大发展时期，特别是佛学中国化和理学的诞生，彰显了中华文化强大的生命力，它所孕育的震撼世界的盛世中国及其唐诗宋词、活字印刷等文明成果，极大地提高了中华文明的世界影响力。

第四次是明清至五四运动时期。这个时期王阳明心学横空出世，为中华文化拓展了新的发展空间。但是，随着西学东渐，以及西方宗教文化的渗透，以儒家思想为代表的中华文化受到西方文化的极大挑战。特别是晚清时期，在西方文化的严重冲击下，中华文化显得弱不禁风，中华文明几乎夭折。这个时期的最后一个阶段，在文明转型的重要关口，随着马克思主义传入中国和中国共产党的诞生，中华文化和中华文明迎来了伟大复兴的曙光。

第五次是中国现当代时期。这是中华民族走向伟大复兴的时期。一百年来，中国共产党以马克思主义为指导，沉着应对西方文化的冲击，从中国底层社会做起，团结带领广大人民群众，用新民主主义文化和社会主义文化不断改造中国，坚定不移走中国特色社会主义道路，推动物质文明、政治文明、精神文明、社会文明、生态文明协调发展，创造了中国式现代化新道路，创造了人类文明新形态，从而进一步激活了中华民族伟大复兴的生命力。

当前，随着中国特色社会主义进入新时代，如何以世界眼光和前瞻性思维推动中华优秀传统文化创造性转化、创新性发展，不断推进文化自信自强，进一步重塑中华文化，让中华优秀传统文化更加为中国人民和世界人民所喜爱，更加符合新时代的发展需要，努力建设中华民族现代文明，赋予中华文明新的时代内涵和宏大气象，拉开中华民族伟大复兴的大幕，是我们所面对的时代任务。

要大力推动中华优秀传统文化创造性转化、创新性发展，需要用好当代中国马克思主义、21世纪马克思主义的画笔，实事求是画好新时代的孔子画像。比如，我国自古都有天下一家的说法。《礼记·礼运》道："故圣人耐以天下为一家，以中国为一人者，非意之也。"[1]唐太宗曾自我评价道："自古皆贵中华，贱夷、狄，朕独爱之如一。"[2]一部中华民族史，就是一部生活在中华大地上的各民族交融汇聚成多元一体的历史。然而，在近代以前，中国人基本上没有现代意义上的民族观念，直到1902年梁启超破天荒地提出"中华民族"的概念后，中国人才正式有了现代意义上的中华民族的观念，中国人也才有了一个崭新的共同的民族名字。从理论上讲，梁启超关于"中华民族"的概念，就是对中华优秀传统文化的创造性转化、创新性发展。20世纪80年代，费孝通提出的中华民族多元一体格局的论断，从理论上讲亦是如此。

中华民族历史观需要不断丰富和发展。在新时代，

---

[1] 杨天宇撰《礼记译注》，上海古籍出版社，2004，第275页。

[2] 叶桂刚、王贵元主编《〈资治通鉴〉精华白话本》，北京广播学院出版社，1992，第553页。

我们要坚持以铸牢中华民族共同体意识为主线,运用当代中国马克思主义、21世纪马克思主义的视角,在更高的理论层次上对中华民族历史观进行创造性转化、创新性发展,科学认识中华民族从哪里来、到哪里去,讲清楚我们悠久的历史是各民族共同书写的,讲清楚我们灿烂的文化是各民族共同创造的,讲清楚我们伟大的民族精神是各民族共同培育的,引导各族人民像石榴籽一样紧紧拥抱在一起,共同为实现中华民族伟大复兴撸起袖子加油干。

要大力推动中华优秀传统文化创造性转化、创新性发展,需要积极吸收人类创造的一切优秀文化成果,为画好新时代的孔子画像提供丰富的颜料。梁启超能够破天荒地提出"中华民族"的概念,在一定程度上也是积极吸收近代西方民族观念的结果,绝不是固守一隅、脑洞大开得来的。我们要以自信的眼光看世界,勇敢地打开大门搞创造、搞创新,通过积极吸收人类创造的一切优秀文化成果,让新时代的孔子画像既有中国特色、中国风格、中国气派,也有世界价值、世界意义、世界风貌。

要大力推动中华优秀传统文化创造性转化、创新性发展,需要坚持走群众路线,让新时代的孔子画像更有"烟火味"。毛泽东是诗词大家,一首《沁园春·雪》,在重庆谈判时"引无数英雄竞折腰"。毛泽东这首词作,最早发表于1945年重庆《新民报晚刊》,后正式发表于1957年《诗刊》创刊号。在《诗刊》发表毛泽东这首词作之前,毛泽东曾接见了臧克家等人。其间,臧克家趁机问毛泽东怎么理解词中"原驰腊象"的"腊"字。毛泽东反问:"你看应该怎样?"臧克家说:"改成'蜡'字好一些,与上面'山舞银蛇'的'银'就可以相对了。毛泽东想一想说:"好!你就替我改过来吧。"后来,《诗刊》正式发表毛泽东这首词作时,"腊"字就改为了"蜡"字。

　　什么是文化?文化是人民群众劳动智慧的结晶,它能够洗涤人们的心灵,使人拥有文明的生活。换句话说,文化来源于人的劳动创造,又服务于人的发展。恩格斯在其著作《自然辩证法》中指出:"只是由于劳动,由于总是要去适应新的动作,由于这样所引起的肌肉、韧带以及经过更长的时间引起的骨髓的特殊发育遗传下来,而且由于这些遗传下来的灵巧性不断以新的方式应用于新的越来越复杂的动作,人的手才达到这样高度的完善,以致像施魔法一样产生了拉斐尔的绘画、托瓦森的雕刻和帕格尼尼的音乐。"[1]因此,推动中华优秀传统文化创造性转化、创新性发展,必须坚持走群众路线,把广大人民群众组织动员起来,把广大人民群众的劳动智慧汇聚起来。如果文化脱离了广大人民群众,就如同种子脱离了土壤,也就无从谈起中华优秀传统文化创造性转化、创新性发展。

第六节　淬炼新时代中国精神

1947年8月,韩子栋趁着到监狱外买东西逃出了重庆。

韩子栋何许人也?他就是中国当代文学名著《红岩》中"疯老头"华子良的原型。韩子栋1933年加入中国共产党,1934年被国民党逮捕,并先后被关押于北平、南京、武汉、益阳、息烽、重庆等地的国民党秘密监狱。在国民党重庆军统集中营,即人称"活棺材"的白公馆

---

[1] 恩格斯:《自然辩证法》,载中共中央马克思恩格斯列宁斯大林著作编译局编译《马克思恩格斯文集》第九卷,人民出版社,2009,第552页。

和渣滓洞，韩子栋参加了监狱内的秘密党组织，同战友们一面与敌人做斗争，一面找机会越狱。韩子栋在国民党秘密监狱已被关押了十几年，由于他平时比较安分，在特务眼中是一个老实听话的人，因此他相对自由一些，能跟着特务到监狱外采购物品。

韩子栋从重庆逃出后，决定到华北解放区寻找党组织。他一连几个月东躲西藏，经湖北到达了河南。他原本计划由河南滑县进入解放区，快到道口古镇时，听说滑县、道口的国民党盘查得很严，便连夜向当时的河南卫南县方向逃去。经过一夜奔波，韩子栋逃到了卫南县耿范村。在卫南县耿范村，他见到了该村农会主任兼村民兵游击队队长黄文堂。黄文堂12岁参加革命，很早就秘密加入了党组织。

找到黄文堂，韩子栋算是找到了党组织。韩子栋自从在北平被捕入狱后，前后坐了14年的国民党监狱，受尽了折磨，身体非常虚弱。在黄文堂的安排和照顾下，韩子栋渐渐恢复了体力，养足了精神。之后，韩子栋安全回到山东阳谷的老家，并恢复了党籍，重新为党工作。关于这段历史，韩子栋在写给中组部的报告《在军统秘密监狱十四年》中记述，他夜宿苞谷地内，未明又行至一村庄口，捡得人民解放军标语一张，因此断定已进入解放区。进村后，看到满墙标语，韩子栋喜极欲狂。韩子栋直奔一民兵处，民兵带他至一队部，此即卫南县耿范村。

韩子栋离开卫南县不久，时任国民党豫北剿匪总指挥的王三祝，又开始四处疯狂捕杀共产党员和革命群众。王三祝是豫北的杀人魔王，一生与人民为敌，曾残杀大量共产党员和革命群众。卫南县耿范村是红色堡垒村，被王三祝视为眼中钉、肉中刺，多次派人到耿范村打探消息。1948年4月30日凌晨，王三祝纠集了两个团的兵力向耿范村发起了进攻。枪声大作，硝烟四起，在区领导的指挥下，黄文堂率领民兵利用地道与王三祝的部队激战了一天，终因寡不敌众和叛徒告密而被俘。据说，黄文堂这天一早就外出办事了，当他听到村上响起枪声后又快马加鞭返回了村上。被俘后的黄文堂宁死不屈，被敌人用铁丝穿透锁骨连夜押到王三祝的老巢后遭到活埋，时年仅43岁。同黄文堂一起遭到敌人活埋的，还有王三祝从其他地方抓来的30多名共产党员和革命群众。

被敌人关押十几年仍不叛党的韩子栋、情愿被活埋也不背叛革命的黄文堂，包括同黄文堂一起牺牲的30多名共产党员和革命群众，都是普普通通的中国人，但是，从他们这些普普通通的中国人身上，我们能触摸到什么呢？我们能触摸到一种热血澎湃的精神力量。

在日本，甲午战争被称为"日清战争"。甲午战争爆发那年，对华战争的鼓吹者福泽谕吉曾撰写《日清战争是文明和野蛮的战争》一文，教师爷似的蔑视中国人。与福泽谕吉同时期的日本思想家植村正久曾说过，要把日清战争视作精神问题，这是新旧两种精神的冲突。

日本自明治维新后，精神上空前有力。而与此同时，中国人在精神上则羸弱不堪。日本战时刊物《日清战争实记》清晰地描述清军将军有携带妓女的，有打着蝙蝠伞的，有带着鸟笼的，队伍里有唱歌的，有怒骂的，有快走的，有慢走的，千差万别，千奇百怪。

可以说，甲午一役，中国人败在了精神上。因为无论是兵力还是武器准备，中国都不输于日本。比如说兵力，按照日本历史学家远山茂树所著《日本近现代史》记载，开战时，日本陆军共7个师团，动员兵力12万人，清朝兵力则为35万人。再说武器装备，仍以远山茂树记载为例，在海军方面，日本拥有军舰28只57600吨，军舰的数量和总吨位与清朝相比均不占优势。清朝什么武器呢？当时北洋水师7335吨的铁甲舰定远、镇远是亚洲最具威力的海战利器，而且清朝陆军配备的毛瑟枪、克虏伯炮也胜于日军的山田枪和日制野炮。这也印证了拿破仑的一句话：在战争中精神之于物质是三比一。

经甲午一役，中国人开始寻求精神上的觉醒。20世纪初，鲁迅到日本留学原本是想学医的，后来之所以弃医从文，就是为了能够从精神上唤醒中国人。1907年，他在撰写的《摩罗诗力说》一文中发问道："今索诸中国，为精神界之战士者安在？有作至诚之声，致吾人于善美刚健者乎？有作温煦之声，援吾人出于荒寒者乎？"[1]抗日战争爆发后，以中国共产党人为代表的中国人民成为精神上的强者，特别是中国共产党及其所领导的人民武装，靠着小米加步枪成为抗日战争的中流砥柱。与甲午战争相比，中国人能够打败日本侵略者，从而赢得抗日战争的胜利，主要就是赢在了精神上。

1940年，伪满洲国通化省警务厅厅长岸谷隆一郎带人杀死杨靖宇后，深深地被杨靖宇的精神所震撼，并开

---

[1] 鲁迅：《摩罗诗力说》，载人民文学出版社《鲁迅全集》第一卷，2005，第102页。

始倾心研究杨靖宇等抗日将士的心理，研究得越深入，他内心受到的折磨也越深。1945年，在日本投降前夕，岸谷隆一郎先是毒死了自己的妻子儿女，而后剖腹自杀。自杀前，他在遗嘱中写道，天皇陛下发动这次侵华战争或许是不合适的，中国拥有杨靖宇这样的铁血军人，一定不会亡国。

精神是什么？精神是文化的精髓，是文明的灵魂。倘若一个国家和民族没有了精神，这个国家和民族就会走向衰亡。1939年10月初，毛泽东先后撰写了《研究沦陷区》和《目前形势和党的任务》两篇文章。在这两篇文章中，毛泽东都很明确地指出，日本帝国主义为了达到灭亡中国的目的，妄图消灭中国人的民族精神。中国共产党人是中国精神的继承者和发扬者，善于用富有时代气息的中国精神凝聚中国力量。对中国共产党来说，抗日战争赢在了精神上，解放战争和抗美援朝战争同样是赢在了精神上。

毛泽东所强调的"武器是战争的重要的因素，但不是决定的因素，决定的因素是人不是物"[1]，应该说在很大程度上强调的就是人的精神。精神强，则可弥补武器装备的不足；精神强，则能"唤起工农千百万"。因此，从一定意义上讲，中国共产党的百年奋斗史，就是一部百年精神淬炼史。一百年来，中国共产党带头弘扬伟大建党精神，以马克思主义为指导，扎根于中华优秀传统文化，在领导全国人民进行革命、建设和改革的实践中，构建起了惊天地、泣鬼神的中国共产党人的精神谱系，推动中华民族从站起来、富起来走向强起来。

习近平总书记指出："中华民族伟大复兴，绝不是轻轻松松、敲锣打鼓就能实现的。全党必须准备付出更为艰巨、更为艰苦的努力。"[2]中国共产党肩负着实现中华民族伟大复兴的使命，已为此奋斗了一百年。很多人攀登过华山，知道越是接近顶峰，山路越是险峻。同样，我们越是更接近中华民族伟大复兴的目标，意想不到的

---

[1] 毛泽东：《论持久战》，载《毛泽东选集》第2卷，第2版，人民出版社，2006，第469页。

[2] 习近平：《决胜全面建成小康社会，夺取新时代中国特色社会主义伟大胜利》，载《习近平谈治国理政》第三卷，外文出版社，2020，第12页。

困难和考验就越多。比如事关中国主权和领土完整、涉及中国核心利益的台湾问题。以美国为首的一些西方国家始终贼心不死，频频拿台湾问题威胁中国，严重阻碍了中华民族伟大复兴的历史进程。如何坚持一个中国原则不动摇，用超越前人的智慧和能力，从战略上、政治上、法律上彻底解决台湾问题，实现祖国完全统一，显得尤为迫切和非常必要。这一切都需要强大的精神力量做支撑。因此，要在新时代重塑中华文明，就需要我们以不断丰富和发展中国共产党人的精神谱系为核心，以广大党员为标杆，以新时代中国特色社会主义伟大实践为载体，在广大人民群众中广泛淬炼中国精神，让每一个中国人都拥有强大的精神力量和信仰。

须知，车轮是由多个辐条作支撑的，一旦某一根辐条出了问题，如不及时更换，就会导致另一根辐条出问题；如果辐条一根接着一根出问题，车轮很快就会毁坏。淬炼新时代中国精神，就是淬炼每一个中国人的心志，就是淬炼每一个中国人的灵魂，必须以中国共产党人为基石，筑建新时代坚不可摧的"中国精神长城"，让新时代中国做到在各种困难和考验面前"乱云飞渡仍从容"。

第七节　让"高加林们"进得了城、回得了乡

1981年春,路遥创作的小说《惊心动魄的一幕》荣获全国优秀中篇小说奖。路遥来自乡村,是一位有大抱负的作家。对他来说,这次获得全国大奖,只是他创作生涯的新开端。他要以此为台阶,向更高的文学高峰攀登。

于是,这年夏天,他背上一个军用旅行包,一头扎进延安附近的甘泉县招待所,开始了小说《人生》的创作。经过21个昼夜的连续奋战,路遥把"高加林"这个具有时代意义的小说人物奉献给了读者。高加林生长在农村,可他的心不在农村。他不想过面朝黄土、背朝天的农村生活,他想过轻松体面的城市日子。后来,他如愿以偿到了城里工作,并抛弃了深爱他的巧珍姑娘,爱上了城里的现代女性黄亚萍。但是,由于他是通过非正常手续进城参加的工作,被人告发后,他不得不带着痛苦又回到了农村。

从情节上说,这是一个农村青年带着爱与被爱的行囊,从农村到城里,再从城里回到农村的故事,并不是非常新奇。然而,从时代意义上讲,它深刻揭示了人类

文明在发展进步过程中造成的城乡分离，或者说城乡之间的对立，在复杂的文明蜕变中给人类生活带来的巨大影响，促使人们更加关注和思考社会现实问题。这正是路遥的小说《人生》成功的意义所在。因此，《人生》问世不久便轰动全国。2018年秋，《人生》入选"中国改革开放四十周年最有影响力小说"。

从美索不达米亚到黄河流域，从尼罗河河畔到印度河两岸，广阔的乡村为人类文明萌发提供了良好的胚胎。随着人类生产生活的发展需要，特别是随着人类生产力的提高，城市诞生了。如果说乡村是人类文明的胚胎，那么城市就是人类文明的母体。在城市这个母体中，文明不断地发育和成长，推动人类社会由低级走向高级。人类社会第一座城市的诞生，就像太阳照在大地上的第一缕阳光，标志着人类从野蛮时代走向了文明时代。

马克思、恩格斯在其著作《德意志意识形态》中指出："物质劳动和精神劳动的最大的一次分工，就是城市和乡村的分离。城乡之间的对立是随着野蛮向文明的过渡、部落制度向国家的过渡、地域局限性向民族的过渡而开始的,它贯穿着文明的全部历史直至现在。"[1]随着近代资本主义的兴起,城市像是一块巨大的磁铁,把大量农村人口吸引到了城市。由于城乡之间的分化越来越严重,加上资本主义制度本身的缺陷,资本主义社会"把一部分人变为受局限的城市动物,把另一部分人变为受局限的乡村动物"[2]。因此,消除城乡之间的对立,走城乡融合发展之路,把人从受局限的城市和乡村解放出来,成为真正意义上的文明人,是人类文明发展进步中必须跨越的"卡夫丁峡谷"。

农民问题是中国革命和现代化进程中的根本问题,也是中国共产党非常重视的一个问题。

新民主主义革命时期和新中国成立初期,中国共产党通过土地革命和土地改革进行乡村变革,使中国农民实现了千百年来"耕者有其田"的夙愿,改善了广大农

---

[1] 马克思、恩格斯:《德意志意识形态》,载中共中央马克思恩格斯列宁斯大林著作编译局编译《马克思恩格斯文集》第一卷,人民出版社,2009,第556页。

[2] 马克思、恩格斯:《德意志意识形态》,载中共中央马克思恩格斯列宁斯大林著作编译局编译《马克思恩格斯文集》第一卷,人民出版社,2009,第556页。

民的生产生活条件,提高了广大农民的历史地位。美国记者韩丁在《翻身——一个中国村庄的革命纪实》一书中写道:"对于中国几亿无地和少地的农民来说,这意味着站起来,打碎地主的枷锁,获得土地、牲畜、农具和房屋。但它的意义远不止于此。它还意味着破除迷信,学习科学;意味着扫除文盲,读书识字;意味着不再把妇女视为男人的财产,而建立男女平等关系;意味着废除委派村吏,代之以选举产生的乡村政权机构。总之,它意味着进入一个新世界。"[1]社会主义革命和建设时期,中国共产党主要通过组织农民走集体化道路推进乡村建设,不断地提高农业生产力,解决了广大农民吃饭穿衣的问题,使中国农村走上了通过社会主义实现现代化的道路。改革开放和社会主义现代化建设新时期,中国共产党主要通过实行家庭联产承包责任制进行乡村改革,着力解决"三农"问题,切实缩小城乡发展之间的差距。中国特色社会主义进入新时代,社会主要矛盾发生了重大变化,城乡结构发生了历史性变化,中国共产

---

[1] 韩丁:《翻身——一个中国村庄的革命纪实》,韩倞等译,北京出版社,1980,第6页。

党主要通过破解发展不平衡不充分矛盾推进乡村振兴，努力实现城乡融合发展，加快推进农业农村现代化。

从乡村革命到乡村振兴，中国共产党在消除城乡之间的对立、走城乡融合发展道路上留下了坚实的脚印，体现了社会主义文明的优越性。

城乡分离是人类文明发展进步的必然现象，它所造成的城乡之间的对立，给人类带来了不平等。可以说，城乡之间的对立越严重，人类越不平等。在推进人类文明发展进步中，只有消除城乡之间的对立，才能使人类从不平等的枷锁中解放出来。社会主义是消除城乡之间对立的合理性制度，能够使人类从不平等的枷锁中解放出来，走向人类自由平等的共产主义社会。中国特色社会主义进入新时代，城乡之间的对立呈现出新的历史特点，主要就是城乡之间发展不平衡不充分的矛盾，有的是南北东西部之间的差距，有的是一个区域内的差距，发展不平衡不充分使人民日益增长的美好生活需要得不到满足。要破解发展不平衡不充分的矛盾，绝非一日之功，需要瞄准全面建设社会主义现代化国家的目标任务，着力建立健全城乡融合发展体制机制和政策体系，踏实走好中国式城乡融合发展之路。

要抓住全面推进乡村振兴这个"牛鼻子"。党的十八大以来，中国共产党带领人民打赢了脱贫攻坚战，使广大农民同全国人民一道步入小康社会，在消除城乡之间的对立上创造了人间奇迹。消除城乡之间的对立既是一个历史性问题，也是一个世界性问题。据美国《福布斯》杂志报道，数十年来，美国的城市就像一台抽水机，日夜不停地大量抽取农民地区的财富和人口，使城市产生的财富、就业和专利项目数量都要远远高于农村地区。而且，这一趋势丝毫没有减缓的迹象。此外，美国《福布斯》杂志强调，美国城乡之间的经济差距是系统性的，很难通过调整政策等方式扭转农村的经济劣势。

对中国来说，在脱贫攻坚取得胜利后全面推进乡村振兴，既是"三农"工作重心的历史性转移，也是社会主义文明发展的历史性要求。要充分发挥社会主义制度的优越性，坚持走中国特色社会主义乡村振兴道路，一体设计、一并推进农业现代化与农村现代化，加快形成工农互促、城乡互补、协调发展、共同繁荣的新型工农城乡关系，促进农业高质高效、乡村宜居宜业、农民富裕富足，让"高加林们"进得了城、回得了乡。

要将传统农民转变为新型农业工人。恩格斯在《共产主义原理》一文中指出："根据共产主义原则组织起来的社会，将使自己的成员能够全面发挥他们的得到全面发展的才能……由此可见，城市和乡村之间的对立也将消失。从事农业和工业的将是同一些人，而不再是两个不同的阶级，单从纯粹物质方面的原因来看，这也是共产主义联合体的必要条件。乡村农业人口的分散和大城市工业人口的集中，仅仅适应于工农业发展水平还不够高的阶段，这种状态是一切进一步发展的障碍，这一点现在人们就已经深深地感觉到了。"[1]

须知，消除城乡之间的对立，绝不是要城市消灭农村。人活着就要吃饭，吃饭就需要进行农业生产。要进行农业生产，就需要有一定数量的农民。要着眼未来大农业发展趋势，以农业人口集中发挥效益为着力点，全面推进农业生产方式变革，打造能够适应新时代农村发展需要的现代化的农民联合体，让传统农民转变为新型农业工人，推动广大农民的才能得到全面发展，把农村建设成为与城市相得益彰的创业家园、生活乐园。

---

[1] 恩格斯：《共产主义原理》，载中共中央马克思恩格斯列宁斯大林著作编译局编译《马克思恩格斯文集》第一卷，人民出版社，2009，第689页。

要高度重视改善农村人口结构。马克思、恩格斯在其著作《德意志意识形态》中指出:"全部人类历史的第一个前提无疑是有生命的个人的存在……任何历史记载都应当从这些自然基础以及它们在历史进程中由于人们的活动而发生的变更出发。"[1] 推动城乡融合发展,离不开人本身的创造性活动。现实是,目前我国农村空心化、人口老龄化问题非常突出,大量青壮年劳动力及其子女不断走出农村。据有关机构预测,到2035年我国农村常住人口将下降至3亿至3.5亿,60岁及以上农村常住人口比例在50%上下。那么,原因是什么呢?

一是就业创业环境。对农村青壮年来说,哪里能挣钱,就到哪里去。城里能挣钱,肯定到城里去。二是子女教育问题。随着社会文明程度的提高,农村人也越来越重视子女教育问题。当前农村学校师资和教育水平,已经不能满足许多农村家庭的需要。父母到城里打工,都要想方设法带子女到城里上学,或者在县城买房供子女上学用。因此,要以壮大县域经济为牵引,增强农村

---

[1] 马克思、恩格斯:《德意志意识形态》,载中共中央马克思恩格斯列宁斯大林著作编译局编译《马克思恩格斯文集》第一卷,人民出版社,2009,第519页。

产业的吸纳力,提高农村经济发展的韧性;要以建强乡镇(村)综合服务区为载体,全面提高农村的生活、教育、医疗等水平,从根本上改善农村人口结构,为推动城乡融合发展提供人才支撑。

坚持城乡融合发展是消除城乡之间的对立,以及城乡分离的重要举措,是全面推进强国建设、民族复兴的题中之义。中国已出发,正迎着朝阳大踏步前进。

第八节 勇当世界科技领域的"领跑者"

一年一度的两会是中国人政治生活中的一件大事,它不仅客观地呈现了中国式民主的丰富内涵和别样风采,还真实地传递了一个又一个"中国好声音"。

2022年3月4日,全国政协委员、中国载人航天工程总设计师周建平在全国政协十三届五次会议首场"委员通道"上就欣喜地说,神舟十三号航天员在轨道上飞行已将近140天,状态非常好。同时,周建平表示,2022年5月,中国将进入空间站工程的建造阶段。神舟十五号将与神舟十四号在太空"会师",两个乘组共同在轨工作大约一周时间。

嫦娥奔月是中国古老的神话传说故事，深藏着中国人一个久远的飞天梦想。从神舟一号到神舟十五号，从天宫一号到中国空间站，中国人不仅一步步地实现了千百年来的飞天梦想，还非凡地见证了中国科学技术飞速发展的光辉历史。

2020年11月18日，全球信息分析和科技医学学术出版机构爱思唯尔召开新闻发布会，发布了《以科研的力量推动联合国可持续发展目标的实现》报告。该报告显示，过去5年，中国在16个可统计的可持续发展目标领域中，有15个领域的相关科研论文数量位居全球前十；其中与5个可持续发展目标相关的科研产出居世界第一。

庄子笔下有一种鸟叫大鹏，也是中国神话传说中最大的一种鸟，相传能"水击三千里，抟扶摇而上者九万里"[1]。如果把人类文明比作一只大鹏鸟的话，科学技术则是这只大鹏鸟的翅膀。在推动人类文明发展进步的过程中，重视科学技术的作用，是马克思主义的一个基本观点。邓小平曾强调，科技是第一生产力。

---

[1] 陈鼓应注译《庄子今注今译》修订本，商务印书馆2007，第8页。

新中国成立以来,我们党高度重视科学技术发展,向全国人民响亮地提出了"向科学进军"的号召,并在20世纪60年代提出了要实现"科学技术现代化"的奋斗目标,并将其纳入了"四个现代化"的战略构想,以便大踏步追赶世界先进科学技术水平,努力建设社会主义现代化国家。在党和人民的共同努力下,我们拥有了"两弹一星"、载人航天、杂交水稻、北斗导航和光量子计算机等高科技成果,但是在世界范围内的一些科技领域,在一些核心技术上我们常常受制于人,这极大地制约了我国社会主义现代化建设进程。

2013年9月30日,习近平总书记在十八届中央政治局第九次集体学习时深刻指出:"在一些科技领域,我国正在由'跟跑者'变为'同行者',甚至是'领跑者'。同时,我们也要清醒地看到,中国在发展,世界也在发展。与发达国家相比,我国科技创新的基础还不牢固,创新水平还存在明显差距,在一些领域差距非但没有缩小,反而有扩大趋势。国际科技竞争,犹如逆水行舟,不进则退啊!"[1]这一重要论述,深刻揭示了我国科技发展面临的紧迫形势。在世界科技领域跑道上,每时每刻都有众多不知疲倦的奔跑者。因此,要在新时代重塑中华文明,必须更加高度重视科学技术发展,坚持科技自立自强,以时不我待、只争朝夕的精神,勇当世界科技领域跑道上的"领跑者"。

《庄子·秋水》中有则寓言叫"井底之蛙",说是有一只青蛙长年生活在浅井里,以为自己生活的天地很大,它感到非常快乐,却不知道这井底之外还有广阔而幽深的大海,有着更多的快乐。科学技术是人类的伟大创造性活动,是人类文明发展进步的重要引擎。近代以来,通过火车、飞机、轮船和互联网、物联网、云计算、人工智能等一系列创造性成果,人类已超越时间和空间的阻隔紧密地联系在一起,地球成为名副其实的"地球村"。而这一系列创造性成果,经过了全世界一代又一代人的努力,产生于世界上不同人的思想碰撞和艰苦探索,蕴含着全人类的共同智慧。因此,在发展中国科学

---

[1] 中共中央文献研究室编《习近平关于科技创新论述摘编》,中央文献出版社,2016,第24页。

技术这个关键问题上，我们绝不能当井底之蛙，陶醉于坐井观天，留恋于一方小天地而不知海之大之深。我们必须具有全球视野，着眼推动构建人类命运共同体，以宽广的胸怀和坦诚的态度，加强同世界各国的科学技术交流与合作，集世界各国人民的智慧，共同推动人类科学技术进步，用科技之光照亮人类文明前进的道路。

改革开放是决定当代中国前途命运的关键抉择。改革开放以来，我国经济社会发展取得了举世瞩目的成就，经济总量不仅已经跃居世界第二位，而且也已稳居世界第二位，是真正地富起来了。但是，在我国经济社会发展过程中，不平衡、不协调、不可持续问题依然很突出，人口、资源、环境压力越来越大，拼投资、拼资源、拼环境的"三拼"老路已经走不通，迫切需要另辟一条新路，走活科技创新这步棋。这就需要我们始终保持清醒的头脑，坚持把科技创新摆在国家发展全局的核心位置，紧紧牵住科技创新这个"牛鼻子"，大胆走出一条以创新驱动发展为主的科技创新之路，用科技创新激活推动经济社会发展的一池春水。

孙悟空上得了天、入得了地，是唐僧西方取经路上的披荆斩棘者和开路先锋。但是，遇到太上老君的金刚套,孙悟空也是无计可施。随着历史和实践的发展,科技领域一些僵化得不合时宜的体制机制,就如同太上老君的金刚套,套住了"科技创新"这个孙悟空的金箍棒,从而严重制约了科技创新发展。要切准历史和实践的发展脉搏,正确把握破与立的辩证关系,进一步完善科技创新体制机制,及时收回套在"科技创新"这个孙悟空的金箍棒上的金刚套,让科技创新能够在推动经济社会发展的取经路上大展身手。

要着力提升全民科学素质。实践证明,没有全民科学素质普遍提高,就难以建立起庞大的高素质创新大军,难以实现科技成果快速转化。据有关统计数据,2020年我国公民具备科学素质的比例仅为10.56%,与发达国家仍有差距,而且,西部地区、农业地区、女性群体的科学素质水平低于全国总体水平。这显然与当前科技创新要求不相适应。要围绕贯彻落实国家《全民科学素质行动规划纲要(2021—2035年)》,坚持从青少年抓起,针对青少年的心理特点,广泛开展科学普及活动,让科学知识、科学精神和科学信仰在青少年心灵上筑巢,为中华民族培养更多的"仰望星空的人"。

习近平总书记指出:"科技是国家强盛之基,创新是民族进步之魂。自古以来,科学技术就以一种不可逆转、不可抗拒的力量推动着人类社会向前发展。十六世纪以来,世界发生了多次科技革命,每一次都深刻影响了世界力量格局。从某种意义上说,科技实力决定着世界政治经济力量对比的变化,也决定着各国各民族的前途命运。"[1]当前,世界正在经历一场更大范围、更深层次的科技革命。大数据、人工智能、物联网、区块链、量子信息、生物技术等前沿技术不断取得突破,新技术、新业态、新产业层出不穷,以超乎寻常的力量重构全球创新版图,重塑全球经济结构,深刻改变着人类文明进程。

因此,要把眼光投向深邃的宇宙,密切关注人类未来的命运,科学把握新一轮科技革命和产业变革的发展趋势,遵循科技革命和产业变革的发展规律,聚焦世界前沿科学技术的现实应用和从"科学"到"技术"的转化要求,开足马力发展战略性新兴产业,并推动建成以国内大循环为主体、国内国际双循环相互促进的新发展格局,努力使中国成为世界主要科学中心和创新高地,

---

[1] 中共中央文献研究室编《习近平关于科技创新论述摘编》,中央文献出版社,2016,第27页。

为世界科技革命发展做出中国贡献。

《诗经》道："思皇多士，生此王国。王国克生，维周之桢；济济多士，文王以宁。"[1]这是《诗经》中赞扬周文王的诗句，说的是周文王能够尊贤礼士，朝廷贤才济济，成就了国势强盛的王朝气象。马克思指出："自然界没有造出任何机器，没有造出机车、铁路、电报、自动走锭精纺机等等。它们是人的产业劳动的产物，是转化为人的意志驾驭自然界的器官或者说在自然界实现人的意志的器官的自然物质。它们是人的手创造出来的人脑的器官；是对象化的知识力量"[2]。要发展科学技术，推动科技创新，可以说一刻也离不开人才。只有"济济多士"，才能创造出更多的"人脑的器官"，把我国建成世界科技强国，为人类文明发展进步奉献中国智慧。

要在全社会树立正确的人才观，积极营造不拘一格降人才的社会环境，让各类人才如同春天的草木一样，无论是身处高山还是根在沟壑，抑或长在某一个墙角，

---

[1] 王秀梅译注《诗经》，中华书局，2006，第313页。

[2] 马克思：《政治经济学批判（1857—1858年手稿）》，载中共中央马克思恩格斯列宁斯大林著作编译局编译《马克思恩格斯文集》第八卷，人民出版社，2009，第197-198页。

都能萌发出新芽新枝。要强化科技工作者的实践精神和问题意识，自觉走出狭小的楼宇和书斋，自觉走到宽敞的工厂车间和田间地头，自觉走到老百姓的身边，自觉把科学论文写在祖国大地上，切实拿出带泥土、带露珠，能解决实际问题的科学论文。科学无国界，科学家有祖国。要结合新时代的中国意蕴和文化特征，广泛宣传钱学森精神，让钱学森精神如涓涓细流流入人们的精神苗圃，亦如温暖明亮的晨曦照进人们的精神领地，积极引导广大海外科技工作者不计个人得失，以报国为己任，回祖国建功立业，争做中华民族的脊梁。

毛泽东诗曰："天若有情天亦老，人间正道是沧桑。"新中国成立70多年来，从"向科学进军"到开启建设世界科技强国的新征程，一路上栉风沐雨，我国科技事业发生了天翻地覆的变化。我们的征途是星辰大海，我们要勇当世界科技领域的"领跑者"，用科技开辟中华文明和人类文明发展新境界。

第九节　奏响21世纪中华文明的协奏曲

在人类文明发展史上，罗马人创造了两个奇迹：一个是把蕞尔小邦变成了一个横跨欧亚非三大洲的庞大帝国，一个是与古希腊人共同为西方文明成长壮大提供了丰富的来源。那么，罗马人为什么会衰亡并湮没在历史的尘埃中呢？

原因很简单：罗马人文明的脚步不协调，走路有些顺拐。据英国历史作家汤姆·霍兰在《卢比孔河：罗马共和国的胜利与悲剧》一书中记述，在罗马共和国前期，罗马人的生活很俭朴，选择厨师也都是选择最便宜的奴隶。后来，随着人们的钱袋子越来越鼓，罗马人的生活变了，变得越来越奢侈了。他们喜欢各种各样的鱼，到公元前3世纪，罗马已经被成千上万的鱼塘所包围。吃腻了淡水鱼，罗马人开始打海鱼的主意。为了随时能吃上海鱼，达官贵人都建有自己的海水鱼塘。罗马共和国军队指挥官卢卡拉斯的鱼塘，就是那个时代公认的奇迹。为了给鱼塘供水，卢卡拉斯建造了穿行在山间的管道。汤姆·霍兰在书中还记述说，公元前92年，罗马共和国一位监察官的八目鳗死了，他不由大哭起来，哭得非常悲伤，好像失去了自己的宝贝女儿，而不是一顿晚餐。

这只是罗马人日常生活的一个侧面。从这个侧面，我们能够清楚地看到，罗马人在抓物质生产和精神生产上的步调是不一致的。他们只重视物质生产，而忽视了精神生产，由此产生了不成熟的文明成果，甚至可以说是畸形的文明成果。试想，对于一个国家来说，国人生活奢侈，社会风气败坏，这个国家怎能不衰亡？美国学者勒纳等人在《西方文明史》一书中就曾谈到，罗马衰亡的原因很多，有一个非常重要的原因，就是罗马人没有一个共同的公民理想，即没有人愿意为公共利益而努力工作。大家对国家兴亡漠不关心，有的只是对来世的幻想。对基督教来说，罗马衰亡是一个悲剧。因为自从罗马衰亡后，基督教国家再也未能在政治上走向统一。

一部人类社会发展史，就是一部人类从愚昧走向文明的历史。随着人类认识世界和社会实践能力的不断提高，文明形态逐渐从单一样式走向多样化，推动人类社会向更加文明的阶段迈进，直到进入人类文明的最高峰——共产主义社会。在这个过程中，文明的脚步应该是协调的。这样，人类社会才能更好地沐浴文明的阳光。

否则，人类文明就会遭遇挫折，从而导致人类社会止步不前，甚至发生倒退现象。

中国共产党始终重视协调推进物质生产和精神生产，不断创造新的人类文明成果。1940年1月，毛泽东在《新民主主义论》一文中指出："我们不但要把一个政治上受压迫、经济上受剥削的中国，变为一个政治上自由和经济上繁荣的中国，而且要把一个被旧文化统治因而愚昧落后的中国，变为一个被新文化统治因而文明先进的中国。"[1]延安时期是中国共产党重视协调推进物质生产和精神生产的最好时期之一。这一时期，中国共产党一手抓军事斗争和大生产运动，一手抓整风运动、社会教育和教育文化事业，使延安到处都呈现出欣欣向荣的景象。1940年夏，爱国华侨陈嘉庚以南侨总会主席的身份到延安访问后，从内心深处涌起极大的敬仰之情，向海外华侨发出了"中国的希望在延安"的疾呼。

新中国成立后，面对百废待兴的局面，中国共产党带领人民进行了大规模的经济建设和文化建设，扫除了

---

[1] 毛泽东:《新民主主义论》，载《毛泽东选集》第2卷，第2版，人民出版社，2006，第663页。

旧中国遗留下来的许多问题，逐步地改善了人民的物质生活，提高了人民的文化生活水平。

党的十一届三中全会后，邓小平提出了中国特色社会主义文明建设的方向，即一手抓物质文明建设，一手抓精神文明建设，而且"两手都要硬"。通俗地说，既要让钱袋子鼓起来，也要让脑瓜子充实起来。1985年9月，邓小平在中国共产党全国代表会议上的讲话中指出："不加强精神文明的建设，物质文明的建设也要受破坏，走弯路。光靠物质条件，我们的革命和建设都不可能胜利。"[1]这是对中国共产党历史经验的深刻总结。同时，也使中国共产党进一步明确了中国社会主义文明建设的方向。

2002年11月，江泽民在党的十六大报告中提出，要不断促进社会主义物质文明、政治文明和精神文明的协调发展，使政治文明这一概念成为全党的共识，将中国特色社会主义文明由"两个文明"发展为"三个文明"。

2007年10月，胡锦涛在党的十七大报告中提出了生态文明的概念，并将建设生态文明作为实现全面建设小

---

[1] 邓小平：《在中国共产党全国代表会议上的讲话》，载《邓小平文选》第三卷，人民出版社，1993，第144页。

康社会奋斗目标的一项新要求,将中国特色社会主义文明由"三个文明"发展为"四个文明"。

党的十八大以来,以习近平同志为核心的党中央进一步提出了社会文明的概念,强调要把提高社会文明程度作为建设社会主义文化强国的重大任务,将中国特色社会主义文明由"四个文明"发展为"五个文明"。2020年10月,党的十九届五中全会明确把"社会文明程度得到新提高"作为"十四五"时期经济社会发展的主要目标,并对提高社会文明程度做出一系列重要部署。

中国特色社会主义道路既是一条前人未走过的新路,也是一条不断拓展社会主义文明建设内涵的新路。从"两个文明"到"五个文明",彰显了中国共产党在探索中国特色社会主义文明建设和推动人类文明发展进步上做出的卓越贡献。2021年7月,习近平在庆祝中国共产党成立100周年大会上的讲话中指出:"中国特色社会主义是党和人民历经千辛万苦、付出巨大代价取得的根本成就,是实现中华民族伟大复兴的正确道路。我们坚持和发展中国特色社会主义,推动物质文明、政治文明、精神文明、社会文明、生态文明协调发展,创造了中国式现代化新道路，创造了人类文明新形态。"[1]文明是人类社会发展进步的标志，它贯穿于人类物质生产和精神生产的始终。中国特色社会主义文明所具有的理论意义，蕴含着深厚的马克思主义文明观，是中国特色社会主义建设和发展实践的经验总结，打开了人类文明发展史崭新的一页。

中国特色社会主义进入新时代，中国特色社会主义文明必将进入新的发展境界。文明发展进步的本质要求是和谐，它追求的终极目标是人类的解放和人的全面发展。由于私有制的产生和存在，文明在发展进步过程中产生了不和谐的声音，特别是在资本主义私有制下，资本主义生产关系和由此决定的社会基本矛盾具有强烈的对抗性，不和谐的声音更大、更刺耳，少数人拥有大量社会资本，社会贫富差距进一步扩大。这也是为什么资本主义必然灭亡的原因内核。

"文明在对抗中进步"是文明从产生一直到资产阶级社会的规律，而不是文明时代的永恒规律。社会主义

---

[1] 习近平：《在庆祝中国共产党成立100周年大会上的讲话》，《人民日报》2021年7月2日。

制度的建立，使社会主义生产关系和由此决定的社会基本矛盾不再具有对抗的性质，文明在发展进步过程中遇到的不和谐声音越来越少，尤其是随着社会主义制度越来越成熟，文明和谐发展的脚步将更加铿锵有力，从而形成人类文明发展进步的强大引力场，把人类智慧冶炼成如椽大笔，绘就人类崭新的文明时代画卷。

全面推动物质文明、政治文明、精神文明、社会文明、生态文明协调发展，创造更加丰富多彩的中国特色社会主义文明，不断丰富和发展人类文明新形态，是新时代中国共产党人坚持和发展中国特色社会主义的使命要求，是世界社会主义发展的历史任务。因此，要毫不动摇地坚持习近平新时代中国特色社会主义思想，抓住新时代中国特色社会主义的本质内涵和实践要求，不断开辟中国特色社会主义文明新境界，谱写新时代中国特色社会主义更加绚丽的华章。

不断开辟中国特色社会主义文明新境界，必须坚持以人民为中心的发展理念。马克思、恩格斯非常关心中国问题，他们分析近代中国走向衰落，以至于在鸦片战争中惨遭失败的原因，很大部分在于古老中国的"社会基础停滞不动，而夺得政治上层建筑的人物和种族却不断更迭"[1]。任何文明本质上都是由人创造的，一切脱离了"以人民为中心"的文明，绝不是真正的文明。

共产主义是能给所有的人以幸福的文明。中国共产党作为坚定的马克思主义政党，她所开创的中国特色社会主义道路及所创造的人类文明新形态，最终目的正是为了能给所有的人以幸福，它超越了资本主义文明"给少数人以幸福"的狭隘性，展现出以人民为中心的发展理念和价值追求。因此，全面推动物质文明、政治文明、精神文明、社会文明、生态文明协调发展，不断开辟中国特色社会主义文明新境界，就要始终坚持以人民为中心的发展思想，大力发展全过程人民民主，用长盛不衰的中国共产党的生命力和气势磅礴的人民力量，书写开辟中国特色社会主义文明新境界的光辉篇章。

资本主义开创了世界历史。但是，它所开创的只是世界历史的一个阶段。未来的世界历史，将由社会主义执笔撰写，世界历史的航船终将驶入共产主义的港湾。乘历史大势而上，走人间正道致远。中国有百万年的人

---

[1] 中共中央马克思恩格斯列宁斯大林著作编译局编译《马克思恩格斯论中国》，人民出版社，2018，第122页。

类史、一万年的文化史、五千多年的文明史,是中国特色社会主义走向更加美好未来的基因密码。在未来的世界历史蓬勃发展过程中,中国特色社会主义及其所创造的人类文明新形态,必将绽放出更加绚丽的光芒,照亮通往共产主义的光明之路。

后记
在仰望星空中砥砺前行

记得早年戍守边关时,有一次我在戈壁滩上的机场站岗,午夜时分抬头仰望天空,顷刻间眼睛里便落满了星星。过了几日,当我再次抬头仰望天空时,夜幕上只有七八个星星,远处耸立的昆仑山隐没在天地之间,看似有形却无形,极像是一个超然于世外的隐者。人类头上的星空是宁静而美丽的,也是寥廓而深邃的,它能给人类带来无限的思索空间和对真理的追问。佛陀夜睹明星而悟道,屈原仰望苍穹发出"天问",皆是如此。因此,多年来,无论是行走在城市还是奔波于乡村,当夜晚的羽翼覆盖大地后,我都会不自觉地走到窗前,或者独步于室外,把目光的触角伸向星空,然后放飞思想。

仰望星空,不由发现人类是那样的渺小;仰望星空,深知人类又是那样的伟大。难道不是吗?在浩瀚的宇宙中，人类栖息在如一粒粟米那样大的星球上，不是显得太渺小了吗？然而，在这浩瀚的宇宙中，正是渺小的人类所创造的文明，不仅让人类千万年来生生不息，还为人类插上了飞向太空的翅膀，拉近了地球与月球、金星、火星的距离，而且相信不久的将来，人类必将拉近地球与更多星球之间的距离，用人类智慧照彻宇宙文明，让人类获得更为广阔的生存和发展空间，驾着自由的祥云与宇宙同在。这难道不伟大吗？人类是渺小的，但因其文明又是伟大的。那么，什么是真正意义上的文明呢？特别是面对世界百年未有之大变局，人类应该选择走什么样的文明发展之道呢？

从茹毛饮血到刀耕火种，从手工工场到机器大工厂，再到互联网、大数据、云计算和人工智能等新技术的运用，人类一步步走到今天，不是说在生存上没有问题了，而是面临着严重的生存危机——且不说世界上战争机器的轰鸣声仍响个不停，仍在吞噬着人类的肉体和灵魂，单就全球不断恶化的生态环境来说，就是人类不能承受之重。这是人类千万年来生生不息追求的目标吗？

答案显然不是。

有一个关于孔子的故事，说孔子同几个弟子坐在一起聊天，孔子问他们各自的理想是什么，子路、冉有、公西华等弟子回答后，孔子没有给予肯定，只有曾点谈了自己的理想后，孔子赞叹说，我同曾点的理想一样啊！曾点也就是曾子的父亲，他是怎么回答的呢？当时他正在弹琴，他铿的一声放下琴，然后站起来说："莫春者，春服既成，冠者五六人，童子六七人，浴乎沂，风乎舞雩，咏而归。"这是孔子想要的理想生活，也是人类应该有的理想生活——没有你征我伐的战争，没有淌着污水的河流，人们或歌或舞，幸福地生活在天地之间。从这个意义上讲，人类要从当前所面临的生存危机中走出来，真正逍遥于天地之间而心意自得，就必须弄清什么是真正意义上的文明，然后选择走一条科学的人类文明发展之道。唯有如此，人类才能拥有光明的未来。

于是，带着这些问题和对人类未来的向往，我开始研究马克思主义文明观和人类文明发展史，尤其是中西方文明发展的历史轨迹。其实，早在几年前我完成《民主的选择：中国为什么走自己的路》书稿时，就已经开始酝酿怎么撰写文明方面的书稿，怎样从文明角度看中华民族伟大复兴和人类未来，只是由于各种原因迟迟没有动笔。其中一个原因，就是有关这方面的论著充栋盈车，我能拿出什么样的作品奉献给社会呢？

春天的山坡上有很多花草，它们都在充满激情地抒写春天的情怀，我相信不同的花草都有着与众不同的春天情怀，而每一种情怀都是难能可贵的，都有其独特的存在价值。《民主的选择：中国为什么走自己的路》一书就是这样，不仅入选2017年度"河南社会科学文库"，并荣获2017年度河南社会科学优秀成果奖和第29届北方十五省、市、自治区哲学社会科学优秀图书奖，还以其独特的价值入选国家新闻出版署2020年"经典中国国际出版工程"和2021年"丝路书香工程"，被翻译为法文和俄文走出国门，为传播好中国声音、中国理论、中国思想，让世界更好读懂中国奉献了一抹春色。所以，基于这样的认识，工作之余的我，在长时间思考的基础上，抖落身上的尘埃和尘世的喧嚣，再次踏上了不知疲倦的写作之路。

在城市寓所的灯光下，我翻阅着一部又一部古今中外的书籍；在乡下孤寂的夜晚，我敲打着一个又一个汉字。当然，我更注意时刻观察这个五彩缤纷的世界，深入社会感悟所接触到的生命气息和文明关怀，为书稿的撰写提供现实的社会认知和思想启迪。唐人高适诗曰：

"鬓白未曾记日月，山青每到识春时。"经过一年来不知疲倦的写作，便有了眼前这部以中华民族为什么能走向伟大复兴为主线的《文明的选择》拙作。我知道，她如春天刚刚萌发的小树苗，身子骨还比较稚嫩，需要经历时间的洗礼才能成为天空的一部分，进而摇曳出壮美的四季。因此，这里也恳切地期盼有关专家学者和广大读者给予批评指正。

民主是全人类的共同价值，文明发展进步是全人类的共同追求。近代以来，西方通过霸权占据了世界舞台的中心，掌握了"民主"与"文明"的话语权，很多人以西方的民主与文明标准衡量自己，反而逐渐丧失了自身的价值判断和理想追求，成为西方手中的提线木偶。因此，对于从事培根铸魂工作的社科工作者来说，面对"世界怎么了、我们怎么办"的时代之问，如何坚持用马克思主义世界观和方法论，用群众听得懂的故事和语言，从道理、学理、哲理上讲清楚什么是真正意义上的民主与文明，以及中国是如何坚持走自己的民主发展道路和文明发展道路的。为推动构建人类命运共同体提供中国的民主智慧和文明力量，是时代赋予社科工作者的一项重要责任。这也正是几年来我执着撰写有关民主与文明书稿的主要动因。

"阐旧邦以辅新命。"中国同世界的前途命运紧紧联系在一起，当前，中国在向新时代中国特色社会主义高峰攀登的征途中遇到很多新问题，世界同样在发展进步中遇到很多新矛盾，在前进中擦亮"民主"与"文明"的明灯很重要，擦亮"信仰"的明灯也很重要。长期以来，在西方的话语体系中，所谓的信仰就是宗教信仰，人们只有信仰上帝才能得到救赎，获得永生。果真是这样吗？肯定不是。早在1875年，马克思在其著作《哥达纲领批判》中就强调，要"把信仰从宗教的妖术中解放出来"。信仰是人们心中的灯塔，照亮着人们通往真理港湾的航路。

习近平总书记指出："人民有信仰，国家有力量，民族有希望。"那么，人类信仰是怎样产生的呢？历史上东西方信仰有什么不同的发展逻辑？中国共产党人为什么要选择马克思主义信仰？马克思主义信仰为什么能够照亮人类未来？等等，这些问题都需要我们社科工作者提供令人信服的答案，帮助人们"不畏浮云遮望眼"，坚定马克思主义信仰。这也可以说是我自己的下一个目标。因此，真诚希望有志同道合者能够携手并进，共同为世界的明天更好奉献一份阳光和雨露。

人类发展进步与我们每一个人都息息相关，人类的前途命运掌握在我们人类自己的手上，我们每一个人都需要自觉地为推动人类发展进步添一把柴火——不为别的，为我们自己，也为我们的子子孙孙。"天高地迥，觉宇宙之无穷。"让我们共同仰望星空吧！仰望星空，我们的心中就会燃起希望的烈焰，照亮人类光明的未来。感谢河南大学出版社于华龙、邵培松等领导和同志为本书的出版给予的支持和帮助，在此我表示深深的谢意！